パルメニデスにおける真理の探究

三浦 要

京都大学学術出版会

目　次

　　序　　……………………………………………　1

第 1 章　探究のプログラム
　　はじめに　17
　　1　何を学ぶべきなのか？　20
　　2　「思わく」叙述の中立性　23
　　3　「思わく」をいかに学ぶか？　25

第 2 章　真理の「こころ」としての「ある」ということ
　　はじめに　31
　　1　「ある」ということと主語　32
　　2　「ある」ということの意味　39
　　3　主語なき「ある」　42
　　4　「あるもの」と「あること」　44

第 3 章　「あること」、感覚、そして思惟
　　　　　──断片 7 における「ロゴス」の意味をめぐって
　　はじめに　53
　　1　吟味批判としての「エレンコス」　53
　　2　「ロゴス」と感覚　58
　　3　「あること」と思惟と言説　63
　　4　「エレンコス」と「ロゴス」の内実　72

第 4 章　禁じられた道
　　　　　──パルメニデスにおける探究の行方
　　はじめに　77
　　1　「三つの道」説の検討　77

2　「二つの道」説の検討　84

　　3　禁じられた「思わく」の道　88

　　4　「思わく」の道の表現形式　92

第 5 章　「あること」と生成

　　はじめに　101

　　1　不生論証の形式的問題　101

　　2　不生論証（1）――断片 8.6b-13a　105

　　3　不生論証（2）――断片 8.19-21　110

　　4　「あるもの」は無時間的か持続的か？　113

　　5　不生不滅と無時間性　118

第 6 章　「あること」と「一」

　　　　　　――パルメニデスは一元論者だったか？

　　はじめに　127

　　1　連続・不可分割論証（1）　130

　　2　不生不滅論証　134

　　3　連続・不可分割論証（2）　137

　　4　不動・完結論証（1）――断片 8.26-31：32-33　140

　　5　完結論証（2）――断片 8.42-49　144

第 7 章　「思わく」の虚構と真実

　　　　　　――パルメニデスにおける宇宙論の可能
　　　　　　　性について

　　はじめに

　　1　「思わく」の評価をめぐって――消極的・否定的解釈　150

　　2　「思わく」の評価をめぐって――肯定的解釈　155

　　3　見解・判断としての「思わく」　160

　　4　真理探究の場と「思わく」――宇宙論の可能性を求めて
　　　　165

第 8 章　　パルメニデス以後

はじめに　179

1　エレア派の後継者

（1）　エレアのゼノン　180

（2）　ゼノンによる多数性論駁の議論　182

（3）　サモスのメリッソスによる実在の本性規定　186

（4）　メリッソスによる「思わく」批判　191

2　クラゾメナイのアナクサゴラス

（1）　「すべてのものにすべての部分が」　193

（2）　アナクサゴラスの「種子」　200

（3）　動と知の原理としての知性　202

3　エンペドクレス

（1）　エンペドクレスの著作の問題　204

（2）　エンペドクレスにおける6つの自然学原理　208

（3）　宇宙の円環過程　212

（4）　エンペドクレスのその他の自然学説　215

（5）　『カタルモイ（浄め）』と輪廻転生　218

4　原子論

（1）　自然学原理（1）──「あるもの」としての原子　221

（2）　自然学原理（2）──「あるもの」としての空虚　227

（3）　空虚における原子の運動と原因としての必然と偶然　229

（4）　原子論における認識論　233

5　アポロニアのディオゲネスの一元論　236

おわりに　242

結　　語　……………………………………………　245
補　　遺　　パルメニデス著作断片全訳　………　249
文献一覧　……………………………………………　261
あとがき　……………………………………………　271
固有名および出典索引　……………………………　275

序

　畏敬すべき人であるとともに畏怖すべき人——。プラトン（前 427-前 347）をしてかくのごとくに言わしめたエレア派のパルメニデス（前 515 頃-前 450 頃）は、「ソクラテス以前哲学者」の中でもまちがいなくその思想の独自性と影響力の大きさにおいて際立つ存在である[1]。哲学史において彼が占める位置は、「ことばの本来の意味において最初の哲学者」であり、「第一級の哲学のパイオニア」である[2]、といった現代の主導的な研究者の評に端的に示されており、そこにはいささかの誇張も含まれていない。ところがしかし、そのような賛辞が具体的に彼の思索のどの部分をどう評価してのものなのかという点になると、とたんに事態は曖昧模糊としてくる。彼を最初の形而上学者と認定する者もいれば、逆に、彼は存在論を論じたのでなく宇宙論を論じたのであり、あくまでも宇宙論者だと主張する者もいる。存在論を論じたにしても、その内実をめぐって一元論とされることもあれば多元論とされることもあり、また唯物論だと言われることもあれば、正反対の観念論とされることもある。評価する各人がそれぞれの概念を同一の意味で用いているわけではなく、解釈をめぐる対立を単純に一般化することには留意が必要だが、しかしいずれにせよ、これほどの振幅の中でその解釈が揺れ動いているのが現実なのである。

　彼の思索の歴史的な意義を厳密に確定することは、言うまでもなく彼の哲学の内実を精確に把握することを前提としている。しかし、ほかのソクラテス以前の哲学者たちと同様に、彼の場合もその著作は早くに散佚してしまい、現存しているのはその著作の断片にすぎない。彼の思想の全体像を整合的に再構成することを困難にしている要因の一つはこれである。

---

[1]　プラトン『テアイテトス』183E6。
[2]　Mourelatos[2], xi；Owen[1], 101. 文献の指示については、本書末尾の引用文献一覧に従い、姓のみを記す。

彼は伝統的な叙述形式である六脚韻の叙事詩の形をかりてその思索を表明したが、一説によれば全体で約500行を数えるとも言われているこの詩のうち[3]、現在われわれが実際に読むことのできるのは、160行ほどの断片化した詩行である。新プラトン主義哲学者シンプリキオス（500頃）は、「そして、もしわたしが誰かにこだわりの強い人間だと思われることがないなら、これらの覚え書きに加えて、一なる「あるもの」についてのパルメニデスのことば——それは多くない——を喜んで書き記すであろう。それは、わたしが語ることに信憑性を与えるためでもあり、パルメニデスの書物が希少だからでもある」と述べて、すでに古代末期に参看が難しくなりつつあったパルメニデスの原文を、きわめて重要な部分も含めて、引用に努め、伝存する詩行の六割近くを引用している[4]。わけても、きわめて重要な断片8——これはいわゆる「真理の道」の「しるし」に関する議論のすべてと「思わくの道」の序論を含むものである——の約九割に相当する詩行と断片番号6、9、11、12、19の5断片は、シンプリキオスの著書だけが唯一の出典となっている[5]。こうした努力のおかげで、

---

3) Diels, 25-26.
4) *Phys.*, 144, 25-28. シンプリキオスは、アリストテレスの著作を中心とした注解書でその名を知られているが、学説誌の観点から見るとき、イオニア派を始め、エンペドクレス、アナクサゴラス、エレア派の哲学者などの著作を（断片的ではあるが）その注解の中で数多く引用保存している点で、ことに重要な著作家である。エレア派に限ってみても、シンプリキオスがいなければ、ゼノンとメリッソスの直接的言説は、そのほとんどがわれわれに窺い知れぬものとなっていたであろう。
5) 本書では、慣例に従い、ソクラテス以前哲学者の著作断片の番号およびテクストは基本的に、H. Diels, W. Kranz, *Die Fragmente der Vorsokratiker*, Berlin, 1951-51(6)[DK]に従う。ただし、ギリシア語テクストについては異なる読みと句読を採用した個所がある。また翻訳については、『ソクラテス以前哲学者断片集』全五分冊＋別冊（内山勝利編、岩波書店、1996-98年）に準拠したが、これも論旨の都合やテクスト解釈の違いにより部分的に改変したところがある。なお、パルメニデスの著作断片については拙訳（本書のおわりに「補遺」として収載）を用いた。
　また、パルメニデスの断片番号の後にピリオドを付して番号が続く場合は、当該断片のギリシア語テクストの行を表す（例えば「断片8.9」は断片8の9行目を指す）。また、同一詩行においてギリシア語句読点を挟んでその前後の部分を指示する場合には行番号aおよびbを付記する（例えば「断片6.1a」は断片6の1行目のコロンまでの部分、「断片6.1b」はそれ以後の部分を指す）。複数の断片に言及する場合は読点を用いる（例えば、

ようやくわれわれはパルメニデスの思想のおおよそを知ることができるのである。

　匿名の女神が若者であるパルメニデスに語りかけるという形式をとるその詩は、いわば三部構成をとっており、すなわち、乙女子たちの操る馬車に乗った若者がその女神の館へと赴く道行きを描く序歌、「あるもの」の本性を導出してみせる真理の部、そして死すべき者たちによって構築された自然学説の描出としての「思わく」の部の三部がそうである。それぞれの部の中心をなす著作断片はかなりまとまった形で保存されているが、革新に満ちた抽象的な議論の伝達手段として伝統的な六脚韻形式を選択したことが、かえってその曖昧さと難解さを増幅させる結果となっている。とりわけ彼の思索の核心にふれている個所での文章構造の曖昧さはいかんともしがたく、これが、パルメニデス哲学の全体像を再構成することを難しくしている今一つの要因である[6]。

　パルメニデスの著作をめぐる状況はおおよそ以上のとおりであるが、そのうえでなお、彼の思索の独自性を、特に彼が示した哲学的探究の方法という観点から、可能な限り明らかにしていくことが、本書の目指すところである。

＊

　パルメニデスのたぐいまれな思索の誘因となったものは何だったのか。ここで、彼に先立つ自然哲学者たち、とりわけミレトス派と呼ばれる人々が何をどこまで語っていたのかという点を、せめてその概略だけでも確認しておくことは、今後のわれわれの議論にとって有益であろう。

　自らの周囲を見回したとき、感覚がわれわれにまず呈示するのは、驚くほどに複雑な世界の姿である。もしこの世界が生成と発展の歴史をもつものであるなら、その起源とは何であり、いかにして形成されてきたのか。この多様な諸現象はいったいどのようにして生起しているのか。人知を越え言語を絶しているかに思われる宇宙世界の形成原理や構造、そして諸現象の原因などを、古来

　「断片8、9」は断片8と断片9を指す。なお、日本語訳の行番号はテクストの行番号と正確に対応しているわけではない。

6) KRS, 241.

の神話はまさに象徴的語りでもって説明することで、人々にとってアプローチ可能なものとしてきた。

　これに対して、タレス（前624頃-前546頃）に始まるギリシアの自然哲学者たちは、たとえば叙事詩人ヘシオドス（前700年頃？）が「初めにカオスが生じた」（『神統記』116）と語り始めることで答えようとしたその基本的問いそのものを共有しながらも、このような神話的語りの枠組みからは離脱し、あくまでも自らの経験や観察を基礎にこれを整合的に説明することを試みる。むろん、叙事詩人の物語る宇宙生成神話も固有の論理と体系内的一貫性とを備えており、現実を否認するものでないのは言うまでもない。ただ、その言説が、ムーサの女神から霊感を受けて語られる神々——たとえそれらが世界に内在する根源的な自然的力を象徴するものであっても——の誕生、交わり、そして振る舞いの物語である限りで、それが真実であるのか虚偽であるのかは判別しようもなく、最終的に問題となるのはそれを信じるか信じないかということだけなのである。他方、自然哲学者たちは、こうした神話の象徴的真理を論証の言語で捉え直す。経験的・現象的な個別事象は、もはや神々の誰かが行う営為ではなく、自然的な事物の運動変化と解され、それぞれの個別事象の集積から、鋭い洞察力と旺盛な想像力とによって一般的な仮説や包括的理論が形成されていく。そうして描き出される自然的世界は、ピュシスというその名が示すとおり、生成と運動と変化の始源（ἀρχή）を本来的に内包する創発的で神的な一つの「全体」（τὸ πᾶν）をなす。

　この知的営みは大いに思弁的側面をもっており、根拠に乏しい一般化や論理の飛躍を免れてはいないが、アリストテレス（前384-前322）が、「神話でもってことば巧みに語る人々については、まじめに検討するに値しないが、論証を通じて主張を行っている人々に対しては、問いただして吟味しなければならない」（『形而上学』第3巻第4章1000a19-20）と語っていたように、その仮説や理論は、もはや神的霊感の産物としての神話とは明らかに異なり、経験と論理によるさらなる事実的検証に対して開かれていた。それは現代的な意味での科学とはいまだ呼べないとしても、その前段階にあることを明確に示すものであった。

　ところで、前6世紀初めに小アジアのイオニア地方において顕在化したこの

新しいタイプの思索の説明方式に関しては、その特徴を、前五世紀以後の多元論との対比において物質的一元論に求めることが一般的であり、これはほとんど「哲学史的常識」と化しているかに見える。しかしながら、この一元論ということばは多義的であり、その適用には慎重を要する。例えばアリストテレスには次のような哲学史的記述（『形而上学』第1巻 983b6-14）がみられる。

　　さて、最初に哲学を行った人々の大部分は、素材（質料）の形のもののみを、万物の始源（元のもの）であると考えた。つまり、およそ存在するものすべてがそれから成っており、最初にそれから生じ、そして最後にそれへと消滅していく——そこでは実体となるものは変わらずにあり続けるが、様態においては変化する——、その当のものを、存在するものの基本要素であり始源（元のもの）であると彼らは主張している。そして、このことのゆえに、このような自然の原質は常に保存されているのだから、何ひとつ生成することもなければ消滅することもない、と考えるのである。

つまりアリストテレスの見立てによれば、最初に哲学をした人々の提示した始源は、素材の形で考えられる原理であり、存在するすべてのものの根本的な構成要素なのである。この自然の原質は、生成も消滅もせず、不変のままに存続し、自然の多様性や変化、運動は、その原質の様態的な変化によって説明される。そして、この原質を数の上で一つとするのがタレス、アナクシマンドロス（前610頃-前540頃）、アナクシメネス（前546頃）、ヘラクレイトス（前500頃）、あるいは（場合によっては）クセノパネス（前570頃-前470頃）なのである。かくして、彼らの宇宙論は物質的一元論となる。

　しかし、言うまでもなくこのアリストテレスによる一元論解釈は、先人たちが原因や原理に関する問題を自分と共有しているという彼自身の前提に基づいており、アリストテレス独自の概念枠の中でのいわばバイアスのかかった解釈なのである[7]。したがって、ミレトス派が主張する事物一般の起源としてのア

7）　プラトンは『ソピステス』において、「有るものがどれだけの数あって、どのような性質のものであるか」という問題を論じたそれまでの多元論者と一元論者の見解を批判的に紹介しているが（242B-243A）、そこでの一元論者とは、エレア派——クセノパネスとパルメニデスが念頭に置かれており、「万有と呼ばれているものは実はひとつのものである」とい

ルケー（元のもの）が不生不滅で不変の「基体」ないし「素材」として構想されており、自然の多様性や変化もその基体の様態的変化として説明される、とする理解は、一つの伝統と化してはいるが依然として再検討の余地を残すものである。

　タレスは「水」、アナクシマンドロスは「無限なるもの」、アナクシメネスは「空気」、クセノパネスは「土」（断片 27）、というように、彼らは一つの特権的な要素の先在性を主張するが、同時にまた、世界の形成過程を、その要素自体が内発的・創発的に他の要素へと変化することによって説明しているのであって、その要素が自己同一性を保持しつつ性質を変化させているとする見解を彼らに帰する直接の証拠はない。ミレトス派の自然学を一元論と解するとしても、確実に言えることは、せいぜいのところ彼らが世界形成の起源として一つのものを指定しているという意味での、きわめて広義の一元論であるということである。資料は限られているが、まずこの点を確認しておく必要があろう。

　アリストテレスは先に引用した個所に続けてタレスの見解を紹介しているが、そこで彼はタレスが水を始源としたことの理由を次のように推測している。つまり、大地が水によって支えられており、また、あらゆるものの生命の源である栄養物が湿り気をもっており、またあらゆるものの種子が湿った本性をもっているがゆえに、水こそが始源であると考えたのであろう、と。この推測が偶さかに適切であったとしても、それは、いわゆる「基体」としての水という概念にタレスが到達していたということを保証するものではない。水が生命原理として他のすべての諸事物よりもはるかに重要な役割を果たしていることを洞察し、タレスがその意味で「水からすべてのものが生じてくる」と考えたにしても、この見解が必ずしも「水からすべてのものが構成されている」ということを含意しないのも事実である。「始源」の意味——もっとも、シンプリキオスによればこの語を最初に用いたのはアナクシマンドロスだとされているが（DK12A9）——がアリストテレスとタレスとでは異なっていると言わざるをえないのである。

　う説がその基本的主張と見なされている——であり、タレスに始まるミレトス派が同じ一元論者として言及されることはない。

ではタレスの弟子とされるアナクシマンドロスはどうだろうか。シンプリキオスは彼の見解を、テオプラストス（前372/369‐前288/285）に基づいて次のように報告している。

　アナクシマンドロスは、「存在するものの始源（元のもの）」すなわち基本要素は「無限なるもの」（τὸ ἄπειρον）であると語った。アナクシマンドロスは言う——始源は水でもなく、その他のいわゆる基本要素のうちのいずれでもなく、何かそれらとは異なる無限なる本性のものであって、これからすべての諸天空およびその内部の諸世界は生ずる。そして、「存在する諸事物にとってそれらから生成がなされるその当のものへと、消滅もまた必然に従ってなされる。なぜなら、それらの諸事物は、交互に時の定めに従って、不正に対する罰を受け、償いをするからである」。（『アリストテレス「自然学」注解』24.13 = DK12A9、アナクシマンドロス断片1）

　テオプラストスはアナクシマンドロスの「無限なるもの」をアリストテレス的な素材と解釈しているが、アリストテレス自身も、アナクシマンドロスが、諸々の原因の一つとしてではなく唯一の原因として無限なるものを諸事物の始源と考えていたと解説し（『自然学』第3巻第4章203b4-15 = DK12A15）、そのうえで「無限なるものが素材的なものとしての原因であることは明らかだ」（同第3巻第7章207b35）と述べていた。しかし、ここでもやはり、無限なるものをめぐってアナクシマンドロスとアリストテレスの間で理解のずれがあることに留意しなくてはならない。アリストテレスにとって素材は変化の原因たりえず、起動因を必要とするが、これに対してアナクシマンドロスの「不死にして不滅」（アリストテレス『自然学』第3巻第4章203b13-14 ＝アナクシマンドロス断片3）である「無限なるもの」は、「生み出すもの（ト・ゴニモン）」（τὸ γόνιμον）を自ら分出し、このト・ゴニモンから、あたかも世界過程のプログラムがあらかじめ内包されているかのようにして、まずは熱と冷という対立相反するものが生み出され、これを起点に世界が形成されていくのである。
　さらにまた、上掲の「存在する諸事物にとってそれらから生成がなされるその当のものへと、消滅もまた必然に従ってなされる」ということばにおける複数形の「それら」が、「無限なるもの」ではなく、あくまでも現に世界を構成

している諸事物を指しており、つまり、ここでは「無限なるもの」からの諸事物の生成とそれへの消滅ではなく、諸事物間のたえざる相互侵犯と返報というあり方、そしてそれを通じて循環的に回復・維持される平衡状態が語られているとすると、「無限なるもの」の「素材」あるいは「基体」としての役割はいっそう曖昧になってくる[8]。

　この世界のどこにも見出すことのできない、文字通り無規定的であるがゆえに神秘的なアナクシマンドロスの「無限なるもの」とは異なり、要素的物質の中でその「無限なるもの」の無限性を最もよく体現するものとして空気を取り上げ、これを始源としたミレトス派のアナクシメネスは、次のような説を唱えたとされている。すなわち、空気は濃密になったり希薄になったりすることでその現れ方を変え、空気が希薄化の方向に進むと火になり、逆に濃密になると、風となり、フェルト状に圧縮緊密化されるとまず雲ができあがり、さらには水が、そしていっそう濃密化の過程が進むと大地ができ、とりわけ濃密になりきった時には石ができあがる（ヒッポリュトス『全異端派論駁』Ⅰ7 = DK13A7）。

　性質的変化は空気の濃度・密度の変化、つまり量的変化へと還元される。そしてこのとき「空気」は、たしかにアリストテレス的な「素材」の役割を果たしているかに思われる。実際、空気と風、空気と雲、これらの関係は同一基体の存続と様態変化で説明がつく。そして、先の報告をその大枠において信頼するなら、物質の三態間の相互転化を超えていわゆる実体的変化と見える水と大地と石の生成においても、その基礎に依然として空気が存しており、それらは空気から組成されているとアナクシメネスは主張していることになる。

　しかし、それでは彼は、要素的物質以外の、すべての事物（たとえば人間や植物も含めて）が空気であるとか空気の一形態であると主張していたのだろうか。二次資料からしても、あらゆる事物のあらゆる段階における生成あるいは消滅において空気の素材性ないし基体性が保持されているとする見解を彼がもって

---

[8] ただし、このように解釈した場合、諸事物そのものに一定の自律的な調整力を認めることになるが、これは逆に、「万物を取り囲み、すべてのものを操っている」（アリストテレス『自然学』第3巻第4章 203b11-12）はずの神的な「無限なるもの」の支配力をきわめて限定的なものとしてしまうことになる。

いたとは断定しがたい。彼は、「現に生じているものも、かつて生じたものも、これからあるであろうものも、また神々も神的な諸事物も、すべて空気から生成し、それら以外のものといえども、空気が生み出したものから生成する」（ヒッポリュトス『全異端派論駁』I 7(1)）と述べたとされるが、もしこのようなことば遣いを本当にしていたのであれば、彼は、濃密化と希薄化のプロセスを、単に様態変化ではなく、空気そのものの変化、すなわち空気とは異なるものの端的な生成（γίγνεσθαι）そして消滅のプロセスと見ているようにも思えるのである。

　彼の唯一のまとまった著作断片は、「われわれの魂は空気であり、それがわれわれを統括しているように、宇宙世界全体を気息と空気が取り囲んでいる」（断片2）という一文であるが、まず、われわれの魂が空気であると言われ、空気からなると言われていないことに注意すべきであろう。命の息吹と魂とがプシューケーという同一のことばで表されていたホメロスの時代の考え方をそのまま継承しているかのようである。この断片を引用報告しているアエティオスは、「単純かつ単一なものたる空気ないし気息からさまざまな生き物が組成されている」という主張をこの個所から読み取っているが、少なくともこの文言だけから直ちに生き物は空気であるとか空気からできているという見解をアナクシメネスに帰することはできない。また、「取り囲んでいる」ということばも、空気が素材あるいは基体としてあることを含意しているようには見えない。むしろ、アナクシマンドロスの「無限なるもの」が「万物を取り囲み、すべてのものを操っている」のと同様に、アナクシメネスの空気も、すべての事物の生成の始まりではあっても、基体として恒存しているわけではなく、むしろ世界の外側から事物の生成消滅の過程を統御しているということだろう。結局、彼の「空気」がアリストテレスの素材の条件を満たしているところがあるとしても、それはあくまでも部分的に過ぎないように思われる。

　また、イオニアで活動しつつもミレトス派とは一線を画するヘラクレイトスも、火を文字通りの究極の要素的物質と見なしていたのではなく、宇宙世界の基本的なあり方を、諸要素による秩序ある相互転化の不断の反復という過程に見出すとともに、そうした変化の相における世界の本性的同一性を認めたのである。そこでは、火の一部分があらゆる相互転化のもとで常に保存されている

という主張は認められず、あくまでも火、空気、水、土がそれぞれ熱と冷、乾と湿という性質をさまざまな度合いで帯びることによって相互に転化していく。

　火の転換。まず海となり、海の半分は大地に、半分は熱気流になる。(断片 31)

　火は土の死を生き、空気は火の死を生き、水は空気の死を生き、土は水の死を生きる。(断片 76)

この宇宙世界のプロセスに、アリストテレス的な基体が入り込む余地はないように見える。

　そして、彼らの自然学説がこのように要素的物質の単なる性質変化ではなく、要素的物質自体の生成と消滅を含意するいわば実体的変化を基礎とするものであることを看破し、その論理的欠陥を剔出して見せたのが、南イタリアのエレアに生まれたパルメニデスなのである。

　パルメニデスは現象を問わず存在を問う。叙事詩人たちは言うに及ばず、先行する自然哲学者たちは総じて、現象における存在の生成と消滅を自明の事実としており、まさにそこに致命的な誤謬が存している[9]。ヘシオドスは「常にある不死なる神々」が「大地と星芒輝く天空から生まれた」(『神統記』105-106)と無邪気に歌い、アナクシマンドロスは、存在する諸事物にとってそれらから生成がなされるその当のものへと、消滅もまた必然に従ってなされると語る。ヘラクレイトスは、火は土の死を生き、空気は火の死を生き……と説き、アナクシメネスは、空気は薄くなると火になり、濃くなると水になり、土となり石となり……と言い、現に生じているものも、かつて生じたものも、これからあるであろうものも、すべて空気から生成すると主張する。そしてこのとき、彼らは存在に非存在を、非存在に存在を導き入れていることに気づいていない。あるものの生成とは、あらぬものがあるものとなることであり、消滅とは、あるものがあらぬものとなることであって、そしてこれは明らかな矛盾である。あるのなら、あったでもあるだろうでもなく、あるのでなければならない。そ

---

9) パルメニデスが叙事詩人たちと同じ六脚韻の詩形式を採用したことは、彼らをもその批判の標的としていたことを示していると見ることもできる。クセノパネスの叙事詩人批判（例えば断片 12、14）を参照。

の意味で、自然哲学者たちは、「今あること、やがてあらんこと、かつてあったこと」（『神統記』38）を讃え歌う詩人と何ら選ぶところはない。実在の非存在を含意してしまう生成や消滅、運動、変化は語ってはならない。それがパルメニデスの考える論理の要請である。

　彼に続くエレア派のゼノン（前490頃-430頃）は、存在の多数性と運動性を主張する者たちが用いている基本的概念がはらむ諸問題を論理的な手法で明るみに出してパルメニデスの教説を補完し、またメリッソス（前5世紀）は抽象的で難解なパルメニデスの実在の定式に修正を加えつつ一般化した。しかし、実質的な意味でパルメニデスの後継者と呼べるのは、彼の批判を承けてエレア派の論理と現象の調停を試みた次世代の自然哲学者たちである。例えば、多元論者と呼ばれるエンペドクレス（前492頃-432頃）とアナクサゴラス（前500頃-428頃）が説明原理として措定するのは基本的素材とそれらを混合・分離させる力であり、この方向での最終的な到達点が原子論である。レウキッポス（前435頃）とデモクリトス（前420頃）は理論の経済化に努め、素材としての原子と場としての空虚だけを原理とし、諸原子の機械的な結合と分離で現象を説明しきった。アリストテレスが「最初に哲学を行った人々」の大部分について認めた、変化の元にあってつねに存続する不生不滅の基体ないし素材は、実際には、パルメニデス以後の自然哲学者において初めて明確な形で見出せるものなのである。

＊

　おわりに、近年の多様なパルメニデス研究の動向について若干言及しておこう。パルメニデスの著作断片は20を数えるが、研究の焦点は概して断片2、3、そして8に絞られることが多い。つまり、彼が哲学的探究の「道」と呼んで提示した「ある」（ἔστι）という動詞をめぐって、その意味が存在なのか述定なのか、それとも真実性なのか、そしてその主語があるのかないのか、あるなら何なのか、また、そもそも彼の考える実在とは何であり、思考とどのような関係にあるのかといった点に議論が集中している。そしてその場合に、パルメニデスの思索の動機を、宇宙論的ないしは自然哲学的なところに求める立場と、そ

うした文脈とは切り離して、もっぱら思考の規則や実在の論理的規定に彼の動機を限定し、その点での彼の独自性を強調する立場がある。前者は、プラトンあるいはアリストテレス以来のいわば正統的なものであり、パルメニデスをミレトス派の批判者と捉えるわけだが、この正統的解釈に異を唱えるように登場してきたのが、後者の立場であり、その主要な唱道者がオーウェン（Owen）やバーンズ（Barnes）などである。パルメニデスの論理的鋭敏さを評価するオーウェンは、彼とミレトス派やピュタゴラス派との応答関係を否定し、彼は宇宙論者として書いたのではなく第一級の哲学のパイオニアとして書いているのだと主張して、宇宙論的伝統から彼を引き離す。パルメニデスを「骨の髄までの形而上学者」だと認めるバーンズもまた、彼を正確に理解した哲学者なら自然学的探究に従事することはないと言い、後続の自然哲学者との有機的な関係を認めない。このような立場をとる限り、断片８末尾から提示される「思わく」も重要な意味を与えられることはない[10]。

また、自然哲学的文脈においてパルメニデスの哲学を考察する立場にも見直しの動きが出てくる。パルメニデスは自然哲学つまりは現象を説明する宇宙論に対する根本的批判者であり、彼以後のアナクサゴラスやエンペドクレス、原子論者などは、彼に抗して現象を救おうとした自然哲学者なのだとする見方とは異なり、この新たな主張によれば、パルメニデスは確かに先行自然哲学の批判者としてミレトス派と対立するが、彼以後の多元論者たちとも対立関係にあるのでなく、むしろ彼ら多元論者は、パルメニデスの示した実在の基準を満たす自然学説の提唱に努めた者として忠実な後継者なのである。グラハムは、エンペドクレスとアナクサゴラスをパルメニデスの「弟子」として「エレア的多元論者」と呼んでおり、カードは、プラトンすらもこのラインに連なり、ほかならぬ「最後のエレア派」であると認定するのである[11]。その場合、「思わく」

---

10) Owen[1], 101 ; Barnes[2], 176. ロング（Long[2]）は、オーウェンなどの主張を批判し正統的解釈に与するが、しかし同時に、パルメニデスの第一の関心が形而上学でも論理学でも意味論でもなく、真の思考活動を探究することであると解し、彼を形而上学者ではなく認識論者と見なす。

11) Graham[2], 223 ; Curd[1], 217, 228ff.

での記述はパルメニデス自身の宇宙論であり、その限りで後続の多元論における自然学説構築にとって重要な意味をもつものとなる。

そして歴史的影響関係をこのように解するとき、正統的解釈に見られる「一元論者パルメニデス」という定型はくずれ、彼の考えていた実在は、それが物体であれ幾何学図形であれ世界であれ、いずれにしても数的一者ではなく、多数性と両立しうる内実をもつものと理解されるのである。パルメニデスの実在論が多元論的でありうると見る見方は、彼のいう「ある」という動詞の用法が、存在でも単なる繋辞でなく、主語となるものの真の本性、本質、構造を表示する述定（「～である」）であるとする解釈――ムーレラトス（Mourelatos）が初めて示し、ニハーマス（Nehamas）、カードが展開していった斬新な解釈――にすでに内包されていた。カードはこれを「述定的一元論」（predicational monism）と呼び、実在はその真正なる本性を表示する述語の点で単一のものでなければならないが、それは、そのような一なるものが複数ある可能性を除外しないとする。

以上のようなさまざまの解釈に共通に見られるのは、史的影響関係をどう評価するにせよ、パルメニデスの思索のまさに哲学的側面に着目して考察していくという点であろう。そしてそれは、詩という表現手段、そしてホメロスやヘシオドスに由来するモチーフやイメージの使用を軽視することにもつながる。こうした動きに対して、むしろパルメニデスを自然哲学の伝統ではなく文化的・宗教的伝統の中に位置づけて考察していくべきであると考える立場もある。この立場から表明されるのが、序歌は文学的装飾でもなければ無知から啓蒙への移行を表すアレゴリーでもなく、パルメニデスの神秘的・宗教的体験を叙述したものであるとする解釈である。近年においてもキングズリーが碑文史料に基づいて、パルメニデスはエレアにおけるシャーマン的治療者の系統の祖であり、序歌はそのシャーマン的冥界行を物語るものであると主張している[12]。

きわめて簡略にではあるがパルメニデスをめぐる研究動向を概観してみて確認できるのは、パルメニデスの哲学が、その核心部分についてさえ依然として

---

12) P. Kingsley, *In the Dark Places of Wisdom*, London, 1999.

多様な解釈を容れるものであり、説得力のある決定的なパルメニデス像を描くことはそれだけいっそう困難だということである。それは逆に、断片のみという資料上の限界とは別に、パルメニデスの哲学の奥深さを示しているとも言える。

　本書は、これまで提出されてきたおびただしい解釈に、いくつかのオプションをつけ加え、革新的企みに満ちたパルメニデス哲学の全体像を描き出す上での新たな素材を提示するものである。まず第1章では、詩の序歌において示される探究のプログラムを検討し、そこで、真理を探究せんとする若者が、まずは真理の「こころ」を、そしてそれのみならず死すべき者たちの「思わく」も、そしてさらにはその「思わく」の内的必然性の依って来る所以をも学ぶように女神から求められていることを検討し、これまでの研究では明確にされてこなかったそれぞれの「学び」の意味の違いを指摘する。

　第2章では、そのプログラムの最初に示されていた学びの対象としての真理の「こころ」たる「ある」ということについて、それが探究の道としてどのように提示されているのか、「ある」の中心的な意味は何か、主語はどうなっているのか、といった基本的な点を考察する。

　そして第3章では、断片7における「ロゴス」の意味を検討することを通じて、「ある」ということと、感覚、思惟、言説との関係を考察し、またロゴスを基準とする「思わく」の判定が真理探究とどのような関係にあるのかという点を明らかにする。彼の哲学史上の貢献に関してしばしば言われるのは、認識能力を知性と感覚とに分類するとともに、そこに価値的区分を導入したということであるが、本章は、そのような「哲学史的常識」への異議申し立てとなる。つまり、パルメニデスにおいては、価値的区分はいまだその方向性の示唆——しかも自覚されざるものとして——にとどまっているということを指摘する。

　第4章では、探究の道として提示されているものがいくつあるのか、そしてそれぞれはどのような関係にあるのかという問題を論じる。つまり、断片2において「ある」の道と「あらぬ」の道がまずもって探究の道として提示されていたが、断片6あるいは7では第三の道、すなわち「思わく」の道への言及が見られる。これは、「あらぬ」の道と同一なのか、それとも文字通り第三の道なのか。われわれとしては、第三の道とする解釈を取るが、ただしその道は従

来の研究が主張するように他の二つと同じ位相に成立する道であるわけではないことを論じる。

　第5章では、断片8での「あるもの」の本性開示に際しての不生不滅の論証を詳細に検討し、生成論駁の意味を考察し、その中でパルメニデスが無時間性の概念に到達しているのか、それとも時間の枠組みを依然として保持しているのか、という問題を論じる。

　そして第6章では、パルメニデスを一元論者と認定することの当否を改めて考える。「ある」の本性として、確かに「一」ということが言われているが、それは他の規定と比べて優越的地位を占めているわけではなく、ましてや「一なるもの」という名詞表現がとられていることもないのであり、むしろ「一」とは内的同一性・均一性を意味する「一」であることを論じる。

　そして第7章として、当初の学びのプログラムで言及されていた「思わく」の学びの意味を改めて考察する。そして、実在の論理的構造を明らかにするパルメニデスの哲学の本質が、具体的な実在を提示する存在論を創出することではなく、また、従前の学説を換骨奪胎して新たな宇宙論を構成することでもなく、あくまでも根源的な「ある」ということを基盤とする真理探究の方法を確立するというところにあり[13]、しかもその方法の実践の場を、感覚と区別された思惟の世界ではなく、むしろそうした区別を前提としないで、まず自分自身が生きているこの世界に求めるものであるということを論じる。それは、これまでにパルメニデスに対して帰されてきた「革新性」を弱めることにつながるかもしれない。しかし、まったく新しい概念への展開の可能性を確かに内包している限りで、パルメニデスの哲学は依然としてギリシア哲学の分水嶺であることに変わりはないであろう。

　最後に第8章として、パルメニデスの哲学がその後の哲学にどのように影響を及ぼしているのかを、特に多元論者と呼ばれる、エンペドクレス、アナクサゴラス、原子論者を中心に見届ける。

---

13)　Mourelatos[2], 134.

第1章
探究のプログラム

はじめに

　パルメニデスの哲学詩の序歌（断片1）において、若者であるパルメニデスは、乙女たちに導かれながら大道をひた走る牝馬の曳く馬車に乗り、夜の道と昼の道とを限る門の扉（その鍵は正義の女神ディケーの手の内にある）をくぐり抜けて無名の女神の館へとたどり着く。若者を迎えた女神は、次のように語りかける（断片1.24-28a）。

> 若者よ、不死なる馭者たちとあなたを運ぶ牝馬たちとを
> 侶伴としてわれらの館に到着した者よ、
> 　よくぞ来た。というのも、けっして悪しき運命がこの道を旅するようにとあなたを
> 　送り出したのはではなく——なぜなら、この道は人間たちの歩む道からはるかに離れたところに
> 　あるがゆえ——むしろ掟と正義がそうしたのだから。

　コンシュによれば、一対の「掟」（θέμις）と「正義」（δίκη）は、もはや死すべき者の集団を規制していたのとは異なる法と正義の支配のもとに知を希求する若者が身を置いていることを意味している。人間たちは、それぞれの社会や集団内で確実とされることに縛られて、真理というものに配慮することがまったくない。真理を希求するとは、まさにその点において、自らを残余の人間から差異化することである[14]。確かにこのことばは、若者が、自分も死すべき者

---

14) Conche, 60. Cf. Cassin, 150.

のひとりでありながら、彼らの思考世界においてのみ妥当していた相対的な制度から解放され（あるいは否応なくそこから脱することを強いられ）、これから根本的に異なる普遍的規範のもとで新たな思考の秩序を構築していくことを予示していると言える。そしてその作業は、女神による「啓示」という形をとる。

　この「啓示」の道行き物語の背後には、多くの文学作品（今はもう失われたものも含めて）の伝統が厳然としてあることに間違いはない[15]。これまで、パルメニデスがこの伝統に含まれるさまざまな要素を縮約してこの物語を構成したという可能性を認めて、序歌に現れる神話的表象をホメロスやヘシオドスなどの伝統的な叙事詩に含まれる基本形と比較対照することで、この道行きの物語の典拠を探り、「啓示」の場所を捜索し、そしてその目的や意味を測ろうとする試みがなされてきた。しかし実際には、ムーレラトスが指摘するように、ある表現を見れば天上への旅を表していると思われ、またある表現を見れば逆に冥界への旅を示唆していると考えられるという状況で、そうした試みは頓挫せざるをえないのである。要するに、詩中の表現は背景となっているであろう叙事詩の文脈を読み取るには簡潔すぎて漠然としているのである[16]。しかし、いずれにしてもそうした伝統的な叙事詩表現が織り上げる神話的イメージの中にパルメニデスの哲学が埋没していくことはない。

　序歌については、これをパルメニデスの実際の宗教的経験と解釈する者もあるが[17]、確かに、32行にわたる序歌が単なる詩的虚構にすぎないとする解釈に比べれば、序歌と本論との有機的な関係も見えてくるであろう。しかし、序歌に続くいわゆる「真理の部」に見られるきわめて論理的な議論が、宗教的イ

---

15) Diels, 9ff; Bowra, 38.
16) Mourelatos[2], 14ff.
17) Verdenius(67): "Not every detail, it is true, should be taken literally, but there is every reason to believe that Parmenides felt his thoughts to be a religious experience at the same time. (…) If mysticism refers to the unity between god and man, the mystical character may be said to be there." Jaeger(96): "His mysterious vision in the realm of light is a genuine religious experience." また井上（82ff., 110ff.）は、真理顕現たる「天門開披」そのもの以外にパルメニデスが出会った経験はないとする。井上のきわめて独創的なパルメニデス解釈については三浦[2]を参照。

第1章 探究のプログラム

ンスピレーションによってもたらされたものとは考えにくい。たとえそこに、正義の女神ディケーや運命の女神モイラ、必然の女神アナンケーが登場してくるにしても、彼女たちは叙事詩の伝統から離れ、擬人的形姿を捨て去っており、もはやその機能だけが抽出されて、真理のもつ必然性や不動性、自己同一性といった特性を体現するものとなっているのである[18]。したがって、やはりこの道行きは、現実にパルメニデスがたどった旅を表現しているというよりは、一つの哲学的寓意として解釈する方が適切であるように思われる。

この序歌を引用保存しているセクストス・エンペイリコスは、「牝馬」とは若者の魂の非理性的な衝動と欲求であり、「ダイモーンの名高い道へ就く」とは、哲学的知性による観想へと進んだということであり、知性が万物の認識へと道案内するのである、といったように、すでに寓意的解釈を施している[19]。また、バウラの解釈によると、「夜」から「昼」への移行は無知から知への移行を表し、「太陽の娘たる乙女たち」とは、光へと向かおうとする詩人（パルメニデス）の内にある力であり、「牝馬」は真理へと向かう詩人自身の衝動を意味している[20]。おそらく妥当な解釈であろう。では、一般の人々が慣れ親しんだ叙事詩からのイメージや表現を借りながら、しかも独特な仕方でそれらを適用して構成したこのような序歌を、パルメニデスが最初においた目的をどう考えたらよいのだろう。

バウラは、それは序歌の読者にパルメニデスがこれから完全に経験の埒外にある何事かに向かって乗り出していこうとしているのだと感じさせないためであり、また、パルメニデスが自分の仕事を宗教的ないし神秘的なものとして捉えていることを示すためである、と述べている[21]。確かに女神による「啓示」

---

18) 断片 8.13-15 および 8.29-31（「必然の女神アナンケー」）、8.36-38（「運命の女神モイラ」）参照。彼女たちの力が行使されるのはまずもって「ある（もの）」に対してである。
19) ただしその解釈の仕方には不適切な点があるとタランが指摘している（Tarán[1], 17ff）。この序歌に関する諸解釈については 22ff. に詳しい。タラン自身は、序歌を文学的効果をねらった工夫にすぎないと見る立場である。
20) Bowra, 39ff. これに対して、例えばファーリーは、若者の旅の目的地が「夜の館」であり、その旅は下界行であるとする解釈を示している（Furley[1], 1-5）。
21) Bowra, 53.

は「人間たちの歩む道からはるかに離れたところ」(断片1.27)でなされるが、この隔絶性は、啓示される対象に人間が本来的に到達しえないということを意味しているのではなく(なぜなら、啓示を受ける若者は知者となる人間 (εἰδὼς φώς: 断片1.3) ではあっても死すべき者のひとりに変わりはないから)、また、真理がただひとりの人間だけに秘儀として授けられるということでもない[22]。女神が物語るという形を取ることによって、そのことばは死すべき者のそれではなく、神のそれとして、あらかじめ真実性が確保される[23]。そして同時にまた、その女神が名をもたないことにより、彼女のことばは、ホメロスやヘシオドスにおけるムーサたちのような伝統的な神々のだれのことばとも同定されず、しかもそのことばは、バウラの主張とは逆に、論証に論証を継いでいく難解ではあるが神秘性や宗教性からは遠く離れた性格のものとなっている。パルメニデス自身による真理把握の方法に関する衝撃的直観(議論を先取りすれば、それは「ある」ということを探究の基盤とすることである)は外から見れば神秘的体験であるかもしれないが、彼自身にとっては必然性をもった明白な事実なのである。では序歌によって準備された設定の中で、彼の真理探究の方法論はどのような形で浮かび上がってくるのだろうか。

1 何を学ぶべきなのか？

先に引用したことばにつづけて女神は、これからの啓示の予告編とも言うべきものを示す(断片1.28b-32)。

……あなたはすべてのことを学ばねばならない、
(A) 説得力のある[24]真理の揺るぎなきこころも、

---

[22] マンスフェルトは断片2.1のκόμισαιには「受け取る」だけでなく「持ち帰り伝える(mitnehmen und weitergeben)」の意味も含まれているとする (Mansfeld[2], 95)。バーンズは、"spread the story" と訳している (Barnes[2], 157)。Cf. Mourelatos[2], 17, n.20.

[23] Conche, 65ff.

[24] DKはシンプリキオス (DE) の読みεὐκυκλέοςを採るが、われわれは断片1を30行まとめて引用しているセクストス・エンペイリコス(その他プルタルコス、クレメンス、ディオゲネス・ラエルティオス)の読みεὐπειθέοςに従った。Cf. Mourelatos[2]154ff. 最近の

(B) 死すべき者たちの思わくも——そこに真の信頼性はない。
(C) しかしそれにもかかわらずあなたはこのことをも学ぶだろう、どうして
   思わくされることが
すべてに完全に行きわたりつつ真実にあらねばならなかったかを。
……χρεὼ δέ σε πάντα πυθέσθαι
ἠμὲν ἀληθείης εὐπειθέος ἀτρεμὲς ἦτορ
ἠδὲ βροτῶν δόξας, ταῖς οὐκ ἔνι πίστις ἀληθής.
ἀλλ'ἔμπης καὶ ταῦτα μαθήσεαι, ὡς τὰ δοκοῦντα
χρῆν δοκίμως εἶναι διὰ παντὸς πάντα περῶντα.

このプログラムの提示は意味深長である。まず学びの対象となるのは「真理のこころ」（ἀληθείης ... ἦτορ）であると言われている。それは「死すべき者たち」——すなわち、神的真理の対極にある自然学説を唱導する者たち、そしてそれに追随する者たち——の「思わく」（δόξα）と対をなす。そしてこれに続いて、「思わくされること」（τὰ δοκοῦντα）についても学ぶだろうと急いで付加されている。なぜ真理でなく真理の「こころ」なのか。なぜ真理と思わくに加えて（C）が付言されているのか。（C）は（A）（B）とどういう関係にあるのか。そもそもこれらのことばを聴取する者は、あたかも神により人知を越えた真理が啓示されるように、このプログラムに沿って本当に「すべて」が開示されるものと期待してよいのだろうか。学びのプログラムにまつわるこうした些細に見える問題が、実はパルメニデスの方法論を説き明かす鍵となっている。まずは、このプログラムの構成上の問題点を検討することから始める。

問題の詩行（A）（B）の構成を見ると、「……も……も、その両方ともを」（ἠμὲν...ἠδὲ...）という形で一対の学ぶべき項目が提示され、列挙はこの二つで完結しているかに見える。しかしこれに引き続いて、逆接の接続詞「しかしながら」（ἀλλά）と反意の副詞「それにもかかわらず」（ἔμπης）を伴って（C）が提起される。解釈の上でまず確定すべきは、（C）中の中性代名詞「このこと」（ταῦτα）の指示対象である。それが文法的に指示しうる対象として、プログラ

研究者においてはセクストスの読みの方が優勢か（e.g. Mansfeld, Fränkel, Heitsch, Gallop, Cassin, Curd, O'Brien/Frère, Conche, Engelhard, Austin）。

ム冒頭の「すべて」(πάντα) と、(B) 中の「死すべき者たちの思わく」(βροτῶν δόξας)、そして直後の「どうして」の内容の三つの選択肢が考えられる。

(C) 冒頭の副詞と接続詞「しかしそれでもなお」により、先行部分に対する譲歩と対立が導入され、そして同時に、そこにおいて聞く者から話者への異議が想定される。言うまでもなくこの譲歩と対立は、「真の信頼性はない」という前行の否定的な評価に対するものである。「なるほど確かに真なる信頼性がないのだから、あなたは思わくを学ぶことに意味はないと異議を唱えるだろう。しかしそれでもなおこのことをも、あなたは学ぶであろう——」。しかし、第一の選択肢の場合、この異議に対する反論として、すべてを学ぶことになろうと予告することは、どう見ても対照性の点でバランスが悪く、この個所に緊張関係を生み出している小辞群の反意性が弱められることになるし、また「このこと」に付加された副詞「をも」(καὶ) も、その強意の焦点を見失うこととなりかねない[25]。

その点、第二の選択肢は対照性のバランスもとれて、これらの難点を解消してくれるように思われる。しかし、形式的な点はよいとしても、内容はどうだろうか。「このこと」が「思わく」を受けるとすると、先の異議申し立てに対する反論としての (C) の前半部分は、「思わくを学べ。虚偽であり学ぶ意味などないと思うかもしれぬが、にもかかわらず真理に並んで思わくをも学ぶであろう」ということになる。それは結局 (B) の繰り返しであり、「思わく」が学びの対象であることは強調されるが、これを学ぶことの意味や必要性については曖昧なままで、この潜在的な異議に対して説得力をもつものとは言えない。そもそも学びとは、黙してひたすら受け取るだけで事足りるのだろうか。パルメニデスにおいては、学びを通じた探究が、一方的な教示と聴解に終始する受動的なものではなく、能動的な側面をもあわせもつことは、例えば断片 7.5-6 の「あなたはロゴスによって……多くの異論を引き起こす吟味批判を判定しなさい」という勧告や、断片 4.1 の「……しっかりと見なさい」という命令からもとりあえずは容易に推測できる。その意味でも、この解釈には不満が

---

[25] ταῦταはπάνταの詳述であると主張するのはムーレラトス (Mourelatos[2], 209, n.46)。

残る。

　また、問題はそれだけにとどまらない。「このこと」を「思わく」と解すると、学ぶべき「すべてのこと」とは「真理のこころ」と「思わく」の二者を指し、それ以外にはない。この対象の区分は、序歌に続く詩の構造を決定しており、いわゆる「真理の部」と「思わくの部」の二つの部分に対応しているのである。この二元性を強調するとき、(A)(B)に続く(C)の身分規定がいっそう大きな問題となってくる。つまりこの解釈によると、(C)の後半部は「思わく」の寸描であり概要説明となるが、はたしてそのような位置づけはその個所の理解として妥当なものなのだろうか[26]。

2　「思わく」叙述の中立性

　実際に、断片 8.51 の「これからは死すべき者たちの思わくを学びなさい」ということばで始まる「思わくの部」の論述を見てみると、そこで女神は、「あらゆる点において真実らしく見えるこの世界の構造を語ろう」(断片 8.60) と言い、「思わく」を真実と信じる「死すべき者たち」が唱える、世界構造から胎生学に至るまでの自然学的見解を、極力中立的な立場から(つまり主観的注解をほとんど付すことなく)客観的に紹介し報告している。「思わくの部」の全体像がどのようなものであったかを現存の断片から十分に看て取ることは困難であるように思われるが、プルタルコスの次のような所感、すなわち

> パルメニデスは宇宙世界の秩序づけを行い、基本要素たる明るいものと暗いものとを混ぜ合わせて、これらのものから、そしてこれらのものを通じて一切の事象(パイノメナ)を作り上げているのである。すなわち彼は、大地についても多くを語り、天空や太陽や月についても、また人間の発生についても詳述している。……肝要な事柄は何ひとつとして論じないでおくようなことはしなかった[27]。

---

26)　Tarán, 211. Cf. Owen[1](88)："epexegetic, elaborating the ταῦτα [i.e. the contents of human opinions]"；Barnes[2](156, n.2)："sketch"；McKirahan(159)："summarizing"．
27)　『コロテス論駁』1114B。

を信用するなら、残された断片は「思わく」で展開されていたはずの自然学説の特徴をかなりはっきりと反映していると言えよう。そのうち宇宙論に関するものを見てみると、例えば断片10は次のようになっている。

> そしてあなたはアイテール（上層天）の生まれとその中のすべての
> しるし［すなわち星座］と、輝く太陽の清澄な
> 松明の破壊的な働きと、そしてそれらがどこから生じたのかを知るだろう。
> そしてあなたは丸い目をした月の周転的な働きとその生まれを学ぶだろう。
> さらにまたあなたは、周囲を取り巻く天空と、
> それがどこから生まれてきて、どのようにして必然の女神（アナンケー）が
> 星々の限界を保持するために天空を導きつつ束縛したのかも、知るだろう。

また、断片11では次のように語られている。

> どのようにして大地と太陽と月とが、
> また共有されたアイテール（上層気）と天の川と涯の
> オリュンポスと星々の熱い力が
> 衝き動かされて生じてきたか。

　いずれも「思わく」に関する自らの説明の射程を予示する女神のことばであるが、断片10の「あなたは知るだろう」あるいは「あなたは学ぶだろう」という詩句は、そこで描出されている天界の構造についてそれをそのままの形で知り学ぶということであり、言い換えれば、教示はあくまでも「思わく」の言説の枠内においてなされているのである。断片11も同様の動詞を補うことができる。「どこから」とか「どのようにして」という問いに対する答えは「思わく」の内部で与えられる。実際、現存断片中でこの予示に対応する、ある程度まとまった自然学説と見なすことのできるものは断片12, 16, 18であるが、そのいずれにおいても、叙述は直接的・客観的である。そしてその叙述内容がまことの信頼性をもつものなのか否かという「思わく」そのものの身分に関わる問いは、「思わく」の中に身を置くものに容易に答えられるものではなく、したがって「あなた」が直ちに下すことの困難な、一段上のレベルの判断を要求するものである。そして、「思わく」の具体的提示に際しての

すなわち彼ら死すべき者は、自分の判断において、名づけるために二つの形態を立てた。
　　そのうち一つだけでも立てられるべきではなく、そこにおいて彼らは踏み迷ってしまっているのである[28]。

という女神の（「思わくの部」に属する伝存断片中では唯一の）コメント（断片8.53-54）でその虚偽性の一端は垣間見ることができるのであるが、月の輝きが太陽からの「借りものの光」（断片14）であるといった合理的な知見も含みつつ「思わく」が描いて見せる世界像のもっともらしさは、圧倒的にその虚偽性を隠蔽してしまう。では表立っての評言を手控えたこのような「思わく」の中立的な叙述のあり方に、予告編としての（B）（C）は合致しているのであろうか。寸描であり概要説明とされた（C）後半部の意味を確認した上でその点を検討してみよう。

3　「思わく」をいかに学ぶか？

　（C）の個所は議論の多いところで、これまでさまざまに解釈されてきているが[29]、われわれは、「どうして（ὡς）思わくされること（τὰ δοκοῦντα）がすべてに完全に行きわたりつつ真実にあらねばならなかったかを」と訳出した。「真実にあらねばならなかった」（χρῆν δοκίμως εἶναι）という詩句は、思わくの対象が客観的な実在性を必然的にもっており、女神がそれを承認した上で語ろうとしているということを意味しているのではない。また、そうあらねばなら

---

28) Cf. Tarán[1], 220ff., Furley[1], 5ff., Conche, 190ff., O'Brien/Frère, 57ff. 第6章4節で改めて詳細に論じる。

29) Cf. e.g. O'Brien/Frère, 12ff., Brague, 44ff. なお、断片1.32については、われわれはπερῶνταの読みを採った。シンプリキオスの有力写本ではπερ ὄνταとあり、ツァフィロピュロ、オーウェン、ムーレラトスなどが支持する（Zafiropulo, 295; Owen[1], 89; Mourelatos[2], 214）。しかし、語形の問題や、「思わく」に実在を認めることにつながりうることからも、われわれは採用しない。Cf. Clark(21) : "in the phenomenal world, phenomena *are* everything and everywhere. This is not to assert that phenomena have the same kind of existence as Being." ブラグはπάνθ'ἅπερ ὄντα（「あるものである限りでのすべて」）という独自の読みを提案している。

なかった（あるいはそうあらねばならない）ことが実際にはそうならなかった（あるいはそうならない）という、過去ないし現在の事実に反する事柄を述べているとも解さない。むしろ、「死すべき者たち」によって「ある」と思いなされることどもは、過去の事実として、彼ら自身にとっては真実に、すなわち一定の考査（δοκιμασία）を経て（あるいはそれに耐えうるものとして）受け容れられる仕方であるべきものであった[30]。いま、「学ぶことになろう」と言われ、女神によって問題とされているのは、この思いなされていることどものもっている存在論的必然性がどこから来るのかということである。議論を先取りすれば、つまりは「思いなされることどもが真実にある」（τὰ δοκοῦντα δοκίμως εἶναι）がなにゆえ「あらぬものどもがある」（εἶναι μὴ ἐόντα : 断片 7.1）と同義となるのかということの考察でもある。そして、思いなされることどもが存在することの必然性を有する限りで、「思わく」そのものも真なるものとしての「信頼性」つまりは論理的必然性をもつこととなる。むろん、この必然性はあくまでも「思わく」の枠組みの内部でのみ意味をもちうるものであり、偽りの必然性ということになる。

したがって、われわれは、(C) の「思わくされること」（τὰ δοκοῦντα）は、(B) の「思わく」（δόξα）の内実を構成する諸対象（さらに言えば、「ある」の主語的存在として思いなされる具体的個別的な諸対象）であると考える[31]。いずれの思いなしの主体も、自然に読めば同じ「死すべき者たち」である。人間の思いなすことは例外なく、その構成の基本において改めての考査と検証が要求される。

ここでパルメニデスによる「学び」に関わる動詞の使い方を確認することは、この点に関連して一定の示唆を与えてくれるように思われる。

---

[30] なお、δοκίμωςは「真実に」とともに、ここではδοκοῦνταと呼応して、「受け容れられる仕方で」の意味をも含んでおり（cf. Mourelatos[2], 203-204）、つまり、死すべき者たちの思わくが彼ら自身にとってどうして「真実に／受容可能な仕方で」あらねばならなかったのかを学べと言われていると理解する。

[31] 例えばクラークは、δόξαを「見解」、τὰ δοκοῦνταを「経験対象としての常識的世界」ないしは「現象界」と理解することを提案している。ただし、後者をτὰ φαινόμεναと同定する根拠はない。これについては第 6 章参照。

① πυθέσθαι（＜πυνθάνομαι）：断片1.28b「学ばねばならない」、対象：「すべて」

② μαθήσεαι（＜μανθάνω）：断片1.31「学ぶだろう」、対象：「どうして思わくされることが真実にあらねばならなかったかということ」

③ μάνθανε（＜μανθάνω）：断片8.52「学びなさい」、対象：「死すべき者たちの思わく」

④ πεύσῃ（＜πυνθάνομαι）：断片10.4「学ぶだろう」、対象：「月の周転的な働きとその生まれ」

シャントレーヌによれば、μανθάνωがもともともっていたニュアンスは"apprendre pratiquement, apprendre par expérience, apprendre à connaître, apprendre à faire"であり、これに対してπυνθάνομαιは、"apprendre de, s'informer, interroger"を意味する。またLSJによると、μανθάνωはやはり"learn by study, by practice, by experience"を、πυνθάνομαιは"learn, whether by hearsay or by inquiry"を意味している[32]。つまり、μανθάνωは実践や経験を通じて学ぶのに対して、πυνθάνομαιは、伝聞や問い尋ねを通じての学びを基本的な意味としてもっている。

そして「思わく」を対象とする②と③ではμανθάνωが用いられ、他方、真理のこころも含めて「すべて」を対象とする①と上層天や太陽、月、空という現実の自然学的対象の生まれや働きを対象とする④ではπυνθάνομαιが使われている。①についても④についても、まず若者が女神の話を聴取することによる学びが問題となっている。これに対して②と③では、女神による「思わく」が学びの対象となっているが、それを聞き手である若者はμανθάνωするように、つまり経験と実践により学ぶように求められているのである。②では学びの対象が「どうして」という疑問詞をもって始まる（C）なのであり、つまりここでは、虚偽を虚偽のままに知識として聞いて受け取るだけではなく、その虚偽性の起源や必然性の依って来るところを実践的に学ぶことによって、より積極的に学びに関与することが要請されているように思われる。ὡςはὅτιではない。

---

32) Chantraine & LSJ, *s.vv.* πυνθάνομαι, μανθάνω. Cf. Curd[1], 113-114.

また、③は「真理の道」についての話を終えたところで現れるが、それは次のようになっている。

　これからは、死すべき者たちの思わくを学びなさい、
　わたしのことばの欺瞞に満ちた構成を聞きながら。(fr.8.51-52)

単に「知るだろう」と言われているのではない。女神は自ら「思わく」についての自分のことばが虚構であることを同時に告げている。なぜ虚構なのか。なぜ虚構とわかっているものを学ばなくてはならないのか。聞き手の側の実践的学びへとつながっていくこのことばは、われわれが問題にしてきた断片1における（B）から（C）への移行をそのまま内包していると言える。

　したがって、①（「すべてのことを学ばねばならない」）の3行後に出てくる②（「あなたは学ぶだろう」（μαθήσεαι））における学びは、①における学びとはやはりニュアンスを異にしており、④の「学び」とも異なっている。そしてこれはさらに、断片10で④と並んで現れる「あなたは知るだろう」（εἰδήσεις）と言われるときの知とも、その対象の性質と主体の側の関わり方の点でまったく異なっていることに気づかれるだろう。この「知るだろう」とはつまり、すでに見たように「思わく」を「思わく」として学ぶであろうということであるのに対して、②の「学ぶだろう」とは、「思わく」の諸対象の真実性と内的必然性の根拠、つまりは「思わく」が真の信頼性をもたぬことの理由を実践と経験を通じて学ぶことになろうということなのである。かくして、もし二元的構造の上からも（B）の「思わく」が詩の後半の「思わくの部」に対応していると理解するならば、（C）後半部は（B）の単なる寸描や概要説明にとどまるものではなく、むしろそれ以上の新たな内容を含んでいると言えるのである。よって、当初の問題であった（C）中の「このこと」が（B）の「思わく」を指すとする解釈（これは「どうして」という疑問詞の意味を軽視した見方である）は受け容れられないのである。かくしてわれわれがこの問題に関して採るべき選択肢は、それが後出部分を受けるとする解釈である。つまり「このこと」とは「次に述べること」を意味する。

　「思わく」を虚偽のものとして学ぶことは無意味に思われるかもしれない（実際にはそうではないのだが）。しかし「思わく」の学びには二重の意味がある。

それは、虚偽を吟味することなく一方的な教示という形でそのまま聞いて受容することであると同時に、その内部で誤って附与された真実性と必然性の根拠、つまりはその虚偽性の起源をも実践的に学ぶことである。では、「思わく」に内包される虚偽性が容易に検出できるものではないことが予想されるとき、後者のいわば能動的な学びは、この断片１のプログラムが示す方向性に沿って、具体的にはいかにして達成されるのだろうか。これから後に続く諸章において、われわれは、パルメニデスが「真理のこころ」と呼んだものの内実、それと対立する「思わく」の本性、そして、これら両者の関係について、真理探究という観点から考察していく。

第 2 章

真理の「こころ」としての「ある」ということ

はじめに

　真理の探究者たるパルメニデスは、その探究のプログラムで、まずは「説得力のある真理の揺るぎなきこころ」を学べと女神から命じられていた。「こころ」(ἦτορ) とは何か。この語は基本的に、「いのち」、「情動」あるいはそれらの座を意味する[33]。大切なそれが胸から吐き出されてしまえば、その当人は冥府の王の館に行って亡者の仲間入りをすることになるし、戦車に乗って前線で駆け回れば、大切なそれを失うことになる。また、それが弛緩した人は気が遠くなり萎える[34]。しばしば「大切な」(φίρον) という形容詞が付加される「こころ」は、それを内にもつものにとってそれがいかに重要であり貴重であるかを意味しているとも言える。他に例のないパルメニデス独特の表現である「真理のこころ」とは、あたかも一つの生き物であるかのような真理の生存を保証するものがその直中にあるということを示している。

　では真理にとっての「いのち」とは何か。真理全体を支え、その喪失が真理を亡骸とし形骸とするものとは何か。他でもなくそれは、断片 2 で探究の道として初めて示される「ある」(ἔστι) である。ほんの二音節の、あまりにもありふれていることば、これほど単純簡潔なものはないと思われることば、そして

---

33) Claus, 23ff.; Sullivan, 70-75. ロング (Long[2], 142ff.) は「こころ」を、生命、情動に加えて (Coxon(168) の示唆を受けて) 思考ないし思惟の座と解して、"Parmenides' truth has a mind, which is to say that his truth constitutes cognition or true thinking." と主張するが、意味の範囲を拡張しすぎである。
34) 『イリアス』第 15 歌、252；同第 5 歌、250；『オデュッセイア』第 4 歌、703；同第 23 歌、205 など参照。

それまでの哲学者たちの誰ひとりとして改めて主題とすることのなかったこのことばを、パルメニデスは真理の「こころ」と呼んで、探究の基点とする。そしてそうされることでこのことばは、一つの問題系として自らを提示してくる。何があるのか。しかしそもそも「ある」とは何なのか。パルメニデスの詩は、探究が探究として成立しうる基盤、われわれの思考や認識が成り立つ根拠、そして実在の実在たる所以を探し求めた彼の（おそらくは困難であっただろう）哲学的遍歴の旅路の記録でもある。では彼の思索の核心である「ある」について、彼自身がいかなる内実を附与しているのかを、これ自体も難事であるが、ひるむことなく考察していこう。

1 「ある」ということと主語

女神が若者に語りかけつつ二つの探究の道を示す断片 2 は次のようになっている。

εἰ δ'ἄγ'ἐγὼν ἐρέω, κόμισαι δὲ σὺ μῦθον ἀκούσας,
αἵπερ ὁδοὶ μοῦναι διζήσιός εἰσι νοῆσαι·
ἡ μὲν ὅπως ἔστιν τε καὶ ὡς οὐκ ἔστι μὴ εἶναι,
πειθοῦς ἐστι κέλευθος (ἀληθείῃ γὰρ ὀπηδεῖ),
ἡ δ'ὡς οὐκ ἔστιν τε καὶ ὡς χρεών ἐστι μὴ εἶναι,
τὴν δή τοι φράζω παναπευθέα ἔμμεν ἀταρπόν·
οὔτε γὰρ ἂν γνοίης τό γε μὴ ἐόν (οὐ γὰρ ἀνυστόν),
οὔτε φράσαις.

さあ、わたしはあなたに語ろう。そしてあなたは、わたしの話を聞き終えたら、それを携えて行かなくてはならない。
いかなる探究の道が考えるべき唯一のものであるか。
一つは、「ある」、そして「あらぬはあらぬ」、という道、
これは説得の道である（なぜならそれは真理に従うがゆえに）。
もう一方は、「あらぬ」、そして「あらぬことが必然」、という道、
この道はまったくもって探し求めることのできない道であるとわたしはあなたに言明する。
というのも、あなたはあらぬということを知ることはできないであろうし
　（それはなされえないゆえ）

またそれを指し示すこともできないであろうから。

　まずこの断片で問題となるのは、2行目の不定詞νοῆσαιをどう解釈するかという点である。目的を表す不定法と見なして、「いかなる探究の道のみが、考えることのためにあるか」と訳す解釈が一方にあり、他方、形容詞μοῦναιと動詞εἰσιが構文上の単位をなしており、不定詞は形容詞の補語であると見なして、「いかなる探究の道が、考えるべき唯一のものであるか」(すなわち、「いかなる探究の道が、唯一のものと考えられるか」あるいは「探究の道として考えられるのはいかなるもののみか」) と解する解釈がある[35]。文法的にはいずれも可能であろう。

　ところで前者の場合、女神は、思考一般にとって探究の道は二つのみであると言っていることになるが、このときの「思考」は目的として設定されている以上、単なる思いや考えではなく、いわば本来的な「思考」ということになろう。ムーレラトスはνοῆσαιの対象としてἐόνすら含意されていると言う。もしそうなら、「あるもの」の思考のための探究の道が二つのみであると主張されていることになる。νοῆσαιを「思考」ではなく「認識・洞察」とし、「探究はその目的を事実 (真相) の認識・把握に置いてそれを目指している」とする鈴木の解釈は、「あるもの」とνοῆσαιとのつながりをよりいっそう強力なものとする。しかし、認識ないし高度な思考が「あるもの」をすでに必然的にその対象として内包している (あるいは結びつく) なら、そのような認識のための探究の道として「ある」の道が提示されるのは理解できるが、「あらぬ」の道がそれと共に提示されるのは理解に苦しむ。また「認識」にせよ「思考」にせよ、「あるもの」をあたかもその内的目的語とするかのように見なしているけれども、しかし、後で見るように、「あるもの」へと思いを向けよ、それを考えよ、と要請されるのは、人間の思惟が可謬的であり、その思いや考えは本来的に「あるもの」へと向かうわけではないからである[36]。

---

35) 前者の解釈は、Mourelatos[2] (55), Cordero (49), Barnes[2] (157-158), Gallop (55), Curd (24), Kahn[4] (703) などで、後者は、Tarán[1] (32), Conche (76), O'Brien[2] (153-154), Guthrie[2] (13), Heitsch (15), Coxon (52), KRS (245) など。全体的に見れば後者の方が優勢か。鈴木 (158) は、νοεῖνを「考える」ではなく「認識 (知識) する」の意味で解した上で、前者の立場をとる。

したがって、われわれとしては、まずνοῆσαιを「真理、事実、実相の認識」（鈴木）ではなく、「思考すること」、「思惟すること」の意味で捉え、形容詞μοῦναιの補語として読む立場をとる。ただ、カーンが言っているように、この解釈に立つと、考えられるはずの探究の道の一つについて、そのあと直ちに「あなたは知ることはできないだろう」（7行）と言っていることになり、必要もない矛盾を作り出すことになるように見える[37]。しかし、実はそこに矛盾はないのである。なぜなら、2行目のνοῆσαιの意味上の主語が7行目のγνοίηςの主語である「あなた（＝若者）」と一致すれば当然矛盾が生じてくるが、νοῆσαιの意味上の主語は「女神」であり、一致することはないからである。つまり、「ある」と「あらぬ」は、原理的な「選言」――むろんここでこれらが、「あるいは」という結合詞によって選言的複合命題を形成しているわけではないが、断片8.16では「あるかそれともあらぬか」という排他的選言の形を取って現れる――として女神の立場から考えられる道なのであり、内実のいかんにかかわらず論理的な形式としていわばア・プリオリにその思考可能性と提示の妥当性が保証されるのである。もし仮にνοῆσαιの主語も同じ「あなた」であるなら、もはや「啓示」の必要はなくなるかもしれない。この選言を考えることができるのだから。しかし実際には、「若者」は、女神の話を聞き始めたばかりのこの段階において、いまだ死すべき者たちと同様に「判別する力のない群」（ἄκριτα φῦλα: 断片6.7）、すなわち「ある」と「あらぬ」の判別のできていない者たちのひとりにすぎないはずだからである。したがって、われわれはここに矛盾を想定する必要はない。

では次に、道そのものの記述を見ていこう。われわれは二つの道を次のように訳す。

断片2.3：「ある」、そして「あらぬはあらぬ」、という道
断片2.5：「あらぬ」、そして「あらぬことが必然」、という道

先の「いかなる探究の道が考えるべき唯一のものか」という表現（断片2.2）、

---

36) 第3章3節参照。
37) Kahn[4], 703 n.4.

また、「まったくあるかまったくあらぬかのどちらかでなければならない」（断片8.11）ということばからも、パルメニデスにとって探究の道はこれらより他にはない。そして後者が学ぶことのかなわぬ道として棄却されるのに対して、前者は真理に従う「説得」の道であるとされる。

　一般的な解釈は、この個所に様相表現を見て取る。すなわち一方を、「ある、そしてあらぬことは不可能」、他方を「あらぬ、そしてあらぬことは必然」と訳すのである。ただ、これでは両者は完全な意味での矛盾関係とならない。そこで、例えばオブライエンは、第三項の可能性を完全に排除する形式をここで読み取ろうとして、「あらぬことは不可能」と矛盾する命題を「あることは不可能」（これは「あらぬことは必然」を含意する）とし、「あらぬことは必然」と矛盾する命題を「あることは必然」（これは「あらぬことは不可能」を含意する）と解し、それによってこの二つの道が次のように完全な排他的選言を形成することになると考えている[38]。

　p：「ある」
　fr.2.3：$\sim\Diamond\sim p \Leftrightarrow \sim\Diamond p \Rightarrow \Box\sim p$
　fr.2.5：$\Box\sim p \Leftrightarrow \Box p \Rightarrow \sim\Diamond\sim p$

これは、"ἔστι＋不定詞"を、可能を表す用法と解することに基づく読みである。たしかに、このように読むことで、形式的な健全さを確保できるとともに、第三項排除という意図はきわめて明白になるであろう。しかしながら、このような様相の論理がパルメニデスの思想において問題となりうるのであろうか。

　むしろ、断片8.16の「あるかあらぬか」という言い方に示されているように、一方を「ある」、他方を「あらぬ」と設定した段階で、それらを二項として構成される排他的選言が第三項を排除することは明白なのであり、それだけで十分であって、あえて様相論理によって矛盾関係を完結したものにする必要はない。探究の道として「ある」を立てるのか「あらぬ」を立てるのか。パルメニデスは、探究において思考が取りうる論理的な必然的形式として最も単純

---

38)　O'Brien[2], 189ff.

な「あるかあらぬか」という選言を立てているのである[39]。われわれとしては、むしろ「古典的」[40]な読みを採りたい。哲学探究の依って立つべき基盤は"ὡς ἔστι"、"ὅπως ἔστι"、すなわち「ある」ということにほかならない。

そして、その上で問題となってくるのは、ἔστιの意味と主語である。そのいずれについてもこれまでさまざまな解釈が提出されてきたが、諸家の見解は一致していない。「ある」の意味については、「存在」、「述定」、「真実性」、あるいはそれらの融合したもの、という大まかに四通りの解釈がある。そして言うまでもなくこれは、主語として何を想定する（あるいは何も想定しない）のかという問題と密接に結びついている。主語に関しては、無主語説、非人称説、「何か」説、「何であれ語られ思惟されるもの」説、「あるもの」説、「探究の対象」説等々いろいろである。

まず、主語についてであるが、オーウェンは、「あるもの」を主語とすると、それは「ある」の道を単なる同語反復に、「あらぬ」の道をまったくの矛盾にしてしまうが、パルメニデスは「ある」を支持し「あらぬ」を反駁する議論をすることが必要だと考えている以上、この主語は相応しくないと主張している。また「一なるもの」ないしは「一なる存在」を主語とする解釈もあるが、オーウェンは、主語が一であることは前提ではなく証明の対象であるという理由で、これにも反対する。また、「雨が降る」（ὕει）のようないわゆる非人称用法として「ある」が用いられているとする解釈についても、パルメニデスは、主語を与えるためにそれが何でなければならないかを問うて、「ある」の主語のさまざまな特質を証明するのである、としてオーウェンはこれも採らない。そしてその上で彼は、「語られうる、あるいは考えられうるもの」(what can be talked or thought about) を主語と認定する[41]。その場合、ἔστιは存在を意味することとなる。そしてこの解釈はその後多くの賛同者を得ている。

---

39) Cf. Couloubaritsis[1], 179 : "Enfin, il convient de discerner que toute référence stricte à une logique modale est anachronique, d'autant plus que l'hémistiche ὡς χρεών ἐστι μὴ εἶναι (2,5) renvoie plutôt à une structure déontique."
40) Conche, 80.
41) Owen[1], 90ff.

第2章 真理の「こころ」としての「ある」ということ

「あるもの」や「一なるもの」などを主語とすることの難点はオーウェンが指摘するとおりであろう。「非人称用法」に関しては、そもそも「ある」におけるそのような用法の平行例があるのかどうか疑問だが、それを別にすれば、確かにそれで同語反復は避けられるし、この段階で特定の主語（例えばバーネットの主張する「物体」など）を想定することで「あるもの」を特殊化する危険を冒さずにすむだろうが、しかし、非人称用法とは、限定された主体を、当の動詞が示す行為や状態と結びつけることができない場合の用法であり[42]、もし「ある」に関しても同様にその主体を限定することができないとすれば、断片8での「あるもの」の本性についての論証はいったい何の意味をもつというのだろう。「雨降り」の事例をそのまま「ある」という表現に適用することは困難である。

では、オーウェン自身の提案である「語られうる、あるいは考えられうるもの」はどうだろうか。まずこの主語は、明らかに断片2よりも後に来る断片6（ここからそのような主語を導出できるか否かの問題はさしあたり措くとして）で表明されているという点で問題があろう。そもそも彼は、断片2.7-8を「存在し̇ な̇ い̇ も̇ の̇ は考えることも語ることもできない」と解した上で、これを「考えられ語られうるものは存在する」という命題と同定して、それがすでに以後の議論の前提となっている主張するが、後で触れるように、パルメニデスはそのような安易な同定を許しているとは思えない。またオーウェンによると、「あるもの」や「一なるもの」を主語として立てることは、それがまさにこれから論証される限りで、論点先取の誤謬を犯すことになるが、それに対して、議論の主語が語られ、考えられうるということは、現にわれわれがそれについて語り考えているから、証明は不要であり、論点先取とはならないとされる。しかしこれでは、思考と言及の可能性のあるものが「ある」、つまりは、思考と言説の対象となりうるものすべてが存在するという奇妙なことになる。というのも、断片7.2に見られるように思考そして言説は「あらぬもの」にも積極的に関与しうるからである。この奇妙さを回避するために思考と言説にあらかじめ特別

---

[42] ただし、「雨降り」についてはゼウスを主体とする表現（ὕει Ζεύς）も可能である。Cf. O'Brien[2], 164ff.

な資格が附与されていると主張したくても、テクストはそれを簡単には保証しない[43]。パルメニデスにおいて、「ある」ということよりもまず「理性的言説の可能性」[44]がその探究の出発点になっているとは考えにくい。むしろわれわれは、「ある」ということを起点にしなければ、妥当な思考や言説は成立しないと考える[45]。

　またバーンズは、主語を探究の暗黙の対象とし、ἔστιを存在の意味で理解する[46]。「ある」の道は、「何であれわれわれが探究するものは存在する」を意味することになる。これは、オーウェンのように理性的思考の可能性ではなく、学問的探究の可能性を出発点に据えることになり、これ自体テクスト上の直接の裏付けをもつものではないが、バーンズはこれをさらに、「何らかのものについて、それがもし探究されるならば、必然的にそれは存在する」(あるいは、「何らかのものについて、それがもし探究されるならば、それが存在する、ということは必然である」)と定式化する。これで存在は探究に依存することになるが、その当の探究の内実は明確にされない。実際、断片8は存在するもののもつ特性の記述であると彼は主張しており、そこでの規定に、探究のあり方は何ら関与していないし、その規定から探究のあり方が明らかになってくるわけでもない。これでは、補われた主語があまりにも形式的に過ぎよう。そしてまた、この場合、「あらぬ」という今ひとつの探究の道は「何であれ探究の対象は存在しない」と主張するものとなるが、これは探究の道ですらない。パルメニデスは、この道の排除の理由として、「あらぬもの」が知られえず語られえないがゆえにと言っているが、この主語を立てることは、その理由付けが不必要であるほどに、探究そのものを最初から否定するものである。最終的に真理の探究と「あるもの」とが結びつくことに異論はないが、ここでたとえ形式的なものであってもそのような主語を補う必然性はどこにもない[47]。

---

43)　例えば、断片6.6「とりとめもなくさまようこころ(思惟)」という表現を見よ。
44)　Stokes, 121.
45)　以上の点についても、この後の第3章3節で論じられる。
46)　Barnes[2], 163ff. 主語に関する諸家の解釈については、Tarán[1], 33ff, Conche, 77ff. などを参照。
47)　この他、「実在」つまり存在するものの総体を主語とする解釈もある。Cf. Verdenius,

2 「ある」ということの意味

　ἔστιの意味については、まずわれわれはそれが「述定」をもっぱら意味するものであるとは考えない。なぜならその場合、「あらぬ」(すなわち「……であらぬ」)の道の排除はあらゆるネガティヴな言明の否定につながるものであるが、これは、断片8におけるパルメニデス自身の用語法からしても容認できるものではない。彼は「あるもの」の本性を物語る中で、「それは分割可能なものでもない」(οὐδὲ διαιρετόν ἐστιν：断片8.22)し「欠けてはいない」(ἔστι γὰρ οὐκ ἐπιδευές：断片8.33)と言い、また「〈あらぬ〉の道は真の道ではない」(οὐ γὰρ ἀληθής ἐστιν ὁδός：断片8.17-18)と述べており、そして言うまでもなくそれらは真である。同一の主語を保ちつつ、それぞれを逆に「……である」という主張に変えると、それは肯定の形を取りながらも虚偽の言明というおかしな事態になってしまう。さらに、断片6.2のμηδένは「ある」(εἶναι)と対照的に用いられているが、これは「……であらぬ(もの)」を意味するものではなく、まさに「存在」の否定としての無である。また断片8での「あるもの」の「不生不滅」論証についても、そもそも「生成する」とは存在へと生じ来ることであり、何らかの属性を獲得するということではないし、逆に「消滅する」とは無へと解消していくことであり、何らかの属性を失うことではない。存在は属性に優先する。いずれにしても、存在の意味を基本にした論証が行われているのである[48]。したがって、「ある」が「述定」を意味することには同意できない。

　また、ἔστιが「真実性」(つまり「……ということは真実(事実)である」)を表示するという解釈は、カーンが主唱した解釈である[49]。彼は、歴史的・言語的に見てἔστιの中心的な意味はあくまでも真実述定だとする。ただ、そこから「存在」が排除されるわけではなく、むしろ二つのレベルの存在概念が含まれており、つまり主語となる存在者(彼はそれを探究の目標、すなわち知られうるものとする)の存在とこの存在者を一定の仕方で特徴づける事実ないし状況の存

　　　32ff.; Woodbury, 149. なおWoodburyについては第7章2節を参照。
48)　Gallop, 71ff. なお、「不生不滅」論証については第5章参照。
49)　Kahn[4], 711ff.

在あるいは実在性がそれである。この解釈では、「ある」は存在も含意していると主張することで、述定解釈が含んでいた難点を回避できる。しかし、これについては、歴史的に見て本当に「ある」の基本概念が「真実述定」であると言えるのか、むしろ「真実性」は「ある」に本来内在するものではなく、文脈から来る外在的なものではないのか、といった異論がでている[50]。"X is F" と言う場合、これは、知られうるXが存在し、かつまたそれがFであることは本当であるということを意味していることになるが、この主張を支える前提として、カーンは、事実を知っていることがそのままその事実の事実性を含意すると考える。しかしパルメニデスのテクスト自体にこのような強い認識論的原則を支持する個所は直接には見いだせない。むしろテクストによれば、νοεῖνがἐόνと必然的に結びつくとは言いがたく、そこに無謬性を認めることは困難なのである[51]。ともかく、「ある」がこのように多重の意味を同時に担いうるのか疑問である。

　また、同じ「述定」の範疇に入るが、ムーレラトスは、「ある」を主語も述語も未定の繋辞として理解する。"____ is ____" という形で翻訳されるこの純粋に形式的な文章枠は、探究における「何であるか」という問いに対する答えであり、これによって、ある事物の独自性が、それ以上問われることがないほどに完全に提示されるような、そのような述定である。したがってこの述定は同時に、分析であり、解明であり、説明である。ただ、この考え方はのちの論文では修正され、「……である (is F)」は、主語（あらゆる日常的な自然的対象）によって言及されているものの特徴的な本性、真の独自性、内在的実在性ないしは本質を直接に喚起する働きをもつとする[52]。言語と思考の命題的構造に着目し、裸の繋辞、本質表出としての「ある」というものを摘出しているが、やはり人工的な解釈と言わざるをえないだろう。この解釈に従って、否定的述定

---

50) O'Brien[2], 157ff.; Mourelatos[4], 735ff.
51) 断片3、断片8.34-36aを参照。
52) Mourelatos[2], 56ff.; Mourelatos[3], 19ff. カードもムーレラトスに近く、ἐστιは物の本性、ものが何であるかを明らかにするものと考える (Curd[1], 39ff.)。ただし、彼女の場合は、主語の位置に立ちうるものは理論的に基本的な実体である。

第2章 真理の「こころ」としての「ある」ということ

は対象の本性や独自性を表示しないものとしてすべて排除されてよいのか。断片8における否定的述定や、例えば「虹は本当は女神ではない」、「メリッソスの主張する一者は物体的なものではない」、そして「デモクリトスの考える原子はその本性において分割されうるものではない」といった否定的述定は、内容が空疎な、まったくもって情報量がゼロの言明だと言えるだろうか[53]。探究対象について「Aであらぬ」と言うことが、A以外のあらゆる属性・述語をそれに認めるということであれば、その探究はあまりにも漠然としすぎていて、その対象についてほとんど情報をえられないことになろうが、実際には探究は、まったく指標のない中で行われるのではなく、Aが「白」であれば、「白であらぬ」は色彩の範疇内で白以外のものであることが示されていると考えるのが普通であるように、探究とは、ある対象を措定した場合、一定の領域に限定しながらなされるのであり、ただちに、「海図のない茫漠たる海原」を彷徨うことになるとは限らないだろう[54]。

先に指摘したような「述定」や「真実述定」がはらむ問題を考えると、パルメニデスにおける「ある」の基本的・中心的な意味は「存在」であると考えざるをえない。ただし、その場合、「ある」と「あらぬ」は言うまでもなく探究の道であるが、この探究を問いの形に変えてみるとき、「何かが存在するかしないか？」がそれではない。真理とは、何かを主語に立ててそれがあるかないかと言うことではない。「あるかないか」という選言は、探究の道の選択の場面においてはありうるが、それ自体で真理を構成することはない。真理の探究は「ある」という形しかとらない。そして、「あらぬ」という主張を選ぶとき、それは、その対象の不在と非有を一方的に主張するものであり、知識を与える以前に探究そのものを不可能にする。この存在否定は、探究対象についてある一定の属性を否定する場合とは根本的に異なる。

例えば、あらゆる質的・量的規定を超え出た「無限なるもの」（τὸ ἄπειρον）を始源とするアナクシマンドロスも、その始源の存在自体は疑いえなかったで

---

53) Mourelatos[3], 43.
54) この他、ファースに見られるように、「ある」は「存在」と「述定」の融合したものと解する立場もある。

あろう。探究が成り立つためには、「ある」という形の思惟と言説が求められる。しかし、当然「ある」の本性を知らずに何かについて「ある」と語ったところで、それは無意味である。「ある」の道に沿って探究を進めるのであれば、まず必要とされることはこの「ある」の本性を解明することである。「死すべき者たち」が探究対象の存在を当然のものとして無批判に前提とすることに根本的な反省を促し、根源的な「ある」そのものへと立ち帰ることを求めているのがパルメニデスなのである[55]。ただ、パルメニデスが「存在」と「述定」と「真実述定」を明確に区別し、その違いを自覚しながらこの語を用いていたかと言えば、その点は断言できない。われわれが主張したいのは、パルメニデスにおいては、あくまでもἔστιの中心的な意味として、あるいは問題となる意味として、まず「存在」が捉えられているということである。繰り返すが、何についてであれ、探究において、それを「あらぬ」、「存在しない」と語ることは、「であらぬ」と言うことと比較して遙かに探究にとって破壊的な言説となる。それは、そのものの「何であるか」という問いすら無意味にするのである。

3　主語なき「ある」

では、「ある」の主語についてわれわれはどう考えたらよいのだろう。パルメニデスにおいては、「道」の提示を通じて、「探究」ということが何よりまず問題にされており、それは、先行する哲学者たちの探究のあり方への批判を背景にしている。序においても触れたように、初期のギリシア哲学者たちは、驚くほどに複雑な世界の多様性という性質を、それ自体原初的で解きがたいものとしてそのまま受け容れるのではなく、いまだ明白ではないがより根本的な原理・原則との関係において捉えるとともに、観察や経験を補強材料としながら、世界の形成、変化、運動のメカニズムや原因を、火、水、土、空気といった物

---

[55]　鈴木（36ff.）は、「存在」と「真理表示・述定」が対等な論理的・事態的重みをもって併存しているという立場をとる。結局すべての意味が含まれているということになり、いわば万能の解釈であるが、ἔστιが、これらの意味を曖昧模糊とした形でなく、「xはYとして（真に）存在する」という定式でもって本来的かつ明示的に表示しうるのか疑問である。三浦[2]参照。

第2章 真理の「こころ」としての「ある」ということ

質的な位相から説明しようとした。種子から生命体が発生し構成されるように、世界も神々の手による創造ではなく、内在的な何かから発展形成してきたのではないか。世界が発展の可能性によって特徴づけられるなら、その起源があるはずではないか。かつて世界はどうだったのか、今どうあるのか、これからどうなるのか。彼らの探究は、生成と発展の歴史をもつそうした世界に向けられる。その端緒はすでにヘシオドスの「カオス」に見出すこともできるかもしれない。また、タレスは万物の始源として水を立て、アナクシマンドロスは、世界の生誕の起源として「無限なるもの」と、そこから分離したとされる「生み出すもの」を立て、アナクシメネスは世界の統括原理を単純単一な空気ないし気息とし、ヘラクレイトスは世界を、定量だけ燃え、定量だけ消えながら、いつも生きている火（断片30）とした。彼らは、単純から複雑へ、静止から運動へという世界の方向性を踏まえた上で、その起源やありよう、現象などを問いに付し、答えているのである。

これに対してパルメニデスは、彼らと同じように一定の主語的存在についてそれが何であり、どう生成し、どう変化するかといったことを問うのではなく、むしろ、彼らの探究のあり方そのものを問題とする。このことに関連して、断片8.38b-41を見てみよう。そこでは、

> ……したがって
> 死すべき者たちが真であると信じて（πεποιθότες εἶναι ἀληθῆ）立てたすべてのもの
> ——つまり、生成することと消滅すること、あることとあらぬこと、
> 場所を変えることと、明るい色をとりかえるということ——は名目にすぎないだろう。

と語られている。死すべき者たち、すなわち先行する哲学者たちの探究の基本的な思考形式である「生成と消滅」、「有と非有」、「場所の変化」、「色の交替」などは、真実性をもつものとして（εἶναι ἀληθῆ）彼ら自身が説得され（πεποιθότες）納得していることなのである。そして、それぞれが特定の主語をもっていないことに注目しなければならない。パルメニデスが自ら問題としているのは具体的な主語存在ではない。つまり、死すべき者どもが主語存在を立てる以前の段

階で、あるいは立てているとしても主語存在が何であるかが問題とされる以前の段階で、なによりもまず「生成することと消滅すること」、「あることとあらぬこと」などを真実の思考の基盤として措定しているということがパルメニデスにとって決定的な問題なのである。主語をもたない形での彼らのこの思考形式と対決できるのは、同じく特定の主語をもたない「ある」「あらぬ」であり、このとき初めて彼らの思考形式との比較検討が可能になる。そしてその「ある」を主題として、断片8での本性開示がなされるのであり、何らかの主語の本性が開示されるのではない。したがって、われわれは、断片2における「ある」「あらぬ」にいかなる主語も想定しない。それは、パルメニデスによる議論がこれから先に進展していく中でも同様である。要するに、主語が現に明示されていないということは、パルメニデスの意図が働いているということである。コーンフォードは "ἡ μὲν ὅπως ἐόν ἐστιν." と書くべきだったとし、レーネンは "ἡ μὲν ὅπως ἔστιν τι." と訂正することを提案している[56]。しかし、もしパルメニデスが実際に「何か」や「あるもの」を主語と想定していたならば、その哲学の核心に関わる部分である以上、ことばを節約することなく、実際にそう書いていただろう。もちろん、「ある」が形式上の主語をもっていないことは、それが本来的に主語をもちえないという奇妙な事態を意味しない。いわゆる論理的主語は想定される。しかし、それはこの哲学詩においてではない。主語を明示的に表す作業は、女神が立てたプログラムを終えた後である。パルメニデスはあえて「ある」に主語を付していないのである。

4 「あるもの」と「あること」

われわれは今、断片2のἔστινは存在用法であるとともに主語をもっていないと主張したが、その一方で、断片8では「あるものは生成しえず消滅もしな

---

56) Cornford, 30-31, n.2 ; Loenen, 12ff.　レーネンは主語に関してさらに第二の選択肢として「道」の可能性も考える。しかしその場合、「ある」の道は「第一の道」を、「あらぬ」の道は「第二の道」を主語としなくてはならないが、それはテクストから直接補えるものではない。そもそも、自らの道としての存在を主張する道とは何を意味することになるのだろう。

いで、全体としてあり、ただ一つの種類で、揺らぐことなく、また無窮である。それはけっしてあったことなく、あるだろうこともない……」と言われ、明らかに「あるもの」(ἐόν) を主語にしながら「ある」の道の「しるし」を語り始めており（断片 8.2bff.）、これは、先に同語反復に帰着するとして否定した、「あるもの」を主語とする主張を支持するかのように思われる。すなわち、ここに来てようやく隠されていた主語が明示されたと判断できなくもない。しかし、やはりわれわれはそう考えない。

「〈ある〉の道（ὡς ἔστιν）には非常に多くのしるしがある。すなわち、あるもの (ἐόν) は……」と言われていたが、ἐόν は ὡς ἔστιν に内包されていた主語が表に現れたものであるということではなく、主語なしの ὡς ἔστιν をそのまま承けたものであり、その後の記述と論証は、「あること」(ὡς ἔστιν) を名詞化した「あるもの」を主語にして行われているのである。一般に中性定冠詞によって名詞化された分詞は、動詞の抽象名詞として不定詞と同じ役割を果たしうる[57]。この時点での「あるもの」は、具体的個別的な規定をあらかじめもちうるような個物ではなく、また、以後語られる本性のいかなるものもいまだ表出していない、つまりいわば無規定の裸の「ある」ものとして提示されているのである[58]。

この点を断片 8.6-10 を見ながら考えてみる。

　……なぜなら、あなたはそれについてどのような生まれを探究するというのか？
　どうして、またどこからそれは成長したのか？　あ・ら・ぬ・も・の・から、とあなたが言うことも考えることもわたしは許さないだろう。
　なぜなら、あ・ら・ぬということは、語られえず考えられえないから。

---

57) Madvig (§ 180 b) Rem.2) : "Les poètes et Thucydide emploient quelquefois le participe présent neutre au lieu d'un substantif verbal abstrait." ; Goodwin (§ 1562) : "The neuter participle with the article is sometimes used as an abstract noun, like the infinitive."

58) 断片 3 と断片 8.34 とがパラレルな構造にあるとすれば、前者の εἶναι は後者の οὕνεκεν ἔστι νόημα（「思惟がそのゆえにあるところのもの」）つまり次行の τὸ ἐόν と同義であり、ここでは「あるもの」と「あるということ」が、νόημα が存することの原因として等価のものと見なされている。これらの断片については、第 3 章 3 節を参照。

そして、どのような必要がそれを駆り立てて、
より後にあるいはより前にあらぬものから出て成長するようにしたというのか？

......τίνα γὰρ γένναν διζήσεαι αὐτοῦ ;   6
πῇ πόθεν αὐξηθέν; οὔτ'ἐκ μὴ ἐόντος ἐάσω
φάσθαι σ'οὐδὲ νοεῖν· οὐ γὰρ φατὸν οὐδὲ νοητὸν
ἔστιν ὅπως οὐκ ἔστι. τί δ'ἄν μιν καὶ χρέος ὦρσεν
ὕστερον ἢ πρόσθεν, τοῦ μηδενὸς ἀρξάμενον, φῦν;   10

ここでは、μὴ ἐόν（7行）と μηδέν（10行）は同義語として用いられている。さらに、「あらぬもの」と「あらぬということ」（9行）とを明確に使い分けながら、「あるもの」の生成や成長の起源を「あらぬもの」に求めることの拒絶の根拠として、「あらぬもの」ではなく、「あらぬということ」の言表・思考不可能性を挙げている（言うまでもないが、この「あらぬ」に主語がないからこそここでの議論は有意味なのである）。彼にとって「あらぬ」という事態そのものがすでに言表と思考の対象となりえないからこそ、そこに想定されうるいかなる主語存在も「ある」との関わりの中で言表と思考の対象とする事を禁じられる（οὔτ'...ἐάσω φάσθαι σ'οὐδὲ νοεῖν）のである。

そして、この点を取り押さえた上で、次に断片2.7-8を見てみると、今の断片8.8-9と同じ構造がそこに認められる。

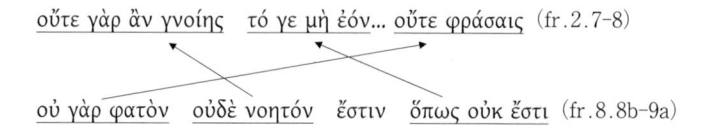

οὔτε γὰρ ἂν γνοίης   τό γε μὴ ἐόν... οὔτε φράσαις (fr.2.7-8)

οὐ γὰρ φατὸν οὐδὲ νοητόν ἔστιν ὅπως οὐκ ἔστι (fr.8.8b-9a)

すると、断片2.7でのμὴ ἐόνは、「あらぬもの」ではなく、「あらぬということ」、すなわち2行前の断片2.5のοὐκ ἔστινとμὴ εἶναιを直接受けたμὴ ἐόνであり、つまりこの行も同様に「あらぬということ」を知ることも語ることもできないと述べていると理解できるのである。μὴ ἐόνは「もの」と「こと」の二つのレベルで用いられていることになる。μὴ ἐόνとμηδένが置換可能であり、さらに前者がοὐκ ἔστιないしはμὴ εἶναιと同じ意味をもちうるのであれば、結局μηδένとοὐκ ἔστιは同義となりうるのである。

このように、「あるもの」の生成や消滅を否定するとき、その根拠は「もの」の次元で提示されるのではなく、あくまでも「あらぬこと」あるいは「あらぬ」という事態の次元で提示されている。パルメニデスにとって重要なのは、何よりもまず「ことがら」そのものなのである。何ものかを直接的に規定する諸々の属性ゆえに、そのものはまさにそのもの・・・であるわけだが、それがそのものである以前に、それは「あるもの」でなければならない。そしてその「あるもの」にとっての「あるということ」は、もはやその何ものかに固有で直接的な規定ではない。「あるもの」を主語にしながら、単なる同語反復的な、内容の空疎な主張をさけるためには、「あるもの」の本性規定を、その「もの」の次元から引き出してくるのではなく、根源的な「こと」の次元から引き出さざるをえない。不生不滅、連続・不可分割、不動・完結という諸々の本性規定を満たし、しかも「あるもの」以外の特定の名をもつ「もの」がまずあったうえで、この本性についての記述を行っているのではないのである。なぜ「あるもの」が揺るがず不動かと言えば、「あるということ」が変化や移動を含意しないからであり、なぜ「あるもの」が「あったこともあるだろうこともなく、今ある」のかと言えば、「ある」ということが「あった」「あるだろう」と同義ではないからである。不生不滅等の本性規定が、他ならぬ「ある」の道の「しるし」であると言われていることにもっと留意すべきであろう。あくまでも、「あるもの」の「あるということ」が問題になっているのである。

「真理の道」は、ひたすら「ある」を主張し、逆に「あらぬ」の道は、「ない」ということを主張する道である。この基本的な態度は、断片8.1（「ある」という道）、断片8.11（「まったくあるかまったくあらぬかのどちらかでなければならない」）そして断片8.16（「あるかあらぬか」）を見れば、これ以後も保持されていることは明らかである。ἔστιがεἶναιとなりἐόνとなっても、それが担う基本的な意味は変わらない[59]。

また、もしパルメニデスがこの段階で「ある」に一定の主語を想定しているとすれば、その「言明」の真偽を論証する必要が出てくるだろう。しかしなが

---

59) 鈴木、130以下も参照のこと。

ら、「道」は「主語─動詞／主語─動詞─補語」といった形をもつ言明ではない。ここで問題となるとすればそれは、探究の道としての「あるかあらぬか」という二者択一の提示の妥当性そのものである。その妥当性は、探究の道として「ある」が選択され、同時に「あらぬ」が排除されることの妥当性でもある。このときの選択と排除の根拠に留意しなければならない。

　探究の道としての「ある」の真理性の根拠は、「あらぬ」の不可能性から導出されるものではない。つまり、「あらぬ」の道の不可能性の根拠は、「あらぬということを知ることはできないであろうし、また指し示すこともできないであろうから」(断片2.7)という表現や「一方の道は考えられず名を呼ぶこともできないものとして棄ておく」(断片8.17)という詩句に見られるように、思惟と言表の不可能性に求められているのに対して、「ある」の道の真理性の根拠については、パルメニデスは、言表と思惟の可能性と結びつけるのではなく、むしろ断片2.4の「真理に従うがゆえに」や断片8.18の「もう一方の道は、あり、真正のものであるということがすでに決せられていた」ということばから理解できるように、「ある」が真実性・実在性をもつからであるとしているのである。「ある」の道が真実の道であることの根拠として、なぜ「あるもの」は思惟され語られうるから、と言われていなかったのか[60]。

　女神から若者への探究の道の啓示は、「人間たちの歩む道からはるかに離れたところ」(断片1.27)で行われている。つまり、パルメニデスにとって採るべき探究の道に関わる真の判定は、必然的なものであり、いわばア・プリオリなものなのである。そのような段階での「ある」の道の提示に際し、その道が真実のものであることの根拠を示し、しかもその根拠として思惟・言表可能性を立てることは、その存立全体を人間の側の思惟行為・言表行為にゆだねることになり、結局その真実性は相対的なものとならざるをえない。しかしこれは、「ある」を真理探究の出発点に立てるパルメニデスにとっては、けっして許容

---

60) 断片3を「同じものが思惟されうるし、またありうるから」と読めばこのような疑問は生じないという反論が予想される。しかし、この読みは、任意の対象の実在性がもっぱら思惟に依存するという解釈につながる。人間の思惟にそうした資格を無条件に与えることの問題は後で論じる。

第2章 真理の「こころ」としての「ある」ということ

できることではない。真理のいのちであり根幹であり核心をなす本源的な「ある」の定立こそが、逆に思惟・言説の成立を支え、したがって思惟と言説のレベルでの真偽という事態を支えるものなのである。だからこそ彼は、原理的神的な判定というこの段階で、「あらぬ」の道については思惟・言表不可能性をその放棄の根拠にしながらも、「ある」の道については、なぜそれが真実の道なのかという根拠自体を問題にしなかったのである。「ある」は、こうしてその提示と同時に、普遍性と必然性を与えられているのである。そしてまた、「ある」ということを否応なしに束縛すると言われている司直の女神ディケーや必然の女神そして運命への言及は、それが、絶対性・不動性・規範性といったものを、外から与えられたのではなくて、その自己規定としてもっていることを示している。

　これに関連して特に断片8.18の表現は示唆に富むものである。"τὴν δ'ὥστε πέλειν καὶ ἐτήτυμον εἶναι"において、τὴν δ'が断片8.16のἔστινを受けている以上、次のπέλεινは「道」としての「ある」に同語反復以上の意味を与えている。それはすぐ後に続く"ἐτήτυμον εἶναι"で明らかである。「〈ある〉の道がある」とは、単なる同語反復ではなく、「道」としての「ある」が真実のものであるということ、つまり真実性を常にすでにもっているものであるということである。この個所のὥστεを「結果」の接続詞として読み[61]、「AかBである。Bではない。その結果Aである」という単純な三段論法をそこに認める解釈者がいるが、「Bではない」ということの理由として、テクストでは「真の道ではないから」と言われており、真実の道とはAであるから、これでは論点先取の誤謬をパルメニデスが犯していることになる。しかし、ここにはそのような三段論法はない。「ある」が選択されることの根拠は「あらぬ」の排除にあるのではなく、「ある」それ自体にある。

　そしてまた、「生成する」、「消滅する」、「ある」、「あらぬ」、「場所を変える」、「明るい色をとりかえる」(断片8.40-41)といった「名目」が死すべき者どもにとっての「探究の道」の表現であるなら、結局、真理の道であれ、「思わく」

---

61) Cf. e.g. Conche, O'Brien/Frère, Collobert.

の道であれ、それが真実のものであるという「説得」の上に成り立っていることがわかる。つまり、「説得の道」（πειθοῦς ἐστι κέλευθος：断片 2.4）と呼ばれる「ある」の道で説きつけるのは、「説得力のある真理」（ἀληθείης εὐπειθέος：断片 1.29）であり、「真なる信頼性」（πίστις ἀληθής：断片 8.28）を保証している。それに対して、死すべき者どもは「名目」が「真なるものであると説得されることで信じ込んでいる」（πεποιθότες εἶναι ἀληθῆ：断片 8.39）のだが、実際には、「彼らの思わくに真の信頼性はない」（βροτῶν δόξας, ταῖς οὐκ ἔνι πίστις ἀληθής：断片 1.30）のである。彼らを説きつけているのは、知覚経験や慣習であり、真理ではもちろんない。そして経験や慣習に「思わく」の信頼性をささえる確証性はない。

　「道が真正のものであること」は、論証の対象ではなく、説得の対象であり、あえて言えば信念の対象なのである。そして、「ある」が真実であることの理由は、先に見たとおり、女神のことばという設定によりパルメニデスによってア・プリオリに保証されている。換言すれば、死すべき者たちの道の真実性の有無は、真の信頼性をもつ「ある」だけを定立するか否で決まってくると言ってもよい。彼らの立てるものが名目にすぎないことの根拠として「あるものに並んで何か他のものが現にあることもこれからあるだろうこともない」（断片 8.36-37）と言われていることに改めて注意すべきだろう。

　パルメニデスにとって「ある」の定立が何よりもまず優先される。理由、つまり「ある」の定立を一つの帰結として論理的に制約してくるような根拠はない。「ある」はあるのである。「ある」は真実なのである。それ以外の「制約」はない。それ以上のことは言えない。この点に関しては、説得され、受け容れるしかないのである[62]。そして、その定立をうけてようやく「ある」の本性規定が必要となるのであり、その規定を行うのが断片 8 である。「あらぬ」と違い「ある」が探究の道とされる理由として思惟可能性や言表可能性をパルメニデスが慎重に退けているのも、「ある」についてのこのような了解があったからである。断片 2.3 の「〈あらぬ〉はあらぬ」は、「あらぬ」が真実のものでな

---

[62]　断片 2.1 参照。

いこと、いかなる実在性もないことを強調し、その結果として「ある」の真実性が際立ってくる。結局、思惟や言説の成立のためにあらゆることに先立って措定されるべきは、まさに主語を欠いた「ある」（真実性・実在性をあらかじめ確保している）である。「ある」ということは、思惟や言説に依存するのではなく、むしろ、真なる思惟や言説の成立を保証するものとして真理の根幹であり核心なのである。ただし、「ある」を思惟と言説の内容とすることで直ちに真理の認識が完成するわけではない。それは主語的存在を欠いたまま提出されていたものであり、あの「非常に多くのしるし」としての「ある」の本性規定を満たす具体的・個別的対象を「ある」とすることで初めて真理についての思惟と言説は完結するのである。

第 3 章

「あること」、感覚、そして思惟
――断片 7 における「ロゴス」の意味をめぐって

はじめに

　パルメニデスは、哲学的探究の基盤としてまず第一に「ある」（ἔστι）の把握が必須不可欠であることを強く説いたが、それは同時にまた、「ある」ということが、生成・消滅・運動・変化とまったく相い容れないものであることの明確な表明でもある（これについては章を改めて検討することとなる）。そして一般に、この表明のもとには、世界理解における感覚的認識に対する彼の強い不信感があるとされ、断片 7.5 の「ロゴスによって判定しなさい」（κρῖναι δὲ λόγῳ）という要請も、こうした感覚的認識の否定という文脈の中で理解されている。そしてその際、この「ロゴス」は、諸々の感覚との対立という枠組みの中で、ともすれば、「思惟」（νόος）の中へと取り込まれた形で解釈されることが多い。しかし、はたして「ロゴス」をそのように「思惟」の側に引きつけて理解することがパルメニデスにおいて許容されるのだろうか。そもそも「思惟」とはいかなる能力として捉えられているのだろうか。そしてそれは感覚と対立関係にあるものなのだろうか。本章では、パルメニデスにおける「ロゴス」の意味を確定するとともに、「ある」ということと「思惟」そして「感覚」の関係を可能な限り明らかにしていきたい。

1　吟味批判としての「エレンコス」

　先ず、問題の「ロゴス」を含む断片 7 は以下のとおりである[63]。

63）「ロゴス」という語は、この断片以外では、断片 1.15 と断片 8.50 の二個所で用いられている。前者（複数形）が「乙女たちの優しいことば」を指し、後者（単数形）が断片 8 で

なぜなら、あらぬものどもがあるというこのことが馴らされることはけっし
　　てないだろうから。
　　むしろあなたは、探究のこの道からあなたの考えを遠ざけなさい。
　　また、多くの経験から生まれた習慣が、あなたを強制してこの道を行かせ、
　　目当てをもたない目と雑音に満ちた耳と舌とを働かせることがあってはなら
　　ない。
　　そうではなく、ロゴスによって判定しなさい、
　　わたしから語られた、多くの異論を引き起こす吟味批判を。

　一般に、断片7は、断片6と合わせて、実在認識における感覚知覚の否定を述べていると解されている。例えばガスリーは、ここで初めて感覚と理性とが対置せられ、感覚が人を欺き理性のみが信頼できると告げられている、と解釈する。その結果彼は、パルメニデスこそが感覚的対象（αἰσθητόν）と知性的対象（νοητόν）を明確に区別し、後者は実在的なもので前者は非実在的なものであるとした最初の人であると認定するのである[64]。確かに断片7では、「目当てをもたない目と雑音に満ちた耳と舌とを働かせることがあってはならない」ということばに続いて「ロゴスで判定しなさい」と言われており、感覚とロゴスとが対置されているかに見えるのである。

　しかし、この断片を仔細に検討すると、そう簡単に「感覚対ロゴス」という対立図式（それはほとんど哲学史的常識となっているかのようであるが）をそこに持ち込むことはできないように思われる。断片7の示すところを明確に理解し、「ロゴス」の内実を明らかにするためにも、まず「ロゴスで判定しなさい」と命じられているその判定の対象である「エレンコス」（ἔλεγχος）の意味を把捉しなければならない。これは、「わたしから語られた」（ἐξ ἐμέθεν ῥηθέντα）というアオリスト分詞で修飾されており、エレンコスが断片7以前にすでに提示さ

　　の「ある」の道のしるしに関する女神の「信頼できる言説」を指すのは明らかで、いずれ
　　も断片7とはコンテクストが異なっており、同列に扱うことはできないが、ひとまずは、
　　当該個所でも「ことば」という基本的な意味をもちうる可能性があるということは確認し
　　ておこう。
64) Guthrie[2], 25. Cf. e.g. Tarán[1], 73 ; O'Brien/Frère, 33 ; KRS, 248 ; Coxon, 192 ;
　　Nussbaum, 70 ; Furley[1], 9 ; Chalmers, 21.

れていることを示している。この個所の「エレンコス」の解釈は概ね二つに大別される。すなわち、「論証」と解する解釈と「論駁」と解する解釈である。それぞれの解釈には、しかし問題があるように思われる。

　まず論証と解する場合、例えばマンスフィルト等は、これを三段論法的推論と見なす[65]。つまり、断片2、断片3、断片6を通じ、「ある」、「あらぬ」、そして「〈ある〉と〈あらぬ〉は同じであり同じでない」という三つの探究の道が提示され、後の二者が排除されて「ある」の道の真実性が証明されたことになる。確かに、断片8.1では「なお残っているのは、〈ある〉とする道についてのただ一つの説明である」と言われ、そこまでの段階で、消去法により他の二つの選択肢が除かれ「ある」という道が帰結としてえられたようにみえる。しかし実際には、「ある」の道はそうした論証の結論として導出されたものではなく、むしろ断片2での提示の段階で、「これは説得の道である（なぜなら真理に従うがゆえに）」と言われ、すでにその真理の道としての資格が附与されているのである。断片8.15-16でも、「あらぬ」の道は考えられず名を呼ぶこともできないものとして棄ておき、他方の「ある」の道はあり真正のものであることがすでに決せられていた、と語られている。一方の道の採用は他方の排除の結果ではなく、また「あらぬ」の道も、手をつけないでそのままに遺棄しておく（ἐᾶν：断片8.17）と言われ、その不可能性の証明は初めから放棄されているのである。とにかく、諸解釈者による再構成の試みにもかかわらず、断片7よりも前には、厳密な意味で三段論法的論証と言えるものは見られず、したがって「エレンコス」をそのように訳すことはできないのである[66]。

　次に、これを論駁と解する場合を考えてみよう[67]。この場合、論駁の対象は、もっぱら断片6、断片7で女神により禁じられた死すべき者たちの道、すなわち「〈ある〉と〈あらぬ〉が同じであり同じでない」そして「あらぬものがある」という「第三」の道ということになろう[68]。ところが、そもそもパルメニ

---

65)　Mansfeld[1], 89 ; Hölscher[2], 83 ; Heitsch, 161-2.
66)　「証明」と訳す解釈（Tarán[1], 81 ; Verdenius, 64）も同様に受け入れられない。
67)　Cf. e.g. KRS, 248 ; Cordero, 157 ; O'Brien/Frère, 33 ; Finkelberg[2], 51 ; Furley[1], 9 ; Nussbaum, 70 ; Gallop, 63.

デスの時代に、「エレンコス」という語を「論駁」の意味で用いた例は見られない。そしていったん「論駁」という訳語が当てられると、例えばソクラテス的論駁の手続き、つまり「相手の承認する前提から推論を行い、その当の相手の許容できない帰結を導出することにより、相手を論破する技術」という術語的な意味をかなり容易に担わされうるのである[69]。しかし、このようなソクラテス的な「論駁」という手続きを、パルメニデスのテクスト自体に見出すことはできない。必要以上の意味を含みうる訳語は避けるべきであろう。

ただ、だからといって問題のエレンコスが、単なる責言や非難にとどまるものであってはならない。なぜなら、第三の道、すなわち神的真理とは相容れない自然学説を内実とする「思わく」（δόξα）は、あらゆる点で真実らしく見える世界の構造（ἐοικὼς διάκοσμος：断片8.60）を語る欺瞞的なものであり、その主張は、単なる非難を寄せ付けるものではないからである。むしろ逆に、エレンコスは「思わく」の側からの多くの論争を引き起こす（πολύδηρις：断片7.5）のである[70]。エレンコスはそれに対抗できるだけのものでなければならない。それではエレンコスを、「ある」の道を導出する証明——論証的形式というものをパルメニデスに求め過ぎた結果であるが[71]——とも解さず、また第三の道を排除するための論駁とも解さないならば、それはいかなる意味をもっていることになるのだろうか。

この語の意味を歴史的に見ると、男性名詞ὁ ἔλεγχοςという語（あるいはその派生語）は、紀元前5世紀初めには、中性名詞τὸ ἔλεγχοςがもっていた「恥辱」「不名誉」というニュアンスをある程度保存しながらも、「それによって、ものや人の真の本性が明らかにされるところの、吟味・詮索」を意味するようになった。またそれは、訴訟という文脈の中で言及される時には、証拠ないし証

---

68) 「ある」「あらぬ」の探究の道とこの「第三」の道との関係については第4章で詳論される
69) Cf. Furth, 118.
70) 断片7.5のπολύδηρινは受動的な意味（「論難を受ける」）には解さない。Cf. Mourelatos [2], 91, n.46 ; O'Brien/Frère, 47.
71) パルメニデスの議論に必要以上の論理的鋭敏さを帰して、彼を論理学者とすることへの批判は、Lesher[2], 10-16を参照。

人を基礎に、被告人の不正・有罪を裁判官の前で立証することを含意していた[72]。先に触れた議論の手続きとしての洗練された「論駁」という意味は、シャントレーヌによれば、この法廷でのエレンコスに由来するものである[73]。パルメニデスとほぼ同時代人と言える詩人や著作家などにおいてこうした用法が見られる以上、パルメニデスのエレンコスも同じ観点から解釈できるのではないだろうか。

　そこで、この点からパルメニデスの詩を今一度見直してみよう。「判定は下された」(断片8.16)といった表現に加えて、若者を送り出したのは「掟(θέμις)と正義(δίκη)」(断片1.28a)であり、夜と昼の道の門扉の鍵をもつのは「仮借なき復讐の女神ディケー」(断片1.14)で、またその正義の女神ディケーは足枷をゆるめて生成したり消滅したりするのを許したことが一度もないと言われている(断片8.14)。ヘシオドスにおいて神格化されたディケー(正義女神)は、曲がった裁定を監視する者である。そしてそこには不正な行為に対する「応報」、「刑罰」も含意されていた。また一般に、θέμιςとδίκηは法規範全般を意味しうる。これらの表現が示唆しているのは、真理の道としての「ある」の提示の場が、一種の厳粛な法廷として設定されているということである。したがって、「判定する」(κρίνειν)という動詞の目的語として現れている問題の「エレンコス」は、このいわば真理の法廷としての「ある」の提示の場において、上述のような、訴訟における吟味批判を意味するものとして用いられている、と言うことができよう[74]。では、これに際して言及されているロゴスとは、いか

---

72) ἔλεγχοςという語の意味の変遷については、Lesher[2], 2-9 ; Dorion, 312-317 を参照。
73) Chantraine, *s.v.* ἔλεγχος.
74) ἔλεγχοςを、われわれのように「法廷でのエレンコス」と限定しないが、「吟味」という線で考えようとしている解釈者に、リシャーやコクソンなどがいる。リシャーは、「エレンコス」を、三つの道の各々が真理へとわれわれを導くものかどうかの吟味と考える(Lesher[2], 16-18)。それぞれの道の長所欠陥の吟味ということになる。しかし三つの道のすべてを吟味の対象とすると、判定とは単なる道の選択に過ぎなくなる。しかもすでに、「ある」の道が真実の道であり「あらぬ」の道は探し求めることのできない道と言われており、当初から選択の余地は無い。これでは判定の意味が余りに弱くなる。また、コクソンは、任意の対象に「ある」か「あらぬ」かという「矛盾律」(これがエレンコスの内容とされる)を適用し、それをロゴスで判定することがここで求められていると考える(Coxon,

なるものだと考えるべきなのだろうか。そしてエレンコスの具体的な内容とはどのようなものなのだろうか。

2 「ロゴス」と感覚

まずわれわれは、問題の「ロゴス」を「理知」あるいはその「論証的能力」とは考えない。クランツは、DK の索引で「ロゴス」の語義として、「ことば」「説明」「言論」などの他に「理知」を挙げているが、実際、前6～5世紀のソクラテス以前の哲学者において、後代の学説誌的説明を除けば、「ロゴス」をそのような意味で用いている例は見出しがたく、そうした用例は前4世紀以降の比較的新しいものである[75]。パルメニデスの「ロゴス」も、それを理知として解するならば、時代錯誤的解釈という批判は免れない。また、「ロゴス」をそのようなものと見なす時、知性・思惟を意味しうる今ひとつの語である「ノオス」（νόος）と「ロゴス」との差異は、消滅してしまうか、あるいは「ロゴス」は「ノオス」の中に取り込まれて、その論証的能力を意味することになろう[76]。

しかし断片6.6では、「とりとめもなくさまようこころ（ノオス）」（πλαγκτός νόος）という表現が見られ、断片7.2では、女神が若者に対して、「探究のこの道からあなたの考え（νόημα）を遠ざけなさい」と命じたように、パルメニデスにおいて「思惟」は、虚偽と結びつく可能性を示している（この点は後で改めて詳細に検討する）。そして、思惟に可謬性を許容するこのことばの3行後に「ロゴスによって判定しなさい」と言われているのである。もしもこの「ロゴス」が、思惟、そしてその論証的能力であるとするなら、パルメニデスは思惟の可謬性を示唆しながら、同時にそれを判定の手段として積極的に認めてい

---

192)。しかし、「ある」か「あらぬ」かという選択は、任意の対象について、その有無を言うことではない。むしろ、探究の出発点として「ある」を立てるのか「あらぬ」を立てるのか、という真理探究の基盤設定の場面での選択である。パルメニデスの哲学詩における主要な関心は、「何があるのか」ではなく「あるとは何か」という問いに置かれているのである。注105) 参照。

75) Minar, Jr., 34 ; Guthrie[1], 423 ; Lesher[2], 24, n.46.
76) ボルマンは、λόγοςとνόοςの間に何の違いもないとする（Bormann, 106, 215, n.10）。

ることになり、彼の用語法は、あまりに不正確で矛盾を含んでいると言わざるをえなくなるだろう。女神が、そのエレンコスをロゴスで判定せよと命じる時、ロゴスは、このような過つ可能性をもった知的能力であってはならない。

　また、ロゴスを知性やその論証的能力としない場合、多くの解釈者はそれを思惟の機能としての論理的推理あるいは推論と解する。つまり、与格λόγῳを、本来的な具格的与格ではなく、むしろ様相的与格にとり、いかなる仕方で判定という行為が完遂されるべきかが問題となっていると見なすわけである。これもやはり、ロゴスを知性と解する立場と同様、認識論的観点からの感覚知覚と推論との対立という枠組みをここで積極的に読み取ろうとするものである。

　しかし、これはいずれの立場にも共通して見られる傾向だが、この対立図式を強調するあまり、コンテクストを逸脱した解釈を与え、断片7でパルメニデスが言わんとしていることを、ことさら曖昧にしてしまう場合が多い。例えば、すでにセクストス・エンペイリコスに見られるように、ここでは、任意の対象が実在であるか否かを感覚ではなく推論によって判定せよと言われているのであり、つまり認識能力のある理性こそが実在における真理規準である、という解釈がそうである[77]。しかし、はたしてロゴスと感覚知覚とが、判定という作業のあり方に関してそれほど明白な対立関係を形成しているのだろうか。感覚は可謬的である点で「理性」（あるいは「思惟」）と対立する劣った能力であると見なされている、とする理解は妥当と言えるだろうか。

　この点を確認するために、断片6と7の問題となる個所を改めて確認しておこう。

> ……なぜならば、彼らの胸の中で、困惑が
> とりとめもなくさまようこころ（νόος）を導くからである。そして彼らは引き立てられる、
> 耳も聞こえなければ目も見えず、呆然として、判別する力のない群衆となって。
> 彼らによって「ある」と「あらぬ」は同じであり、かつ同じでないと

---

77) Sext. Emp., *Adv. Mat.*, VII114；Cordero, 151；Tarán[1], 77ff.；Coxon, 192; Cornford[1], 102. なお三浦[3]も参照。

見なされている。……（断片 6.5b-9a）

また、多くの経験から生まれた習慣が、あなたを強制してこの道を行かせ、
目当てをもたない目と雑音に満ちた耳と舌とを働かせることがあってはならない。
そうではなく、ロゴスによって判定しなさい、
わたしから語られた、多くの異論を引き起こす吟味批判を。（断片 7.3-6）

断片6と7のこれらの個所は明らかに内容的に対応している。後者での「目当てをもたない目と雑音に満ちた耳」とは、前者の「耳も聞こえなければ目も見えず」を別な表現で描写したものであり、また「多くの経験から生まれた習慣」による思わず知らずの強制が「困惑」を引き起こすのであり、それが「こころ」を迷わせるがゆえに、できる限り「考え」をそこから遠ざけなくてはならないのである。確かに、断片7では視覚と聴覚に対しての、つまりは知覚経験への一定の批判がなされているかに見える。しかし、目、耳とともに舌もここで感覚器官と見なすことができるのだろうか[78]。

このような場面での舌への言及は、それを味覚の器官とするよりも、まず第一に発声器官と解することを支持するように思われる。「舌」（γλῶσσα）を働かせるなという勧告は、例えばパルメニデス哲学への直接的な応答としての思索を展開したエンペドクレスにおける表現との関係からも、これが、味覚に対する非難であり、したがって、目、耳とあわせて感覚全般に対する否定が論じられているとする解釈の有力な根拠となりうる[79]。しかし、「舌」は味覚の器官

---

78) ヘルシャーは、エンペドクレスと関連づけて、「舌」を味覚としている（Hölscher[2], 52）。クランツ（DK 索引, s.v. γλῶσσα）も感覚器官と考える。ガスリー（Guthrie[2], 25, n.1）は「舌」が発声器官のことだろうと注記しているが、本文では感覚対知性の対立図式の中に埋没させてしまっている。

79) エンペドクレスの断片 3.9-13「さらばいざ力の限りをつくして、物それぞれがいかにして明らかになるかを思いみよ。見ることを聞くことよりもとくに信ずることなく、または鳴り騒ぐ耳の聞こえを舌の明示すること（τρανώματα γλώσσης）の上におくことなく‥‥」を参照。ディールス／クランツはこの個所がエンペドクレスによるパルメニデス批判であると注記している。ここでの「舌」が味覚器官としてのそれであるとすると、エンペドクレスはパルメニデスの当該個所の「舌」を味覚器官として理解していたという

第3章 「あること」、感覚、そして思惟

だけでなく言説の器官でもある。

　パルメニデスの現存断片全体を見渡してみるとき、「語る」ということに関わる語は、動詞だけでも六種類のものが用いられており、派生語を含めると使用の頻度は他の語彙と比較しても著しく高いのに気づかれる[80]。そしてそれらのほとんどが、「ある（もの）」、「あらぬ（もの）」に言及する際に用いられているのである。パルメニデスは、「ある」について、それを思惟することと同様に実際にことばにすることをきわめて重視している（ということは逆に「あらぬ」についてはそれを考え口にすることを禁じている）。それは、探究の道としての「ある」に関する教説を密事として秘匿するのでなく、逆にそれを聴いた者が既存の宇宙論に対抗し外へ向けて主唱することを求めているとも言えよう[81]。「舌」とは「言語」であり「言説」であり「議論」である。言語を操るということは、たとえそれが虚偽に満ちたものであっても、一定の知的判断を伴うものである。ここでの真の対立は、感覚とロゴスの間ではなく、むしろ知的判断そのもののあり方、その表現としての言説のあり方の間にあるのであって、感覚知覚全般が否定されているのではないと思われる[82]。

　　可能性がでてくる。ただ、マンスフェルト（Mansfeld[5], 334-335）も述べているように、エンペドクレスの同じ断片3.1で最初に出てくる「舌」（「かの人々の狂愚をわが舌より払いのけたまえ」）も、断片39のそれ（「そのような考えが・・・多くの人々の舌を通じて愚かしくも表明され・・・」）も明らかに言葉を発する器官としての舌である。なお、問題の「舌」を発話のための器官ないし言説と捉えるのは、例えばVerdenius、Tarán、Mourelatos、Barnes、Coxon、Conche、Lesher、鈴木など。むろん、そう捉えることと、ここで感覚否定論が展開されているのでないという主張とは直結するものではない。

80) λέγω (fr.6,1), λόγος (fr.1,15 ; fr.7,5 ; fr.8,50), ἐρέω (fr.2,1 ; fr.7,6), φημί (fr.1,23 ; fr.8,8), πολύφημον (fr.1,2), φατίζω (fr.8,35), φράζω (fr.2,6 ; fr.2,8), πολύφραστοι (fr.1,4), ὀνομάζω (fr.8,53 ; fr.9,1), ὄνομα (fr.8,38 ; fr.10,3), ἀνώνυμος (fr.8,17) などを挙げることができる。Cf. Cassin, 153-174.

81)　Cf. Mourelatos[2], 172, n.21; Gallop, 23.

82)　こうした方向でパルメニデスを解釈していこうとするのはまだ少数派である。Cf. Calvo, 245ff.; Barnes[2], 297-298 ; Mansfeld[5], 330-335; Hussey[1], 36; Finkelberg[3], 239; Conche, 120ff.　なお、鈴木（289ff.）は、断片7では感覚対理性の対立と感覚の廃棄という反感覚論が一般の形で述べられているわけではないとするが、その一方で、「生身の人間」の本来の知性（理性）の働きを阻害するものとして「感覚は本性的に排除されるべ

61

では、死すべき者たちの舌が語るものとは何なのか。それは、彼らが「真であると信じて立てたもの」(断片8.39)、つまり、思わくの表現としての「生成することと消滅すること」、「あることとあらぬこと」、「場所を変えること」、「明るい色をとりかえること」といった名目 (ὄνομα : 断片8.38) にほかならない。すなわち、舌を働かせるとは、空疎な視覚情報や伝聞情報に基づいて誤った命名行為 (ὀνομάζειν) を為す、ということである[83]。そして、この死すべき者たちの誤った命名行為の本質は、女神の立場、つまり真理の観点からすれば、断片6.8で言われているとおり、「〈ある〉と〈あらぬ〉が同じでありかつ同じでない」と見なすこと (νομίζειν) である。このνομίζεινという動詞は、人間たちの命名行為が、一定の思考と判断を含んでいることを示しており、同時にまた、それが真なる信念として大衆の間に広範に行きわたったもので、彼ら自身にとって妥当性と普遍性をもっており、それゆえに一定の強制力と拘束力 (cf. βιάσθω : 断片7.3) を内包したものでもあること、つまり、かかる命名行為がノモス (νόμος) として慣例化し習慣化していることを意味している。これは、多くの経験から生まれた習慣 (ἔθος) に強制されて舌を働かせることがあってはならないという女神のことばからも明らかである。

　したがって、例えばタランは断片7に関して、感覚知覚のすべてが排除され、感覚全般と論理的推論が対立せられている、と注記するが[84]、結局このような解釈はコンテクストからして不正確なものであると言わざるをえない。ここでは感覚そのものがその本来的可謬性ゆえに批判されている訳ではない。女神の批判の主眼はあくまでも、一定の判断を含んだ知覚経験に基づく命名行為そのもの、ノモスに支えられた言説、そうして「思わく」のあり方自体にある。探究という場面で言われる「耳も聞こえなければ目も見えない」とは、換言すれば、能力的に知性に劣る視覚と聴覚のことを言っているのではなく、むしろ、

　　きものである」と見なされていると理解している限りで、結局、ここに反感覚論の存在を認めていることになる。
83)　νῶμαν γλῶσσανをὀνομάζεινと同義と解する解釈者は、Verdenius(55, n.7)、Mansfeld[1](43)、Cordero(150)、Conche(121) などを初めとして少なくない。
84)　Tarán[1], 80. なお、第4章3節も参照。

目標に達することのない目であり、また、さまざまな言説が訝しているる耳[85]なのである。つまり、「耳が聞こえない」とは、聞くべき真なる言説を聞き取れず、「目が見えない」とは、ものの本性を洞察できない状況を意味しているのである。これは、若者に対する女神の、「(聞いて) 学びなさい」(断片 1.28)、「聞き終えたら携えて行け」(断片 2.1)、あるいは「現前しているものをしっかり見よ」(断片 4.1) という命令にも、間接的にではあるが示唆されている。

かくして、断片７の、「判定しなさい」という命令の前の勧告は、知覚経験を盲信し慣習的に信じられている信念に無批判に従いながら、真理と隔絶した単なる名目の積み重ねに過ぎない言説を労するな、というものである。ロゴスで判定しなさいというあの命令は、これに続いてなされる。もし、ここでκρίνειν という動詞が、何の目的語もとらずに与格 λόγῳ を伴っていれば、ロゴスは、認識論的観点において知覚経験と対立し合うものとなろうが、すでに確認したように、ロゴスによる判定の対象は、吟味批判としてのエレンコスなのである。判定という同一の作業にロゴスと感覚が携わっているのではない。以上で、断片７の目的が、論理的推論と感覚の対立関係の提示ではないことが明らかにされた。次に、「ロゴス」を論理的推論と解する場合の本来的な問題点を見てみる。すなわちそれは、いかにして実在についての知は成立するのか、という根本的な問題である。

3 「あること」と思惟と言説

フォン・フリッツの研究によると、「ノオス」(νόος) は、ホメロスでは、状況を悟り理解することを基本的な意味としていたが、そこから、状況を処理するための立案能力、そして、先行認識を矯正することによる状況の意味の理解、つまり外観を越えてその真の本性を見抜くより深い洞察、また、時空において隔たっている対象や状況を思い浮かべる想像力といった機能を担うようになった。ただし、いまだ理性や推論といった意味はもたず、むしろ真実は突然目に飛び込んでくるのであり、真実の認識は常に不意の直観として得られる。そし

---

85) 形容詞 ἠχήεσσα は名詞 ἠχή の派生語だが、この名詞は、articulate sounds も意味しうる。Cf. LSJ, *s.v.* ἠχή；Plato, *Crito*, 54D4.

て彼は、パルメニデスにとっては、思惟において直観的要素と呼ばれうるものが依然としてきわめて重要ではあるが、「こころ」のさまざまな働きの中に論理的推論というものを最初に意識的に導入した点で、パルメニデスの著作は、この語（そしてその同族語）の歴史において決定的な転換点となった、と認定し、後に続く哲学において支配的な位置を彼が獲得したのは、他ならぬ彼の論理的推論の抗しがたい力によってである、とする[86]。

　そして、究極の実在である「あるもの」(ἐόν)と「ノオス」(νόος)の関係に関してフォン・フリッツは、断片8.34-37（そして断片3）の分析から、「パルメニデスは、あるもの（ἐόν）なしには思惟すること（νοεῖν）はありえず、両者は解きがたく結びついていて、同一でさえあり、また、あるものは真理の領域に属すだけでなく、真理の領域そのものである、と疑いなく確かに主張している」と理解し、「ノオス」そして「思惟すること」は、常にかつ必然的に「ある」(εἶναι)と「あるもの」(ἐόν)とに結びついており、したがって真理と結びついており、このことは、「ノオス」が過ちえないということを意味するように思われるのである、と述べている。こうして「ノオス」は漠然とした「こころ」ではなく「知性」あるいは「思惟」と呼ばれうることになる。

　まず、知性ないしは思惟と実在との解きがたい結びつきについてだが、この主張によると、「あるもの」が「思惟すること」なしには表現されえないのと同様に、「思惟すること」は「あるもの」なしには自らを表現したり表明することはできない。なぜなら、対象がなければ「思惟する」ということはまったくもって空虚であり、「あらぬもの」そのものとなるだろうからだ。ところでこのような解釈がはたして成り立つのだろうか。その解釈の基礎となっているパルメニデスの次の二つの断片を見てみよう。

　　なぜならば、思惟することとあることとは同じであるから。（断片3）
　　τὸ γὰρ αὐτὸ νοεῖν ἐστίν τε καὶ εἶναι．

　　思惟することと思考がそのゆえにあるところのものとは同じである。

---

86) Von Fritz, 23-26, 43-52. なお、リシャー（Lesher[3]）はこのように認識や知識に関する概念を発展的に捉えることに異を唱えている。

第 3 章 「あること」、感覚、そして思惟

なぜならば、思惟がそこにおいて表現を得るところのあるものがなければ、
あなたは思惟することを見出さないだろうから。(断片 8.34-36a)
ταὐτὸν δ'ἐστὶ νοεῖν τε καὶ οὕνεκεν ἔστι νόημα·
οὐ γὰρ ἄνευ τοῦ ἐόντος, ἐν ᾧ πεφατισμένον ἐστίν,
εὑρήσεις τὸ νοεῖν·......

断片 3 は解釈が一定しない断片であるが、われわれの採用した訳とは異なる有力な解釈は、τὸ αὐτὸ を主語、二つの不定詞を補語（目的与格）、述語動詞を ἐστίν と解するもので、「同じものが思惟することとあることのためにある」("There is the same thing for thinking and for being.") あるいはさらにそこに可能の意味を与えて、「同じものが思惟されうるとともにありうる」("The same thing can be thought and can exist.") となる[87]。しかし、まず構文上の問題として二つの不定詞の内、一つは能動、一つは受動となっている点、そして、一方の目的語が同時に他方の主語となっている点が指摘されている（訳を受動態にしてもこの難点は回避できない[88]）。こうした形が必ずしも例外的なものでないにしても、このアンバランスは気になる。また、後者の読みに関しては、これでは任意の対象の実在性がもっぱら思惟に依存するという解釈につながるし（実際、バーンズはこれを "Whatever can be thought of can exist, and vice versa" とまでパラフレーズする[89]）、「ありうる」という言い方は「ある」に可能的あり方と現実的（ないしは必然的）あり方というまったくレベルの異なる範疇を持ち込むことになる。そしてまた、前者の読みでも、「同じものが存在すること」の目的として、思惟の対象となることと同時に存在することがそうだと言われていることになるが、存在することが、まさに存在するという目的によって価値づけられるのであれば（「同じものが（……）存在するためにある」）、もうひとつの目的である「思惟されること」の身分はどうなるのだろうか。存在の自己目的性という考え方はそれ自体としては興味深いが、パルメニデスにおいてそのようなものは

---

87) O'Brien/Frère, 19 ; Tarán, 41. この断片に関する諸家の解釈については Cassin, 122ff.、鈴木、181 以下に詳しい。
88) Aubenque, 116.
89) Barnes[2], 165.

問題となっていない。いずれにせよ、パルメニデスの関心は、「思惟されうるもの」や「あるためにあるもの」といった「もの」に向けられているのではないのである。

　どちらの読みも、結局、思惟の対象と「ある」の主体を同定する点で変わらない。そしてこれから、パルメニデスにおいては、明らかに思惟と実在との関係が分かちがたいものであり、同時にまた外的な知覚能力としての感覚に対して、内的な認識能力としての思惟の優位性も確立されているように見える。もし「思惟」とは「あるもの」以外をその対象としえないものであるとすれば、「あるもの」は思惟にとって可能的対象であるばかりでなく必然的対象であるということになろう。しかし、はたしてそこまでパルメニデスは主張しているのだろうか[90]。

　断片3については、すでにこの断片の引用者であるクレメンスやプロティノスが読んだとおり、二つの不定詞を主語とし、τὸ αὐτὸを補語、ἐστίνを述語動詞と解し、先に挙げたように「思惟することとあることとは同じである」と訳すのが最も自然であろう。その読み方を採ることが、オブライエンの言うようにパルメニデスをネオ・プラトニストとすることにならないのは当然だが、その上で、その意味をどう理解するかについては異論が多い。例えばヴラストスによれば、これは、"To think (sc. Being) and to be are the same thing." となり、そこから結局、"Only a being can think Being." が帰結し、"Eleatic Being is Mind." となる[91]。思惟の主体の存在を主張するこうした解釈は、しかし、パルメニデスの本来の思考とは関係のないところに向かっている。結局、「も

---

[90] カーン (Kahn[4], 703, n.4) をはじめとして、νοεῖνを「考える」ではなく「知る」「認識する」の意味で理解する研究者がいる。レーネン (Loenen, 33ff.) は、断片3の意味を「νοεῖνは唯一あるところのものである」と解釈した上で、そこでのνοεῖνについて "it signifies a non-sensorial form of thinking or knowing" (36) と言い、これは断片2のγνοίηςにも当てはまるとする。しかし、彼の「ある」の主語の理解やそれに基づく断片3の解釈はあまりにも特殊である。われわれはこうした立場を採らない。Cf. Lescher[3], 27, n.54.

[91] Vlastos, 68. Cf. Kahn[4](721): "This is the identification of Mind and Being, that is, of cognition with its object." Phillips(556): "it means that the real is the rational, not merely in the sense of the rationally intelligible, but also apparently of the rationally intelligent."

第3章 「あること」、感覚、そして思惟

の」のレベルの話に、さらには「こころ」の存在の話となってしまっているのである。パルメニデスの詩全体の中にこの断片も位置づけて行かなくてはならない。その際の強力な導きの糸が断片 8.34-36a である。

　断片 8.34 の「そのゆえに」(οὕνεκεν) は、本来的な用法として「原因」、「条件」、「根拠」を表しており、次の行の「そこにおいて」は、空間的な意味ではなく「～の規定の中で」、「～に自らを限定し」の意味であり[92]、そして「見出す」(εὑρίσκω：断片 8.36a) という動詞は不定詞を目的語にとって、「～する手段を見つける、～に成功する」を意味する。これは「思惟することと、思惟がそれのゆえにあるところのものとは同じである。なぜなら、それの限定を受けて思惟が表現を得るところのあるものがなければ汝は思惟することに成功しないから」となる[93]。これとパラレルな構造をもつことが明白な断片 3 も、この 8.34 以下と合わせて解釈すれば、その難解な意味も理解しやすいものとなろう。断片 3 の εἶναι は断片 8.34 の οὕνεκεν ἔστι νόημα に対応しており、つまり次行の τὸ ἐόν と同義であり、「あるもの」すなわち「あるということ」が、思惟が存することの原因である。そして、思惟はその内容が「ある」に限定されて（思惟行為が成功するのはそのときである）初めて表現される。内的に思惟されたものは、ことばによって外へと表現される。つまり、思惟と言説が成功・成立するかどうかは、内容・対象として「ある」をもつか否かにかかっている。結局、「ある」ということは思惟の成立の条件・原因である。また、思惟が「ある」に限定されて言表化される以上、思惟行為の実現は偏に「ある」にかかっているということになる。つまり、「ある」と「思惟する」の同一性の言明は、「思惟が存在する」とか「存在するものだけが思惟される」といった敷衍的解釈を受け容れるものではない。思惟の実現と言説の実現を、それぞれ「知」の内的成立と外的成立とすると、そのいずれもが「ある」に依るものである。そ

---

92) Bailly, s.v. ἐν, § 7: "dans les limites de, d'où, en se restraignant dans, en se réglant sur, en se conformant à." Guthrie([2], 39) は "in dependent on, in respect of" と解する。また、Cordero(112)はプロクロスのすべての写本の読み ἐφ' ᾧ を採り、οὕνεκεν が理由・根拠を表すこととの関連から前置詞 ἐπί を "grâce auquel" と解する。しかしわれわれは写本の正確さという点からシンプリキオスの読みを採る。

93) 断片 8.34-36 の諸解釈については鈴木、406 以下に詳しく検討されている。

して同時に、思惟と言説が「ある」のいわば開示の場となっている。「思惟」と「ある」のこうした連関を、パルメニデスは単刀直入に「思惟することとあることとは同じ」と言い切ったのではないだろうか[94]。

　鈴木は断片3と断片8.34以下との平行関係を認めず、ムーレラトスに沿いつつも、断片8.34の主語は文脈を重視してヘルシャーとともに「自己同一のもの」とし、「(自己)同一のものは思惟(認識)されるべくあるとともに、思惟がそのためにあるというその当のものでもある」と訳す。しかし、この読みでのἐστίに関わる軛語法にはどうしても違和感をおぼえる[95]。また、「あるもの」の本性を開示する中で、ここだけ「あるもの」に代わり「自己同一のもの」を主語とすることには疑問がある。鈴木はこの個所が先行部分を承けていることを説明して、「そのταὐτόν、つまりἐόν、は議論の展開の中で取り上げられたと考えるのはきわめて自然」と述べ、また、「ところであのταὐτόν(であるἐόν)は、という論の展開であろう」とも述べているが、このように「つまりἐόν」や「であるἐόν」と補わざるをえない点に不自然さはないだろうか。真理の部においては、「あるもの」の特質とされているものを主語としている個所はなく、そうすることで議論の焦点が「あるということ」から離れて個別的対象(「ある」を述語とする主語的存在)の次元へと移る危険をパルメニデスが冒しているとは考えられない(鈴木の補足もそれを恐れてのことと思われる)。また、自己同一のもの(「あるもの」)が思惟されるべくあるということは、それが存在することの目的は思惟されることにあるということになるが、自己同一の「あるもの」は完全無欠であって、思惟されなければ実現されえないようなものではない。

　そして、「ある」ということは思惟と言説の成立の条件・原因だが、それは、フォン・フリッツの主張するように「ある」と「思惟する」とが文字通り同一であり、それゆえ「あるもの」を対象としない思惟は思惟とすら呼べず「あら

---

94) 藤澤 (377):「Parmenidesの哲学思想のいちばん根柢にあると考えられる、ある種の「存在直観」ともいうべきものの直接の表現としては、やはり「νοεῖνとεἶναιとは同じ」と端的に言い切った形こそが、ふさわしいであろう」。

95) Mourelatos[2], 170ff.; Hölscher[2], 25; Mansfeld[1], 66.

ぬ」ものとなる、というところまで踏み込んでいるのではない。これは、あくまでも真なる言説と思惟の成立を最終的に保証するものとして「ある」があるということなのである。そうでなければ、死すべき者たちの「想い」や「迷い心」——そこでの思惟は「ある」をいまだ対象としてはいないか、もしくはそうすることに失敗したものである——という表現は単にアイロニカルであり逆説的であるにすぎないこととなろう[96]。このことを別な観点から確認しておこう。

　断片6.1では「〈ある〉はあると語りかつ考えねばならない」(χρὴ τὸ λέγειν τὸ νοεῖν τ'ἐὸν ἔμμεναι) と言われている[97]。ここでは、δεῖではなくχρήが用いられているが、前者が絶対的な必然性として主体の利害や関心とは無関係の外的な義務（「～することが不可避であり、そうせざるをえない」）を意味し、そこでの主体は受動的に服従するだけであるのに対して、後者では、逆に主体の利害や関心が関与し、必要条件に適応し順応すること（「～することはふさわしいことであり、得るところがあるのでそうすべきである」）を含意したいわば内的な義務を表しており、主体は積極的に何事かを実行し始めることを余儀なくされる[98]。

　パルメニデスは、女神が若者に語りかけるという設定をとっているが、「〈ある〉はある、と語り考えねばならぬ」と女神がその「必然性」を説くとき、若者は、訳も解らず否応なしにこの命令に服するのではなく、若者自身（すでに採るべき探究の道が何であるかを教示されている）がそうすることの妥当性を認識

---

96) Fränkel[2], 176, n.3. 紀元前5世紀頃でも、νόοςは、例えば視覚とは密接な関係にあり、また外的な影響も受け易いものと考えられていて、πλαγκτόςという形容詞がことさらアイロニカルな印象を与えるとは思われない。νόοςの用例については、Von Fritzの他、Sullivan, 18-35 などを参照。

97) この一文についてはさまざまな読み方が提案されているが、ここでは、χρὴがτὸ λέγειν τὸ νοεῖν τ'という二つの不定詞を支配する非人称構文と理解する。そして、ἐόν ἔμμεναιは、ἐόνがἔμμεναιの主語でεἶναιないしὡς ἔστιと同義で、結局「〈ある〉はある」を意味し、この不定詞句がτὸ λέγειν τὸ νοεῖν τ'の目的語となっていると考える。この一文の諸解釈についてはConche, 101ff., Cassin, 144ff., 鈴木, 215以下を参照。

98) δεῖとχρήの意味の違いについてはRedard apud Mourelatos[2], 277-278を参照。また断片6.1での「必然性」の意味については、Mourelatos[2], 175-176 ; Curd[1], 53を参照。ただし、両者の読みはわれわれとは異なっている。

した上でその「必然性」に自ら進んで身を任せることになるのである[99]。これはつまり、特別な資格を与えられている若者（断片1.3:「知者となる人」(εἰδὼς φώς)）でさえも、教示の後にあって真実の探究の道としての「ある」に誤りなく常に身を寄せ、その「思惟」と「言説」が「ある」を対象とするか否かは保証の限りではなく、それは最終的には当人にかかっているということである。

だからこそ、この後も「あらぬものどもがある」とする探究の道から「考えを遠ざけなさい」(εἶργε νόημα：断片7.2) という命令が女神により若者に発せられるのである。彼は道から逸脱するおそれをなお抱えている。仮に彼が逸脱してしまうとどうなるか。「ある」と語り考えることの「必然性」が語られた後に描写されていた死すべき者たちの有様がまさにそれである。死すべき者たちの「こころ（思惟）」は困惑に引き回されてあてどなくさまよう。「思惟」に付された「さまよう」(πλαγκτός) という形容詞は、思惟の恒常的・本来的なあり方としての「さまよい」を示すものではなく、予期的賓辞法によるものである。「ある」と語りかつ考えねばならないのに、慣習に身を委ねることで、人間たちの思いは「ある」ということに収斂することなく、むしろ「ある」と「あらぬ」の混同により右往左往する結果となっている。女神の視点からすれば、それは「あるかあらぬか」の判定ができないことであり（cf. ἄκριτα φῦλα：

---

99) ムーレラトスは、断片8.34のταὐτὸν δ'ἐστὶ νοεῖνを目的不定詞の構文とし、また、ἐνはεἶναιと合わせて "to depend on, to rely upon, to be under the authority of" を意味するイディオマティックな表現と見る。よってこの個所は、「同じものが、思考するためにあり、また思考の目的でもある。なぜなら、考えることがその権威のもとに委ねられてあるところの〈あるもの〉がなければ、あなたは思考することを見出さないであろうから」となり、ここでの議論は次のように定式化される。"ἐόν is a possible object of mind. No other entities could possibly fill that role. So ἐόν is not only a possible but a necessary object of mind." すなわちνοεῖνがἐόνと必然的に結びついているということになる（Mourelatos[2], 175）。ただしムーレラトスによれば、こころと実在の間の必然的関係は、多くの研究者が誤解しているように、思考が「あるもの」とすでに結びつけられていることを意味しない。彼によると、「あるもの」の認識は思惟にとって達成すべき義務であるが、意図は必ず実現するわけではない。そこで彼は、この必然性を規範的あるいは命令的必然性であるとする。テクストの読み方や語句の解釈には疑問を感じるが、規範的必然性という考え方は傾聴に値する。

断片6.7)、「双頭」(δίκρανοι：断片6.5) と譬えられる歪な知的状況にある。それは確かに「知的誤謬」にほかならない[100]。「思惟」と「ある」との間の連関に必然性があるとしても、それは外的・客観的な必然性ではない。言い換えれば、パルメニデスは「偽なる思惟」や「偽なる言説」の可能性を否定してはいないのである。

したがって、「思惟は常に不可謬的である」とか「思惟は常に必然的に、あるもの (ἐόν) と結びついている」といった解釈は認められない。もし「ロゴス」を、思惟の機能としての推論と取るとしても、その論理的比較考量によって常に必ず「あるもの」の認識がえられるという保証は無いのである[101]。依然として、思惟の可謬性は回避されていないからである。思惟という行為を考える時、思惟が「あるもの」への志向性をもつということと、思惟が「あるもの」に到達しそれと分かちがたく結びついて知が成立するということとは、やはり区別されなければならない異なる局面である[102]。そして、思惟と「あるもの」との結びつきを可能的なものと考える時、その可能性を最終的に実現する契機は、感覚知覚は言うまでもなく、思惟にこれを求めるわけにも行かないのである。かくして、思惟から比量的要素を取り出して、「ロゴス」という語にその機能を託しても、結局、ロゴスを思惟と同定する場合に行き着く困難と同じ困難に直面するのである。われわれは、ロゴスを、何か認識主体の側に内在するようなものとして捉えるべきではない。そしてまた、上に述べた、思惟と「あるもの」との結びつきの可能性を実現する契機という観点から、それを捉え直す必要がある。

---

100)　Tarán, 63.
101)　Cf. Cherniss (338): "Parmenides in effect denied that introspection is anymore trustworthy than sensation, for the insight of men can be erroneous too." Cf. Jaeger, 103.
102)　可謬的なνόοςとἐόνとの必然的な結びつきという困難を解消するための説明に、フォン・フリッツ (Von Fritz, 48) は、断片16で言及されている「混合の割合」という説明原理の導入を提案するが、この断片自体、「思わく」の部に属していると考えられ、そこでの説明原理を実在認識の場面で適用することには疑問が残る。Cf. Verdenius, 5-30；Mourelatos[2], 175-177.

4 「エレンコス」と「ロゴス」の内実

　われわれは先に、真理の道としての「ある」の提示の場が、正義女神の注視するいわば真理の法廷として設定されている点を指摘し、「エレンコス」の意味を、法廷における吟味批判であるとした。では「多くの異論を引き起こす」と言われたこの「エレンコス」が指す具体的な内容は何なのか。最初に確認しておいたが、それは、「わたしから語られた」と述べられているように、すでに以前に言われているものを指す。そこで、これを断片8.15以下（「これらに関する判定は、あるかそれともあらぬか、というこのことにある。ところで実際に、必然のこととして……ということがすでに決せられていたのである。」）とも関連させて、断片2における「ある」の採択と「あらぬ」の廃棄を指すと見るものは多い。

　例えばコクソンは、すでに断片2において宣言された原理すなわち矛盾律を試金石として用いることが若者に求められていると見る。そうすることで若者は、実在の候補があるかあらぬかを推測できるのである[103]。しかしこれは非常に曖昧な解釈で、ミスリーディングである。なぜならその場合、どうしてこの矛盾律が多くの異論を引き起こすと言われているのかが解らないからである。まさしく誰ひとり過つことの不可能な自明のこの原理自体に敢えて異を唱える者がはたしているのだろうか。確かに死すべき者たちによって、「〈ある〉と〈あらぬ〉は同じでありかつ同じでない」（断片6.8-9a）と考えられていると言われている。けれどもこれは、死すべき者たちの意識的・積極的な主張なのだろうか。もしそうなら、彼らの「思わく」の虚偽性は一目瞭然であろう。しかし、それでは、「思わく」が若者を追い越しかねない「真実らしさ」を帯びているということ（断片8.60-61）の説明がつかない。むしろ、この「矛盾律違反」は女神の視点からの死すべき者たちの主張の定式化である[104]。また、ロゴスで判定しなさいと言われているその判定の対象がエレンコスであるのに、コクソンのような解釈では、エレンコスが基準となって、実在を標榜する個々の対象の「あるなし」を判定することになってしまっており、テクストとのず

---

103) Coxon, 192. Cf. Finkelberg[2], 63.
104) この点については、第4章4節で改めて論ずる。

れは明らかである[105]。また、エレンコスを断片2の選言自体とし、判定しなさいと言う命令を、この選言の選択肢のいずれかを取れという命令だとするのも無理がある。なぜなら、断片2では未知なる結論を導出させるための前提として選言的命題が提示されているわけではなく、すでに道の提示の段階でいずれが真理の道であるかは示されており、改めてここで判定する必要はまったくないからである[106]。

　女神により、死すべき者たちは、その知覚経験と慣習の盲信を批判されたが、「〈ある〉と〈あらぬ〉は同じでありかつ同じでない」という「主張」が、実は彼ら自身の積極的主張ではなく、むしろその諸々の言説・命名行為を還元して定式としたものであるとすると、この女神の定式化それ自体が彼らの有罪性と虚偽性の宣告としてのエレンコスにほかならない。そしてその宣告を聞いて、裁定者としての若者が評決を下すのである。ところで死すべき者の若者には、裁定の拠り所として客観的な法規範が必要である。では若者は、何を法規範とするのか。もはやロゴス以外にその役割を担えるものはない。実際、判断を表す動詞とともに用いられる与格は、判断基準を意味する[107]。すなわちλόγῳという与格は、具格的与格のなかでも、判断の基準を表す与格であり、ロゴスはここで、問題の判定の基準・根拠となるべき規範とされ、いわばκριτήριονの資格を与えられているのである。法廷という場面設定は、ロゴスに規範的性格を附与する。これにより、初めてロゴスから主観性が排除されて、同時に、客観的原理という性格がロゴスに与えられるのである。それでは、このような原理・原則としてのロゴスの具体的な内実とはいかなるものなのだろうか。ロゴスが客観性・規範性、そして論理的整合性をもつことの所以は何なのだろうか。そして思惟と「あるもの」との結びつきの可能性を実現する契機、すなわち人

---

105) Coxon (192) : "when therefore the goddess exhorts him to 'judge by reason the controversial test prescribed' by her, she means that he is to use as a test the principle of reason ⋯sc. the law of contradiction." Finkelberg[2](63) : "one must rely on the decision concerning the alternative presented above [namely, either 'what-is is' and 'what-is-not is not' or 'what-is is not' and 'what-is-not is']."
106) Cf. Lesher[2], 14.
107) Smyth, § 1512.

間の知の成立を最終的に保証するものとは何なのだろうか。

　再び確認しておくと、断片2において、女神は「あなたはわたしの話を聞き終えたら、それを携えて行かなくてはならない」と呼びかけ、若者に探究の道として「ある、そして〈あらぬ〉はあらぬ」という道と、「あらぬ、そしてあらぬことが必然」という道を提示した。この時、若者は、女神からのことばをひたすら聞くだけであり、女神との対話はない。そして先に触れたように、この提示は、同時に探究の道として一方の道の採用と他方の道の排除の宣言ともなっている。この提示と区別は、改めて断片8.16-18で示されている。しかもそれは必然的な判定と言われており、やはり一方は考ええず言い表しえないもので、他方は実在のもの真実のものと認定されている。この判定に死すべき者の介入する余地はない[108]。パルメニデスは、人間的知と神的知の間の伝統的な対立措定を利用しながら、女神のことばとすることで、この判定（そして自らの所説全体）に絶対的な確実性と真実性を確保していたと言える[109]。

　このように見てくると、われわれが求めていた断片7での客観的で規範的なロゴスとは、まさしく断片2における女神のことばそのものということになる。すなわち、自明の、証明を必要としない探究の原理、つまり探究の道としての真実性をア・プリオリに認められている「ある、そして〈あらぬ〉はあらぬ」ということ、これが「ロゴス」の内実なのである。それは、真理探究の基盤として「ある」を立て「あらぬ」を排除するという神的判定であり、エレンコスをロゴスで判定せよということは、結局、真理を探究せんとするものは、女神すなわちパルメニデスが示した原理としてのロゴス（そうしたものである限りにおいて、これを「理（ことわり）」と呼んでよい）に従って、判別する力のない群衆の「思わく」に対する彼女（彼）の吟味を、もう一度死すべき者の一人として判定しなくてはならないということであろう。つまり、「思わく」が最終的に

---

108) ここで確認しておきたいのは、断片8.16-18の「判定」が、断片7で求められていたロゴスによる「判定」の完遂ではないということである。実際、断片8での「判定」はすでに断片2で示されているものであり、それを再び断片7で判定せよと命じるのは無意味であると思われる。この点については第7章1節を参照。

109) Cf. Kahn[4], 706.

第3章 「あること」、感覚、そして思惟

「ある」と「あらぬ」の不同性と同時に同一性を主張するものだと断罪するエレンコスの妥当性を決するということである。そして、根本原則に導かれた、二次的とも人間的とも言えるこの判定は、人が真の探究の道に赴くことを可能にする。断片6では、死すべき者たちの胸の中では困惑（ἀμηχανίη）がそのさまようこころを導くと言われていたが、困惑とは、μῆχοςの無い状態、つまり悪しき状況を打開する方策や手段をもたない状態を指す。これは逆に、μῆχοςがあれば探究者は思わくからその思惟を解放することができるということを示しているとも言える。根拠も含めての「ある」の措定（そして同時に「あらぬ」の棄却）を規範とした「思わく」の判定は、死すべき者にとって、思惟にとって、まさにμῆχοςである。そしてそれは、思惟が実在を目指す要因でもある。ここに至って、実在と思惟の結びつきの可能性を実現する契機となるのが、この「ある」の措定以外にないことは明らかである。パルメニデスにとって、知の成立を最終的に保証するのは、感覚でもなければ思惟でもなく、むしろ、探究の原理としての女神のことば（ロゴス）だったのである。そして、そのようなものとしてパルメニデスのロゴスは、思惟以上にその思索の中で重要な概念となっていると言える。

第4章

禁じられた道
——パルメニデスにおける探究の行方

はじめに

　パルメニデスは女神の口を藉りて複数の探究の道を提示しているが、それがはたして二つであるのか、三つであるのか、あるいはそれ以上なのかという基本的な点については、依然として研究者の間で見解が一致していない。しかも、数の点で一致していてもその内実の理解に関してさらに見解が分かれているなど、状況は複雑である。これは単なる数の問題ではなく、「ある」「あらぬ」というパルメニデスの思想の核心となるものに関わってくる問題であり、同時にまた、「思わく」の提示の意義を問うものでもあり、結局はパルメニデスにとっての「探究」のあり方に関わる問題なのである。本章では、探究の道に関する既存の諸解釈がもつ問題点を考慮しながら、「ある」の道、「あらぬ」の道、そして「思わく」の間の関係を整合的に説明し、パルメニデスにとっての真理探究のあり方とそこで「思わく」が果たす役割を明確にする。

1　「三つの道」説の検討

　まずパルメニデスの詩における「探究の道」の提示がなされているのは次の四個所である。

　　(1) 断片 2.2-8
　　いかなる探究の道が考えるべき唯一のものであるか。
　　一つは、「ある」、そして「あらぬはあらぬ」、という道。
　　これは説得の道である（なぜならそれは真理に従うがゆえに）。
　　もう一つは、「あらぬ」、そして「あらぬことが必然」、という道、

この道はまったくもって探し求めることのできない道であるとわたしはあな
　　たに言明する。
　というのも、あなたはあらぬということを知ることはできないであろうし
　　（それはなされえないゆえ）
　またそれを指し示すこともできないであろうから。

(2) 断片 6.1-5a
「ある」はある、と語りかつ考えねばならない。なぜなら、「ある」はあるが、
「あらぬ」はあらぬから。わたしはあなたにそれをよくよく考えるよう命じる。
　というのも、これは、わたしがあなたをそこに進まないよう遠ざける最初の
　　探究の道であり、
　しかしその次にわたしは、死すべき者たちが何も知らないで双頭のまま
　拵えあげた道からもあなたを遠ざけるからである。……

(3) 断片 7.1-2
　なぜなら、あらぬものどもがあるというこのことが馴らされることはけっし
　　てないだろうから。
　むしろあなたは、探究のこの道からあなたの考えを遠ざけなさい。

(4) 断片 8.1b-3, 15b-18
　……なお残っているのは、「ある」とする道についての
　ただ一つの説明である。この道には
　非常に多くのしるしがある。……
　……そしてこれらに関する判定は、
　あるかそれともあらぬか、というこのことにある。ところで実際に、必然の
　　こととして、
　一方の道は考えられず名を呼ぶこともできないものとして棄ておき（なぜなら
　　それは真の
　道ではないから）、もう一方の道は、あり、真正のものであるということが
　　すでに決せられていたのである。

　まず、これらの断片を通じて探究の道として三つの道が女神より提示されて
いるとする伝統的・標準的解釈を、コーンフォードを例にとって見てみる[110]。
彼によると、断片2で "〈That which is〉 is, and it is impossible for it not to be."

と "It is not, and must needs not be." という二つの道が探究の道として提示されており、このうち前者は、断片1.29の「真理の揺るぎなきこころ」と言われているものと同じで、「真理の道」(the Way of Truth) と呼べるものであるが、後者は「〈あらぬ〉の道」(the Way of Not-Being)で、しかもこれは断片1.30で言われていた「死すべき者たちの真の信頼性なき思わく」とは異なるものである。この「思わく」が、禁断の道として警告されているのが断片6.4-9と断片7である。つまり、「あらぬ」の道が考えられず名を呼ぶこともできないものであるのに対して、「思わくの道」(the Way of Seeming) は、女神による教示の対象となるもので、感覚経験に基礎を置く死すべき者たちの「思わく」である。一般の人も哲学者も総じてすべての人が、われわれの感覚がわれわれに示すように思われる世界の実在性を信じており、その信念がこの「思わく」の内実をなしているのである。この解釈によると、断片2で言及されていた二つの道のみが探究の道として考えられるのではなく、実は第三の道としての「思わくの道」もこれらと同じ資格で提示されていることになるのである[111]。これを極端に単純化したのがツァフィロピュロの "τὸ ὂν ἔστι"(「あるものはある」)、"τὸ ὂν οὐκ ἔστι"(「あるものはあらぬ」)、"τὸ ὂν καὶ ἔστι καὶ οὐκ ἔστι"(「あるものはありかつあらぬ」))というそれぞれの道の三つの定式化である[112]。

ところで (1) 冒頭の「いかなる探究の道が考えるべき唯一のものであるか。一つは……。ほかの一つは……」(αἵπερ ὁδοὶ μοῦναι διζήσιός εἰσι νοῆσαι· ἡ μὲν... ἡ δ')という詩句は、女神が二つの究極的な選択肢しか与えていないことを示しており、第三の可能性の入り込む余地はないように見える。ここに「三つの道」説を採る研究者のディレンマがある。例えばガスリーも、第三の道が独立してあることは考えられない以上、最初の二つの道(「ある」の道と「あらぬ」の道)を誤って統合したものとしての第三の道は、基本的に「あらぬ」の道と同定可能

---

110) なお当然のことながら、これらは道の数の点で多数派を構成しているだけであって、道の訳出そのもの、「ある」の主語の存否、そしてその意味(存在か繋辞かそれ以外か)について見解が一致しているわけではない。
111) Cornford, 31.
112) Zafiropulo, 103-104.

なものと考えるが、テクストの上では依然として独立した第三の「道」が言及されているために、結局この点については、「あらぬ」の道と第三の道は「ほとんど区別することはできないだろう」という、躊躇いを含んだ歯切れの悪い物言いとなっている[113]。

また、断片2が示す第三項の排除性の問題に加えて、テクスト上の問題がある。これは「三つの道」説以外の立場を採っても避けて通ることのできない根本的な問題である。断片6.3-4 では、ディールスの校訂（πρώτης γάρ σ'ἀφ'ὁδοῦ ταύτης διζήσιος 〈εἴργω〉, / αὐτὰρ ἔπειτ'ἀπὸ τῆς, ...）に従えば、探究において二つの道が相次いで禁じられているように解される。この断片を保存しているシンプリキオスのすべての写本で断片6.3の最後の部分が未完となっていることから、断片6.3のἀφ'ὁδοῦと断片6.4のἀπὸ τῆςの両方に付加できる動詞として、断片7.2の「むしろあなたは探究のこの道からあなたの考えを遠ざけなさい」（ἀλλὰ σὺ τῆσδ'ἀφ'ὁδοῦ διζήσιος εἶργε νόημα）と当該個所との類似に基づいてディールスは「禁ずる」（εἴργω）を提案した[114]。現在一部の研究者を除きほとんどがこのディールス案を受け容れている。

ところがこの補訂案を受け容れると、「探究のこの最初の道を禁ずる」と言われているときの指示詞「この」（ταύτης）は、既出の名詞や句をそれが受けるとした場合に、普通は直前の "χρὴ τὸ λέγειν τὸ νοεῖν τ'ἐὸν ἔμμεναι, ἔστι γὰρ εἶναι, μηδὲν δ'οὐκ ἔστιν." の中に、さらにいえばその後半部に対象を求めることになるが、しかし、標準的な解釈ではそこに「禁じられるべき道」を明確な形で見出せないのである。つまり、"ἔστι γὰρ εἶναι, μηδὲν δ'οὐκ ἔστιν." は断片2での「真理の道」を示しているように思われるからである。しかもそれは、「最初の」（πρώτης）という指示詞によってさらに動かないことのように見

---

113) Guthrie[2], 22-23.
114) すでに同様の提案は1526年のシンプリキオス『アリストテレス「自然学」注解』のeditio Aldina でなされていた（Phys. 117,6: "πρώτης γὰρ ἀφ'ὁδοῦ ταύτης διζήσιος εἶργε νόημα."）。この版が何の写本に従っているのかは不明であるが、その後も、ディールスに至るまではこの "εἶργε νόημα" 案が有力であった。そして1882年にディールスが、εἴργωを提案し、同時に、ほとんどの有力写本にある人称代名詞の "σ'" を付加し、現在のような読みが定着した。

える。これより前の断片2で示された二つの探究の道で、最初の方といえば「真理の道」だからである。

　そこで、「三つの道」説を維持しながらこの難点を解消するさまざまな試みがなされてきている。その中で優勢な試みは、棄却されるべき道は真理の道ではありえないがゆえに、全体のコンテクストから、「あらぬ」の道を「この」の指示対象として見出そうとするものである。例えばクランツは、"es ist nämlich Sein, ein Nichts dagegen ist nicht. Dies [die Annahme von Nichtsein] ist nämlich der erste Weg der Forschung, von dem ich dich fernhalte." と訳し、注記を挿入することで誤解を回避しようとしている。また、ガスリーは断片6.1-2a を "What can be spoken and thought of must be, for it is possible for it to be, but impossible for nothing to be. This I bid thee consider, for this way of inquiry is the first from which I ⟨hold thee back⟩." と訳した上で、"*this* way (which one must take *ad sensum* to be the way of thinking that 'nothing' *can* exist) is the first to be avoided." と説明している（引用文中の強調はガスリー）。どちらも原文外から何らかの補足を加えて「最初の道」を断片2における最初の道ではなく「複数の禁断の道の内の最初の道」とすることで、この点での矛盾を解消しようとしている[115]。これは、πρώτης を副詞的用法として「最初に」とか「まずもって」と訳して問題を回避する立場と結果的には同じこととなる。

　確かに、πρώτης を副詞的に解することで、後続の ἔπειτ(α) という副詞との関係がはっきりとして、道の棄却に関する連続性が明確となってくる。実際、すでにカルステン（1835年）は、πρώτης に代えて πρῶτον を、ムラッハ（1845年）やベルク（1886年）は πρῶτ(α) という読み（「最初に」）を提案していた[116]。そしてそれ自体妥当であると思われるこの回避法は、必然的に、当該個所において「真理の道」とは異なる二つの禁じられるべき道の存在を是認することにな

---

115) Kranz, 95 ; Guthrie[2], 20-22. なお『ソクラテス以前哲学者断片集』第Ⅱ分冊の藤澤令夫・内山勝利訳（81）でも「探求の道として私が汝を遠ざけ〈禁ずる〉のはまずこの道［無の道］」となっている。また廣川訳［2］（254）では「探究の最初の（誤れる）道から私は汝を遠ざけ禁ずる」とある。

116) Cf. Cordero, 142.

るのである。しかし、もう一方の難点である「この」の問題に関しては、やはり、コンテクストからその指示対象を確定するという不十分な解決法を採らざるをえなくなっている。

　ムーレラトスは、"For I bar you first from this route of quest [scil. the negative route]." と注記付きで訳した上で、断片6.1-2が、単に肯定の道（真理の道）を表すだけでなく、否定の道（「あらぬ」の道）を除外し肯定の道を認める理論も表し、断片6.3は、この理論の根拠、そして肯定の道の選び取りの根拠に注意を喚起するものであって、問題の「この」が先行部に明確に言及されている道のみを指示しうるという主張は難癖を付けるだけのものであると主張する[117]。確かに、"χρὴ τὸ λέγειν..." に、話者の選好を認めることはできよう。しかし、その選好を聞き手が共有できる保証はない。この選好およびそれを含む「理論」は断片6.2bの「わたしはあなたにそれをよくよく考えるよう命じる」という一文に含意されていることになるが、そうだとすればまさにムーレラトス自身が言っているように、この文（つまりは「それ」の意味）はかなり曖昧な、あるいは暗示的なものということになる。しかし、問題の指示詞はいわゆる二人称的指示詞であって、一般に聞き手にとって明白な事柄を指し示すものであるが、それ自体曖昧なことばの中に推測されうる「理論」の一部としての「あらぬ」の道は聞き手にとって明白とは言いがたいのである。指示詞の本来の機能を考えれば、その対象を先行部分に求める可能性をまず第一に考慮すべきであろう。

　コンシュは、断片の引用のあり方に着目した解決を提案している。彼は、断片6.3を "D'abord, en effet, de cette voie de recherche [2.5-8], je te détourne." と訳し、「この」は直前の詩句を越えて断片2.5-8で論駁されていた「あらぬ」の道を指示すると考える[118]。これは、シンプリキオスが断片6.1b-9を断片2.3-8の引用後すぐに引用しているという事実から説明される。コンシュは両断片が詩の中で連続している可能性を指摘し、「この（道）」が、「まったくもって探し求めることのできない道」と規定された「あらぬ」の道

---

117) Mourelatos[2], 77, n.7.
118) Conche, 103-104.

を容易に指しうる構成となっていたと見るのである。しかし、もしコンシュの主張するように両断片が論理の上での一貫性を保ちながら連続しているなら、逆に、シンプリキオスがわざわざ分けて引用する理由はないだろう。

　そこで、このように遠回しに解決を図るのではなく、テクストそのものを見直し詩行の順番を入れ替えることによって整合性を保とうとする研究者もいる。例えばスプレイグは、断片 6.2 と断片 6.3 との間に、断片 7.1 を挿入した上で、次に断片 6.4 以下の残りの部分を置き、続いて断片 7 の続き（ただし断片 7.2 はプラトンによる断片 6.3 のパラフレーズの可能性があり削除するか、あるいはそのまま断片 7.1 に続けるかのいずれかとなる）を置く[119]。断片引用者のシンプリキオスは断片 7.1-2 を二回 (*Phys.*, 143,31-144,1 ; 244,1-2) 引用しており、この並べ替えによると、その部分を断片 6 の中から取りだして引用していることになるが、しかしその一方で断片 6.1b-9 までを一連の形で引用している (*Phys.*, 117, 4-13)。この場合、断片 7.1-2 の部分を、あえて矛盾を生み出す危険を冒してまで一連の引用から脱落させる必要があったのだろうか。二回引用している以上、断片 7.1-2 のことばが他の詩行に劣らず重要であること、そしてこの個所全体の十全な理解に必要なものであることはシンプリキオスも理解していたであろうし、意図的に引用の中でそれを落としたとは考えにくいし、ケアレスミスとも思えないのである。

　これに対してストークスは、断片 6.3 の後に「あらぬ」の道に言及した詩句の欠損を想定し、「この」の指示対象は、実は先行部分ではなく後出部分（つまり欠損してはいるが「あらぬ」の道への言及部分）に求めるべきであるとする[120]。これによると、断片 8.1 の「なお残っているのはただ一つの説明」ということばまで、いわば消去法の議論が行われていることになる。そしてそれによって、多くの解釈者たちが訳出しなかった断片 6.3 の「というもの」(γάρ) が論理的に十分に意味をもちうるのである。しかし、消去法といっても「あらぬ」の道はすでに断片 2 において消去済みであると言えるし、そもそもシンプリキオスの引用の基本姿勢はできる限りパルメニデスの詩を書き残そうというものであ

---

119) Sprague, 125.
120) Stokes, 112-115.

り、やはり、一連の引用の中で「あらぬ」の道に言及する行を彼が落とす理由は見あたらない。結局、シンプリキオスの引用の仕方に問題の起源を見て取るということは困難であるように思われる。

2 「二つの道」説の検討

では次に、女神が探究の道として三つでなく二つのものを提示しているとする解釈を、その問題点とともに見ていく。この説は、断片2での第三項の排除性を強調し、先に見たガスリーが踏み切ることに躊躇いを見せていた「あらぬ」の道と「思わくの道」の同定に基礎を置く。カーンはこれを、伝統的な解釈に対してタランが提出した新しい解釈と認定し、「ラインハルト（1916年）による「三つの道」の発見（むしろ、それはシュタイン［1864/67年］であるという者もいるが）はわれわれのパルメニデス理解への彼の多くの寄与の中でも最も根本的で決定的なものである、と理解してきたそれまでの解釈者たちにとっては、この説は一種の衝撃である」と述べている[121]。

すでにロバンは、断片2冒頭での第三項の排除性を根拠に、パルメニデスにおいて初めて矛盾律が引き出され、それが、「ある」ものでも「あらぬ」ものでもない対象の存在論的不可能性に基礎づけられていると述べて、「方法」あるいは「道」は二つであると述べていた[122]。当然、タランもこの第三項排除を基本にして「二つの道」説を主張する[123]。彼は、ディールスの補訂案を受け容れた上で「これ」がやはり直前の "ἔστι γὰρ εἶναι, μηδὲν δ'οὐκ ἔστιν." す

---

121) Kahn[2], 126. ただし、厳密な議論を展開しているわけではないが、すでにテオプラストスが、「パルメニデスは両方の道を歩んだ（ἐπ'ἀμφοτέρας ἦλθε τὰς ὁδούς）。それというのも、彼は万有は永遠であると明言し、かつまた、あるものどもの生成についても説明を与えようと試みているからである。もっとも、彼はその両方について同様の見解をもっていたわけではなく、むしろ真理においては、万有は一にして、不生であり、球形であると想定しながら、他方、多くの人々の思わくに従って、現れるものの生成を説明するために、原理を二つとして、火と土とをおいたのである」と語って（Alex. Aphr. *Metaph*.31,7 = DK28A7）、二つの道に言及している。

122) Robin, 111.

123) Tarán[1], 61ff. Cf. Tarán[1] (202): "non-Being is inconceivable and a *tertium quid* between Being and non-Being impossible."

なわち「ある」の道しか指しえないと考え、女神によるここでの「禁止」が絶対的なものではなく一時的なものであるにすぎないとする。しかし、εἴργωという動詞自体には「一時的な禁止」という意味合いは含まれていない。実際、同じ動詞が用いられている断片7.2では（タランによるとそこで言及されている道は「あらぬ」の道であるから）一時的ではない絶対的な禁止が命じられている。「一時的な」というニュアンスはコンテクストから与えられたものにほかならない。またこの場合、問題の一時的な取り下げは「ある」の道だけでなく次に断片6.4以下で示される「死すべき者たちの道」にも適用されることになる。そこで彼は、断片6.3-4の間に、一時的な禁止であることを示唆するような原文欠損を想定することになる。

　しかし、先に述べたように、ここに原文欠損を想定することは容易ではない。たとえ想定できたとしても、断片6.4のἀπὸ τῆςは、次の行のπλάττονταιを「さまよい歩く」と訳している以上、道を表すことに変わりはない。つまり断片6.4以下にも「道」があることは確実である。しかし、タランは上述のごとく断片7を「あらぬ」の道への言及（＝「思わく」への言及）と捉え、それを、感覚的あるいは現象的世界を受け容れてその結果「あらぬ」の存在を主張することとなってしまっている人々への批判としており、これに対して断片6.4以下は「あらぬ」の道とは異なり、ただ単に自分の見たものを判別できない人々への批判とする。そして彼によれば、"The Doxa is not a third way which combines Being and non-Being; there is no such third way in Parmenides."となるので[124]、結局、この断片6.4以下は、道にして道にあらずという不思議なことになり、その結果、断片6.8での「〈ある〉と〈あらぬ〉は同じであり、かつ同じでないと見なされている」というその身分規定は全体の詩の中でほとんど意味をなさない一過性のものということになりかねない。しかしこのようなことは考えられない。

　また、そもそも引用者のシンプリキオス自身は、対立相反するものどもを同一のものへと帰する人々の見解に関心をもってこの断片6の引用をしているの

---

124) Tarán[1], 208.

だが、直接には断片6.4以降がその個所に当たる。しかし彼はその個所をすぐに引用せずに、内容的にはこうした人々の見解との関連は薄い断片6.1-3をそれに先行させて引用しているのは、むしろこれらが連続しており、その連続性をシンプリキオスが尊重しているということを意味している[125]。タラン自身も認めているように、原文欠損の想定とそれに基づく解釈は一つの（しかもかなり現実性に乏しい）可能性にすぎず、この解決法は恣意的であると言わざるをえない。

そこでコルデロは、パルメニデスの詩の二元的論理構造を強調し、彼が一貫して二つの道しか語っていないと考え、この ταύτης（「この」）のはらむ問題を、その発生源とも言えるディールスの校訂（"⟨εἴργω⟩"）そのものの否定と "⟨ἄρξει⟩"（「あなたは始めるであろう」）という新たな校訂案の提起という思い切った方法で解消しようとする[126]。すなわち、断片6.3の「探究の最初のこの道」とは、直前の "ἔστι γὰρ εἶναι, μηδὲν δ'οὐκ ἔστιν" を指し、つまりは断片2で言われていた「ある」の道を意味し、断片6の議論は、「⟨ある⟩ものを語りかつ考えなければならない。なぜなら、⟨ある⟩は可能だが⟨あらぬもの⟩は存在しないから。わたしはこのことをよく考えるよう命じる。なぜならあなたは探究の最初のこの道から始め、そして次には死すべき者たちの道から始めるであろうから」となる。そして、彼によると、この「死すべき者たちの道」、すなわち「⟨ある⟩と⟨あらぬ⟩が同じものでありかつ同じものでない」（断片6.8）と見なす道は、「ある」を「あらぬ」へ、そして「あらぬ」を「ある」へ結びつけるものである。この混同は、あらぬものがあると主張し、逆に、あるもの

---

125) ディールスによる校訂では、断片6.3と断片6.4以下の間に "⟨ἐπάγει⟩" とあるが、これは、シンプリキオスの別の個所（*Phys.*, 78, 6）に基づいて editio Aldina が補ったものを根拠にディールスが挿入したものである。それ以外の写本では連続している。

126) Cordero, 168ff. 同様の提案はコルデロに続きニハーマス（Nehamas, 33-34）によってもなされている。ただし校訂案は "⟨ἄρξω⟩"（「私は始めるであろう」）となっており、「始める」のは若者ではなく女神ということになる。カードはこれに従い、やはり「二つの道」のみが女神により提示されていると考え、「あらぬ」の道と「思わく」とを同定する（Curd[1], 53-58）。いずれにせよ、ディールスの補訂を見直すこうした試みに賛同する研究者は現在のところ少ない。

があらぬと主張するものであり、断片7.1の「〈あらぬ〉ものどもがある」という「探究の道」と同じということになる。そして断片7.1の "εἶναι μὴ ἐόντα" は、断片6.2aの "μηδὲν δ'οὐκ ἔστιν"（「〈あらぬ〉ものは存在しない」、つまり「ある」の道）と矛盾関係にあるがゆえに、「あらぬ」の道にほかならない。断片7.1が「あらぬ」の道である以上、「死すべき者たちの道」とは他ならぬ「あらぬ」の道となる。

　コルデロは断片8.50「ここでわたしは……終わりにする」（ἐν τῷ σοι παύω）に対応する動詞として「あなたは始めるであろう」（ἄρξει）というこの校訂案を考えたのであるが、彼の立論を支える重要な鍵となるこの案がコンテクスト以外にまったく根拠をもたないのは最大の難点である。加えて、その際に最良の写本の読みσ(ε)を、τ(ε)とする点にも問題がある[127]。仮にその校訂案を受け容れるとしても、実在性という価値をもたない点で「あらぬ」の道と「思わく」は同じだという主張には無理がある。女神はまず「すべてのことを学べ」（πάντα πυθέσθαι ［＜πυνθάνομαι］：断片1.28）と若者に命じていた。ところがその一方で、「あらぬ」は、「まったくもって探し求めることができない」（παναπευθέα ［＜πᾶς＋α＋πυνθάνομαι］：断片2.6）道で、それ自体、思惟と言説の対象にならないものであると言われる。ところでもし、「思わく」の真偽が論理的に確定できるのであればそれは思惟と言説の対象となるはずである。そして「思わく」の表現としての「〈ある〉と〈あらぬ〉は同じであり同じでない」（断片6.8-9a）あるいは「あらぬものどもがある」（断片7.1）は、明らかにそれらが虚偽であることが解るものである。そして、これは思惟の対象となっており、言説の対象ともなっている。「思わく」と「あらぬ」の道が同じならこれは矛盾である。この難点を解消するために、コルデロは、パルメニデスの方法論が、道の提示とその特質規定という二つのレベルの間を揺れ動いていると言い、虚偽の道の提示自体はア・プリオリに考察対象となり、続いてその道が考えられえないものであるという特質規定がなされて、この段階でそのような特質が知られることになる、と主張しているが[128]、これでは、女神が学べと命じてい

127）　O'Brien[2], 225, n.12.
128）　Cordero, 205ff.

る「思わく」に関する「知」は、それが考えられず言い表せないものであるということの「知」となりかねず、学びの意味がまったく失われてしまうことになる。パルメニデスはそのような単純な「知」を求めているわけではないだろう。断片8.50以下で展開される「思わく」は、それ以上の思惟や言説の対象となりうるものである。

また、「思わく」の部に属すると考えられる断片9.4では、「いずれ［光と夜］もあらぬということを分けもつことはないから」という表現が見られる。コルデロは、死すべき者たちが二つの原理を主張しているという事実がすでに、「あらぬ」の存在性を含意していると言うが[129]、「あらぬ」の道がひたすら「あらぬ」を主張するものであるのに対して、彼らは「ある」と「あらぬ」を区別し、「あらぬ」ということをその探究から排除していたのである。たとえその区別が誤っており、名目にすぎないとしても、この基本的な態度の違いは大きいのであって、単純に両者を同定するわけにはいかない。テクストを校訂し直しても新たな問題が出てくるだけで、根本的な問題解決につながらない。

3　禁じられた「思わく」の道

まず断片6を見直してみる。禁じられるべき道の数に関わる問題の発端であった断片6.3の「最初の（あるいは「最初に」）探究のこの道からあなたを遠ざける」と言われていた「この道」が何を指示しているかという点であるが、すでに見たように、原文欠損を想定したりすることが十分な根拠をもちえない以上、やはりその指示対象を直前部分の "ἔστι γὰρ εἶναι, μηδὲν δ'οὐκ ἔστιν."

---

[129] Cordero, 195-196. なお、コルデロなどとは異なる仕方で「二つの道」説を採るのがオブライエンである。彼も、やはり第三の道の可能性が完全に排除されているという前提に立つ。彼によると、「ある」と「あらぬ」を同時に主張するもの（オブライエンによると断片6.4以下と断片7）を女神が「探究の道」と呼んでいるが、それは "une Voie factice", "une Voie hybride" にすぎず、無知が生み出す混乱の産物であり不合理なアマルガムであり、見せかけ・まやかしであって、二つの道の折衷である（O'Brien[2], 143, 225）。しかし、このオブライエンのそれ自身折衷的な解釈は、あまりにも中途半端で、女神がなぜそれにもかかわらず「まやかし」であるこの道を二度も「探究の道」と呼んだのかということの説明になっていない。

に求めざるをえない。そしてわれわれはこの一文を、何も補わずにそのまま、「〈ある〉はあるが、〈あらぬ〉はあらぬ」と理解する。これは直前の断片6.1aの「〈ある〉はある、と語りかつ考えねばならない」(χρὴ τὸ λέγειν τὸ νοεῖν τ'ἐὸν ἔμμεναι)の理由として言われているのである[130]。われわれは探究の道としての「ある」を真実のものであると考え、かつ語らねばならぬ。そして、その根拠を問うことは、断片2における女神の「ある」の道の提示の根拠を尋ねることにほかならない。しかし、そこにおいては、「ある」の道が真理に従う説得の道だからという理由付けしかなされていなかったし、断片8.18でも「〈ある〉の道は、あり、真正のものである」としか言われていない。なぜ「ある」なのか、なぜ探究に際して「ある」とまず定立しなくてはならないのか。その問いに対して女神の側からは、さらなる根拠はないという答えしか与えられないだろう。われわれは説得されるしかないのである。「ある」はそれ自体が真理の探究を支える根拠であって、何かからの帰結ではない。したがって、「〈ある〉はあるから」としか言えない[131]。この「同語反復」は、「ある」とする探究の道の真実性、それが真理へと直結しているものであることを、そして同時に、道としての「あらぬ」の非真実性を述べるものである。これを、道の提示を示した断片2と比較すれば次のようになる。

　　断片2.3：ὅπως ἔστιν τε καὶ ὡς οὐκ ἔστι μὴ εἶναι.

　　断片6.1b-2a：ἔστι γὰρ εἶναι, μηδὲν δ'οὐκ ἔστιν.

　　断片6.1a：ἐὸν ἔμμεναι.

　つまり、断片6.1b-2aは断片2.3を改めて述べているものということになる[132]。
　このように理解すると、当初の問題の「この道」の指示対象は直前のμηδὲν

---

130) 断片6.1の読み方については、第3章3節を参照。
131) 第2章4節参照。
132) O'Brien[2], 222-223.

ということになる。そしてμηδὲνがμὴ ἐόνそしてοὐκ ἔστιと同義であることはすでに確認したとおりである[133]。「この道」とは「あらぬということ」、すなわち「あらぬ」の道にほかならない。ここのμηδὲνを「あらぬもの」と訳出すると、いわば「物化」の余地を残すことになるだろうが、μηδὲν=μὴ εἶναιとすればその余地はなくなり、「この道」が「あらぬ」の道を指示するということはかなり容易に理解できるのである。

　もし1b-2aを、様相概念による対応をそこに認めて訳し、「〈ある〉ことは可能であるが、〈あらぬ〉ものがある（μηδὲν [sc. εἶναι]）ことは不可能」とすると、まず、この文全体を「ある」の道あるいは「肯定の道」を指すものと解することはできないように思われる。先に確認したように、「ある」の道は徹頭徹尾「ある」と主張するものであり、「ない」と（しかも特定の主語について）主張するものではない。また、この解釈では、「この」（ταύτης）の指示対象を求める場合、εἶναιが補なわれたμηδὲνがそれに当たり、これが「あらぬ」の道を示すことになるが、しかし、やはり主語をもった「〈あらぬ〉ものがある」という言明は、「あらぬ」の道を表すものではない。むしろ、これは、次に見る断片7.1の「〈あらぬ〉ものどもがある」と主張する死すべき者たちの道にほかならない。このような理由から、ここで様相概念を認めて訳出することはできないのである。結局、断片6は次のようになる。

　　「ある」はある、と語りかつ考えねばならない。なぜなら、「ある」はあるが、
　　「あらぬ」はあらぬから。わたしはあなたにそれをよくよく考えるよう命じる。
　　というのも、これは、わたしがあなたをそこに進まないよう遠ざける最初の
　　　探究の道であり、
　　しかしその次にわたしは、死すべき者たちが何も知らないで双頭のまま
　　　拵えあげた道からもあなたを遠ざけるからである。なぜならば、彼らの胸の
　　　中で、
　　困惑がとりとめもなくさまようこころを導くからである。そして彼らは引き
　　　立てられる、
　　耳も聞こえなければ目も見えず、呆然として、判別する力のない群衆となっ

---

133)　第2章4節参照。

て。
彼らによって「ある」と「あらぬ」は同じであり、かつ同じでないと見なされている。彼らすべてがたどる道は反対方向に向いている。

したがって、われわれは当然「三つの道」説を採ることとなる。つまり、この「あらぬ」の道の禁止に続いて、それとは異なる第三の道が禁止されていると考える。耳が聞こえず目も見えない死すべき人間が立てた道は、「〈ある〉と〈あらぬ〉が同じであり、かつ同じでない」(τὸ πέλειν τε καὶ οὐκ εἶναι ταὐτὸν κοὐ ταὐτόν) と見なす道である。そしてこれは、断片7.2でもう一度禁じられている「あらぬものどもがある」(εἶναι μὴ ἐόντα) という道と同じ道であると理解する。しかし、この断片6.4以下と断片7.2とが、別々の道を指しているとする解釈がある。

例えば、ロバンは、「二つの道」説（つまり、真理の道は論理的思考の道であり、「〈ある〉はある」と主張する道で、他方、思わくの道は知覚経験に基づく思考の道で、「〈ある〉はあらぬ」と説くものであって、道はこの二つだけ）を採りながらも、「思わく」を二つに区別し、一方（断片6）は「ある」と「あらぬ」とを同一視するもので、他方が、それらを同定するつもりはないのに混同してしまっているものとし、前者がヘラクレイトス哲学、後者がピュタゴラス派の思想である可能性を示唆している。すでに指摘したようにタランも、断片6.4以下に「思わく」と異なる主張とその批判を認め、断片6.4以下が相反するものの同一性を説く人々（タランはヘラクレイトス、あるいはそれ以外の人々の可能性を示唆している）への反論で、断片7（つまり「思わく」であり「あらぬ」の道である）が感覚の世界を受容するものに対する反論だと主張する。クルバリツィスは、「あらぬ」が考えられず語られえない以上、「思わく」の道と「あらぬ」の道とを同定することはできないとし（この点では「三つの道」説と同じ）、さらにこの「思わく」を、混同に基づく「思わく」（断片6＝断片8.38-41）と、「二つの形態」（つまり「火」あるいは「光」と「夜」）を区別し「無」の現前を排除している限りで混同のないポジティヴな「思わく」（断片7＝断片8.51以下）とに区別し、ここには数において四つの道があると主張する。そしてそれぞれについて同様にヘラクレイトス、ピュタゴラス派などを挙げている[134]。

しかしながら、断片 6.4 以下と断片 7 を区別することはできない。例えば、タランは、断片 7 と「名目」の列挙された断片 8.40-41 を「思わく」の表現されたものと考え、これらを断片 6.4 以下と区別しているわけだが、断片 8.40-41 は断片 6 と同じく特定化されていない「死すべき者たち」(βροτοί) の「探究」の有様を描いているのであり、この一点ですでに、断片 8.40-41 と断片 6 を区別することが困難であることが解る。また彼は、断片 6 における「耳も聞こえなければ目も見えない」という表現は知的過誤を表し、それに対して断片 7 の「目標をもたぬ目と無意味な音で満ちている耳と舌」は、人々が「あらぬ」の道を是認してしまうことの全責任がすべての感覚にあることを言っているものだと解し、両者を区別している。しかし「目標をもたぬ目や無意味な音で満ちている耳」と「耳も聞こえなければ目も見えない」は同じ状況を意味していると考えるのが普通であろう。パルメニデスが繰り返し聞き手に対して、「ある」と語り考えることの必要性、そして「あらぬ」ということの言表・思考不可能性を繰り返し銘記させているのを考えると、やはり断片 6、断片 7 (そして断片 8.40-41) で力点が置かれているのは、何を見、何を聞き、何を語るべきなのかという点における「死すべき者たち」の混乱ぶりであり、つまりはその「思わく」のありよう自体であると思われる。ここでの「舌」は「言説」であり、それは、断片 8.40-41 で例示されている内容をもつものである[135]。結局、二種類の「思わく」を読み取るということは困難である。かくして、われわれはあくまでも道は三つであり、そして第三の道としての「思わく」は複数の形態をとるものではなく「〈ある〉と〈あらぬ〉が同じであり、かつ同じでない」という形態に帰着するものであると考える。

4　「思わく」の道の表現形式

　それでは、この「思わく」はどのような身分規定を与えられていて、真理探

---

134)　Robin, 112-113 ; Tarán[1], 61ff.; Couloubaritsis[2], 28-31. 彼ら相互の間でネガティヴな「思わく」とポジティヴな「思わく」のテクスト対応個所が異なっている場合もあり、言い換えればそれほどに明確な区別を立てることが困難であるということでもある。
135)　断片 6 と 7 における「感覚批判」の問題については第 3 章 2 節を参照。

究に関してどのような意義をもっているのであろうか。この点を明確にするために、「思わく」に二種類のものを読み取る上述の解釈に潜む根本的な誤りを見直してみる。この誤りとは、断片 8 の「〈ある〉と〈あらぬ〉が同じでありかつ同じでない」を、特定の思想家の積極的な主張として理解するところにある。例えばこれをヘラクレイトスのものと見る解釈がそれである。しかし、ヘラクレイトスはそのような主張をしているだろうか。タランはヘラクレイトスの断片 49a「われわれは存在しているし、また存在していない」(εἰμέν τε καὶ οὐκ εἶμεν)を例示している[136]。この断片自体、解釈が難しいものであるが、ここでヘラクレイトスが語っていることは、少なくとも、われわれが同時にありあらぬということではなく、異なる観点を導入したとき、同一の対象に関して異なる判断が成立するということである。その異なる判断成立の基盤となるのは、主語存在の(あるいはそれに関わる状況の)可変的あり方である。そして、この言明が有意味であるのは「ある」と「あらぬ」を同じと見ない常識的な理解が基本にあるからである。明らかに矛盾律を犯す形で語っているわけではない。また、確かにヘラクレイトスは「対立者の同一性」を数々の断片で語っているが、コンシュの言うように、ヘラクレイトスの主張は「反対者」の同一性であり、「矛盾者」の同一性ではなく、また、ヘラクレイトスの「対立者」は「ある」「あらぬ」の矛盾関係に帰着することはない[137]。一方が実在で他方がそうでないという関係ではないのである。

　むしろわれわれは、ここで特定の思想家の身元確認につとめるのではなく、むしろ先行思想家も含めて従来の自然学説に身を寄せるすべての「死すべき者」がその批判の射程に入るものと理解すべきである。「人間たち(ἄνθρωποι)の歩む道からはるかに離れたところ」(断片 1.27)で真理のこころが開示されるという設定は、「知者となる人」(断片 1.3)としての「若者」つまりパルメニデスが、すべての人間たちの中で特別な資格を附与されているという自負を示している。だからこそわれわれは、断片 6.9 の「すべての」(πάντων)も、パルメニデスと他の人々とのこうした対照を考え、中性複数属格ではなく男性

---

136) Tarán[1], 69-70.
137) Conche, 105-110.

複数属格と解するのである[138]。

　第 3 章では厳密に論じることなく議論を進めていたが、「思わく」の表現形式についてここで改めて確認しておく必要がある。すなわち、われわれは、「〈あらぬ〉ものどもがある」（断片 7.1）そして「〈ある〉と〈あらぬ〉が同じであり、かつ同じでない」（断片 6.8）という表現は、死すべき者たちの自覚的・意図的な主張ではなく、女神の立場からの、つまりは真理の視座からの死すべき者たちの「思わく」の定式であると考える。例えばラインハルトは断片 6.8 に関連して、"die Menschen haben sich einen νόμος, ein Gesetz gemacht, indem sie sagten: Sein und Nichtsein soll für uns dasselbe sein." と解釈している[139]。確かに、もし死すべき者たちがそうした「法」を立てたとすれば、この表現は一見して矛盾律を犯し、有意味な思考や言説を破壊するものであることが明白であり、その限りでそれが禁じられるのは当然であろう。しかしながら、実際には断片 8.50 以降で見られるように、人々がまさにこのようなあからさまな言い方でもって矛盾と虚偽に満ちた見解を自らのものとして述べていたわけではない。「思わく」の虚偽性は隠蔽されており、「真実らしさ」（断片 8.60）という衣をまとっているのである。「〈ある〉と〈あらぬ〉が同じであり、かつ同じでない」という定式は、あくまでも女神による彼らの「思わく」のさまざまな具体的表現の還元形であって、その中の「ある」と「あらぬ」は、断片 2 で提示された探究の原理を構成する「ある」と「あらぬ」である。むろんそれらは、もし結びつけられるとしても排他的選言によってのみ結びつけられるべきものである。

　したがって、仮にもし彼らの主張の本質が神的視座からして「〈ある〉と〈あらぬ〉が同じでない」という分析をもっぱら受けるとすれば、彼らはその時点で判定・判別（κρίσις）を達成していることになり、排他的選言を経て真の「探究」へと赴いていることになるだろうし、その結果彼らの「思わく」の正

---

138) Stokes, KRS, Cordero, Couloubaritsis, O'Brien/Frère, Conche, Collobert などがこの読みを採る。そうすることによって、断片 6.8 の与格 οἷς が「動作者」と「所有者」という二重の意味を同時に担わされるという文法上の困難を解消できる。

139) Reinhardt, 69.

しさは相対的なものではなくなるであろう。しかしながら、パルメニデスによる定式化は、そこに「同じである」をも析出しているのである。この「同じであり、かつ同じでない」(ταὐτόν κοὐ ταὐτόν) に注意しなければならない。

　彼らは自らのことばで「あることとあらぬこと」(断片 8.40) を思考の基盤の一つとして立て、断片9.4では「あらぬ」を排除していたわけで、その限りで、パルメニデスの視点からすると彼ら死すべき者たちの主張は、原理的な「ある」、「あらぬ」の判別と合致する部分をもっているという認定を受けうる。しかし、彼らはこの基盤にさらに「生成することと消滅すること」、「場所を変えること」、「明るい色をとりかえること」をも加えていたのであり、その結果、同一のものについて「生成し、そして今あり、この後、将来において成長した上で消滅に至るであろう」(断片 19.1b-2) といった「思わく」を形成してしまうのである。ここにおいては、「生成する」、「成長する」、「消滅に至る」が「ある」と同じ資格で並んでおり、結果として、そう意図していないとしても、彼ら自身が「ある」ということを「あらぬ」と結びつけているのである。女神の視座からの「思わく」の定式は、こうした「思わく」の吟味に裏付けられたものであるはずで、だからこそ、定式化という作業自体がすでに女神からの吟味批判の過程であるとも言えるのである。断片7.1の「あらぬものどもがある」(εἶναι μὴ ἐόντα) ということばは、そのことを端的に示している。これも、彼ら自身の意識的主張ではなく、女神の視座からの規定であることは言うまでもない。しかし、そのような規定を受けてしまう「思わく」の側からは、自分たちの宇宙論をはじめとする自然学的言説が矛盾律に違反し論理的に破綻を来しているはずはないという反論が当然出てくる。自分たちの主張のどこが矛盾しているというのだ、通常のことば遣いで正しく語っているではないか——と。彼らによれば、自分たちの判断の対象は真実にある (cf. 断片 1.31b-32：τὰ δοκοῦντα δοκίμως εἶναι) のである。これを εἶναι μὴ ἐόντα へと還元してしまう女神の定式化は、彼らからの多くの異論を引き起こさざるをえないのである。

　したがって、先の「合致する」という認定は現状では基本的にありえない事態なのであって、彼らによる「探究」は、原理的な判定の本性を理解せぬままになされているのであり、たとえ部分的に肯定的な認定を受ける可能性があったとしても、それはまったくの偶然的な出来事にすぎないのである。そしてそ

のとき、彼らに一斑の真理があるなどとは言えない。つねに、まったくあるかまったくあらぬかのいずれかでしかないのである。彼ら自身の「判定」とパルメニデスの「判定」との間に接点はない。断片6での「探究の道」とは、死すべき者たちが「自らのために拵え上げた」道にほかならない[140]。死すべき者たちの道は、想像の産物であり、幻想であって、論理的思考が営む「探究」とは無関係の、あくまでも彼らが自分でつくった探究の道だったのである。このように見てくると、断片6と7で言及されている第三の道が断片2の二つの探究の道と同じ資格で同列に並ぶものとして提示されてはいないことが理解される。断片6での二つの道の禁止を告げる女神のことばの使い方を見てみよう。

断片6.3で「これはあなたを遠ざける最初の探究の道」と言われ、それに引き続いて "αὐτὰρ ἔπειτ'ἀπὸ τῆς" と言われているが、この接続詞αὐτὰρは、オブライエンの主張によると、対立を表す接続詞ではなく一種のつなぎであるとされ、「そしてそれから」と訳される。このように理解する解釈者は多い[141]。禁断の二つの道が示されていると理解すれば、ここではそれらが順番に禁止されているのであり、特に対立・対照関係はないと考えてのことであろう。しかし、αὐτὰρはたとえ進行的な意味をもっているとしても依然としてδέよりも強い対照性を保持している[142]。その対照性とはどこから来るものなのか。「最初の探究の道」が「あらぬ」の道を示すとすれば、これは、すでに断片2で「まったくもって探し求めることのできない道」と言われており、若者が探究において禁じられるのは当然であり、言わずもがなのことである。それに対して死すべき者たちが拵えあげた道はどうかと言えば、若者がこちらの方により大きな親

---

140) 断片6.5のπλάττονταιはπλάσσονται、つまりπλάσσωの中動相現在形と解する。これをディールス／クランツ（そしてLSJ）はπλάζω（「さまよい歩く」）の中動相現在形と見るが、他に用例がない。コルデロ（Cordero, 147-148）やバルー（Ballew, 193）は、πλάζωが「さまよい歩く」の意味で用いられる場合、場所の与格や前置詞句を伴うのであり、この個所のように対格の目的語をとるのは文法的に問題があると主張している。われわれと同じ読みを採用しているのは、Mansfeld, Cordero, Stevens, O'Brien/Frère, Collobert, Nussbaum など。
141) O'Brien/Frère, 27. 解釈は別として、訳し方において同一歩調をとるのは Mourelatos, Barnes, Couloubaritsis, Conche, Curd など。
142) Smyth, § 2801.

第 4 章　禁じられた道

近性をもつ以上、その禁止・排除はむしろ「あらぬ」の道の排除よりも困難な作業となる。女神が「しかし」(αὐτάρ) と言うことで、二つの道を対比しながら後者の方へと重点を移動させ、若者の注意をそこに喚起しているとも言える。ではその重点の移動はより具体的には何を目指すものなのだろうか。

　断片 6.4 以下では、虚偽の道としての「思わく」は先に見た定式化を受け、その禁止そのものは女神からの命令として動かないものだが、しかしその禁止の根拠は、女神によって直接に「論証」されてはいない。人々の「思わく」がどうしてそのような定式化を与えられるのか、なぜ禁じられるのかは若者にとっては依然として不明である。しかし、禁じられるままに思考を停止することが本来求められているのではない。断片 6.3 の「というのも」(γάρ) はこのことを示唆している[143]。「というのも、これは、わたしがあなたをそこに進まないよう遠ざける最初の探究の道であり、しかしその次にわたしは、死すべき者たちが何も知らないで、双頭のまま拵え上げた道からもあなたを遠ざけるからである」(断片 6.3-5a) という詩句は、その直前で示されていた「真理の道」について熟考しなければならない理由づけを表している。では、第二の虚偽の道の禁止と「真理の道」についての熟考とはどういう関係にあるのかと言えば、その禁止の根拠、妥当性を (若者自身が) 考える上で、「真理の道」の熟考が必須の条件となっているということではないだろうか。ここでもう一度第 3 章で論じた断片 7 における女神の勧告の構図を再確認しておこう。

　断片 6 と同じように思考禁止が言い渡される断片 7 は、より積極的な勧告を伴っていた。断片 7.5-6 では、死すべき者たちの探究の道を思考することが禁じられた後で直ちに、「理(ロゴス)によってわたしから語られた、多くの異論を引き起こす吟味批判(エレンコス)を判定しなさい」と命じられている。「吟味批判を判定する」とは、女神による「思わく」の定式を検証することであり、つまりは「思わく」の欺瞞性・虚偽性を立証することである。そしてその吟味と立証の基準・根拠となるものが「ロゴス」すなわち断片 2 における探究の原理である。つまり、「思わく」をもつことの禁止は、「思わく」の一方的な排除にとどまらず、禁止

---

143) γάρ が αὐτάρ の直前までしか支配していないとして、訳の中で αὐτάρ の前にピリオドを打つ Mourelatos[2] や Barnes[2] には同意できない。

97

と排除の根拠について考えることの要請を同時に伴っていたのである。この段階ではもはや「説得」はされず、自らの思考によって判断することが求められている。

　この断片7における構図に基づけば、断片6で曖昧であった「真理の道」についての熟考と虚偽である「思わく」の道との関係は明らかである。つまり、前者は判定の基点であり、後者はその判定の対象なのである。換言すれば、「あらぬ」の道の必然的棄却を伴う「真理の道」は、探究の進むべき道であるとともに、第三の道としての「思わく」の思考形式の真実性を試す規準でもある。つまり、「真理の道についてよく考えよ、なぜならば、それを基点として死すべき者どもの拵えあげた道が何故に禁止されるのかを考えねばならないから」という関係がそこにあるのである。そして、このような関係はそのまま女神により詩の序歌の最後（断片1.28-32）に示されていた学びのプログラムに対応している[144]。

　ここにおいて、探究は明白に能動的様相を帯びることとなる。女神は探究の道として、まず「あらぬ」の道を禁じ（断片6.3「わたしがあなたを遠ざける最初の探究の道」）、続いて「思わく」の道を禁ずる（断片6.4-5「しかしその次にわたしは死すべき者たちが拵えあげた道からもあなたを遠ざける」）。「あらぬ」の道の棄却は、それが断片2において提示と同時に理由付きで探究の道としての資格を剥奪されていることから、当然のこととして受け容れられるが、他方の「思わく」の道については、それが禁止されることの理由を女神はそこで詳らかにはしない。「思わく」の禁止は、同時に禁止と排除の理由について考えることの要請を伴っている。なぜ「思わく」を形成する言説や思考があのような定式化を受けることになるのか。そもそもその分析自体が妥当だと言えるのか。「思わく」は若者を追い越してしまいかねないほどに足が速いと言われていた（断片8.61）。その「世界」についての説明は、あらぬということを排除した上で構成されており、確かに整合的に見える。だからこそある種の普遍性・一般性を獲得するに至ったのである。そうした手強い「思わく」に追い越されないた

---

144)　第1章を参照。

めの武器が、根源的な「ある」ということの正確な本性把握である。それがあって初めて、件の検証が可能となる。この段階では、説得されるという受動的な関わり方ではなく、自ら判断するという能動的な姿勢が要求される。第1章においてわれわれがその基本的な枠組みを見た学びのプログラムにおける第三の項目、つまり「思わくされること」の死すべき者たちにとっての真実性と「思わく」が真として受容されてきたことの内的必然性の原因、それが真の信頼性をもたぬ理由を学ぶということは、実際には、この再吟味を行うことで実現される。

　第1章で確認した学びのプログラム（A）（B）（C）の関係をここで改めて整理すると次のようになるだろう。何よりもまず学ばれるべき「真理のこころ」たる「ある」は、その真実性がいわば絶対的に女神によって保証された上で、断片8においてその本性が規定される。それは、「思わく」の名目的言説を「〈ある〉と〈あらぬ〉は同じであり、かつ同じでない」という基本的思考形式へと批判的に還元した女神のこのエレンコスの妥当性を、若者自身（つまりは真理の探究者自身）が検証するための規準となるものである。このいわば再吟味は、「思わく」の欺瞞的必然性の在処の学びにほかならない。そして再吟味の場となるのは、女神により客観的・中立的に語り聞かされる、虚偽性を秘匿した「思わく」なのである。

　かくして、「ある」の道と「あらぬ」の道の両者は、ラインハルトの主張とは異なり、明らかに「思わく」の道とは異なるレベルにあることが解る[145]。そして、これら二つの道について言われる「探究」と「思わく」について言われる「探究」もレベルが違う。断片2.2で、考えるべき探究の道は「ある」と「あらぬ」の二つだけであると女神は言っているように見える。そして実際そうなのである。女神の視座からの真理探究の出発点は「あるかあらぬか」の判定であり、それ以外にはない。そして、死すべき者たちの視座から見た探究の道はそれと同じ次元で展開するものではない。同じ「ある」、「あらぬ」ということばを用いながらも、彼らは神的視座における「判定」（κρίσις）ができてい

---

145) Cf. Reinhardt (79): "Es stehen also δόξα und ἀλήθεια im selben Verhältnis zueinander wie der erste und der dritte Weg; ihre Beziehung ist rein logisch […]."

ない限りで、依然として「判別する力のない群衆」(ἄκριτα φῦλα) にとどまるのである。それゆえに、彼らの思わくの道は、「あらぬ」の道へと同化していくこともない[146]。両者は同じ資格で提示されていない以上、その同一性を語ることはパルメニデスの真意を誤解することになる。むしろ、パルメニデスが示した「思わく」の方法論的な価値を考えるべきであろう。何故に、女神は真理のこころに並んで「思わく」を学びの対象としたのか。「あらぬ」の道はその内実が無である以上学びの対象ですらない。一般性・普遍性をもつ「思わく」の欺瞞性を「あるかあらぬか」という基本的な選言に基づいて、すなわち、「ある」の本性に基づいて判定していけという断片7での（そしてわれわれの主張では断片6でもそうだが）命令は、新たな原理に従って新たな万有に関する理論を形成せよという命令でもある。女神による「ある」の本性の開示と「真実らしく見える世界の構造」をもつ「思わく」の語り聞かせは、その意味で等しく真理の真の探究への積極的な促しとなるものにほかならない。

---

[146] 廣川 [1] (80) は、「第三の道なるものは、〈非有〉の道の一部あるいはヴァリエーションと考えられる。現象界の真実には有らぬ事物が有ると考える人間たちの思わくは、まさしく〈非有〉の〈有〉を想定することにおいて成り立つのであるから、「思わくの道」は、探究における第二の道といわばゆるやかに（そのヴァリエーションを含む意味で）対応するとみてよいだろう」と解釈する（引用文中の強調は廣川）。しかし、廣川自身が「いわばゆるやかに」と述べているように、「あらぬものがある」という主張が「あらぬ」という主張にそのまま含まれているわけではないし、またそのヴァリエーションであるとも思えない。断片8.11の「まったくあるかまったくあらぬかのいずれかでなければならない」という言葉を想起すべきであろう。「ある」にヴァリエーションがないように「あらぬ」にもそれはない。むしろ、思わくが「非有」の「有」を想定することにおいて成り立つと認定できる根拠として「ある」と「あらぬ」が提示されているのである。真理の道の真なるあり方と、その正反対のあり方とが同じレベルにおいて「対比」されることはない。また、「思わく」の道を「あらぬ」の道に同化させることは、結局「世界」についてのあらゆる言説や思考を空無化することになりうる。さらに言えば、「思わく」や「あらぬもの」という名前を呼ぶことすらできず、たとえそうしてもそれはまったく無意味となるであろう (cf.Cordero,205-206)。なぜなら、この同化の背景には「現象」（つまり感覚に現れる限りでのもの）がすべてあらぬものであるという判断があるからである。それでもなお「現象」を救うには、クラークのようにいわば「二世界説」をパルメニデスに帰するしかない。しかし、現象そのものが根本からあらぬものであるとパルメニデスは言っているのであろうか。

第 5 章
「あること」と生成

はじめに

　パルメニデスは、断片 8 のいわゆる「真理の部」において、「ある」(ἔστι) の道の「しるし」(σήματα)、すなわち「ある」ということの諸々の本性規定を列挙する。そのしるしの一つとして「生成しえず消滅もしえない」(ἀγένητον καὶ ἀνώλεθρον) が提示されるが、この不生不滅という本性の補足説明として、「それはけっしてあったことなく、あるだろうこともない。なぜなら、……今あるのだから」(断片 8.5-6a) と語られる。そしてこの個所を根拠に、パルメニデスはヘラクレイトスが永続を語ったのとは異なり時間と永遠とを区別したとする解釈が行われることが多い[147]。もしそれが事実であるとすれば、まさにその点においてパルメニデスは哲学史上はじめて無時間という概念に到達した人物ということになる。しかし、そのような認定は妥当なものであろうか。この「無時間性」の議論は生成消滅論駁と密接な関わりをもっている。本章では、その議論を詳細に検討し、「ある」ということと時間との関係をパルメニデスがどのように捉えていたかを明らかにする。

1　不生論証の形式的問題

　まずは、パルメニデスによる生成消滅否定論証の導入と展開に該当する部分 (断片 8.6b-18) を引用しておこう。

---

147)　ヘラクレイトス断片 30：「秩序体としてのこの世界は…常にあったし、今現にあり、これからもあるだろう」を参照。

なぜなら、あなたはそれについてどのような生まれを探究するというのか？
どうして、またどこからそれは成長したのか？　あらぬものから、とあなたが言うことも考えることもわたしは許さないだろう。
なぜなら、あらぬということは、語られえず考えられえないから。
そして、どのような必要がそれを駆り立てて、
より後にあるいはより前にあらぬものから出て成長するようにしたというのか？
このように、まったくあるかまったくあらぬかのいずれかでなければならない。
また、確証の力が、あらぬものよりほかの何かがあらぬものから生成することを
けっして許しはしないだろう。したがって、正義の女神がその足枷をゆるめてそれが
生成したり消滅したりするのを許したことは一度もなかったのであり、
むしろそれをしっかりとつかんでいるのである。そしてこれらに関する判定は、
あるかそれともあらぬか、というこのことにある。ところで実際に、必然のこととして、
一方の道は考えられず名を呼ぶこともできないものとして棄ておき（なぜならそれは真の
道ではないから）、もう一方の道は、あり、真正のものであるということがすでに決せられていたのである。

シンプリキオスは、パルメニデスの「不生」論証の解説として、「あるもの」の生成に関して次の三通りの可能性を挙げて論じている。

(1)「あるもの」からの生成
(2)「あらぬもの」からの生成
(3)「或る点ではあり、また或る点ではあらぬもの」からの生成

そして（1）は、「あるもの」より先に他のものがあることはないから、という理由で、そして（2）は、生成するとしたら何らかのものから生じたのでなければならないが、「あらぬもの」はそもそもあらぬから、という理由で、そ

れぞれ却下される。(3) についても、「或る点ではあり、また或る点ではあらぬもの」は、端的にあるものより先にはありえず、むしろそれより後に現れるであろうからという根拠で排除される[148]。以上の三つが生成のあり方を尽くしたものであるとすれば「あるもの」は生成の可能性が皆無であり、したがってそれは不生であるということになる。

ところで、この帰謬法による生成否定論は、このままでは上掲のパルメニデスのことばと厳密に対応しない。そもそも、シンプリキオスの伝えるテクストによれば、パルメニデスは論証に当たって明らかに三刀論法を導入してはいないし、また、(1) と (2) で構成されうる両刀論法さえ採用してはいない。断片 8.7-10 と 12-13a は、ともに「あらぬもの」からの生成の否定を語っているからである。そのために断片 8.12-13a は先行する議論に何ら新しい意味を与えず、単なる繰り返しとなり、その結果パルメニデスの生成論駁は不完全で不均整な議論と見なされる余地を残すこととなる。そこで、このシンプリキオスの解説に沿うような形で、つまり「完全」で「均整」のとれた議論となるように 12 行目の "οὐδέ ποτ'ἐκ μὴ ἐόντος"（「あらぬものから…ことはない」）を "οὔτε ποτ'ἐκ τοῦ ἐόντος"（「あるものから…こともない」）に改訂し、これを上記の (1) に対応させ、(2) に対応する 7 行目のοὔτ'ἐκ μὴ ἐόντοςと併せて両刀論法の存在をそこに認めようとする解釈が出てくる。カルステンによるこの校訂案は、その後、ラインハルト、タラン、オーウェン、ストークス、ギャロップ、オブライエン／フレールといった多くの賛同者をえている[149]。

---

148) *Phys.*, 78, 24-29 ; cf. Ibid., 162, 11-14.
149) そもそもこの方向での改訂は、ブランディス（C. A. Brandis, *Commentationum Eleaticarum. Pars prima*, Altona, 1813）による "οὐδέ ποτ'ἔκ γε τοῦ ἐόντος" という修正に端を発したものと言える。カルステンに賛同している主な研究者は以下の通り。Reinhardt, 39-42 ; Tarán[1], 82 ; Owen[2], 325 ; Stokes, 131 ; Gallop, 66 ; O'Brien[1], 344. なお、μήをτοῦに改訂はするが 12 行目のοὐδέはそのまま保持するのが、バーンズ（Barnes[2], 178, 188-189）やコンシュ（Conche, 125, 143-146）である。これに対して、そうした改訂を施さないのが、ムーレラトス（Mourelatos[2], 100, 101 n.11）やオースティン（Austin, 96ff.）など。なお、オブライエンは、パルメニデスの本来のテクストには両刀論法が含まれていたが、プロティノス哲学（そこでは、一者が知性を産出し、知性が魂を産出し、魂が「あらぬもの」としての素材を産出すると考えられている）を信奉す

むろん、パルメニデスにとっての究極的な判定は「あるかあらぬか」（ἔστιν ἢ οὐκ ἔστιν:断片 8.16）にあり、これに従う以上、第三項としての「或る点ではあり、或る点ではあらぬ」といったものからの生成の議論は論外であり、三刀論法は当初から彼の念頭になかったと言ってよい。したがって第三項排除の原則に合致する両刀論法だけが可能性として残る。しかしわれわれは、この改訂を受け容れることはできない。まず、この 12 行目についてはシンプリキオスの伝えるテクストがすべて「あらぬものから」という読みとなっているという厳然たる事実がある。シンプリキオス自身、パルメニデスの生成論駁の議論を「不完全」なままに保存しながら、それを補足する意味で一般的な生成論駁の三刀論法ないし両刀論法を示しているとも考えられる。「あるもの」の生成の不可能性については、アリストテレスが『自然学』（A8.191a28-31）で言及しており、それへの注解としてシンプリキオスは次のように述べている。

　　生成したものは、必然的に、あるものあるいはあらぬもののいずれかから生成するのでなければならない。そこで、もしその両方が不可能であるならば、生成はありえないことになろう。ところでその両方が不可能であることは明白である。なぜなら、あるものがあるものから生成することはないし（というのも、あるものはすでに生成以前にあるからである）、あらぬものから生成することもなく（というのも、その場合、生成の起点となるものが何かなくてはならないから）、つまるところ、あらぬものはまったくもってあらぬからである[150]。

もし、このタイプの両刀論法がパルメニデスの議論を忠実に再構成したものであれば、ここでシンプリキオスが彼の名前を挙げてもおかしくないはずである。実際、シンプリキオスはこれに続いて、「あるものは一なるものである」とい

る写字生にとって、「あらぬもの」からの生成の否定は受け容れられるが、実在としての「あるもの」からのすべての生成の否定は受け容れがたいものであり、つまり一者から産出の権能を奪うことになり、これはプロティノスへの冒涜に他ならず、それゆえに写字生がパルメニデスの当該個所を改竄し、この改竄されたテクストをシンプリキオスが引用したのだ、という推理をたてているが（O'Brien[2], 345）、十分な証拠に基づくものでなく、蓋然的な推理にすぎない。

[150]　*Phys.*, 235, 29-236, 1.

う主張を紹介する際には、「ちょうどメリッソスとパルメニデスが、あるものに並ぶものはあらぬと語りながら述べていたように」とその名に言及しているのである。だが、当該個所では現実にはアリストテレス同様にその名を挙げてはいない。シンプリキオスには、この両刀論法に関連してこれ以外にも次のような報告がある[151]。

> パルメニデスが、本当の意味であるものは不生であることを、それが、あるものから生じることはないし（というのもそれより前に何かあるものがあったことはないから）、あらぬものから生じることもない——なぜなら、生成するとは何らかのものからでなくてはならないが、あらぬものはけっしてあらぬから——ということに基づいて証明した。

ここではパルメニデスの名前が挙げられ、彼が実際にそうした議論をしていたかのような印象を与える。しかしこの個所は、「生成するものの生成はあるものからかあらぬものからかのいずれかで、後者が不可能である以上、必然的に生成はあるものからの生成しかないことになる」というアリストテレスの議論を前提としており、この「後者が不可能であること」の傍証としてパルメニデスの断片 8.6b-10 だけが引用されているのである[152]。問題の個所（断片 8.12-13a）を含まない形でそこだけが引用されているのはコンテクストの問題かもしれないが、それにしても、それに対するシンプリキオスの上掲のことばは主旨説明の域を遙かに超えてしまっている。こうした注解と引用断片の内容とのずれ自体が、逆に、パルメニデスの詩のどこを探しても両刀論法が存在しなかった可能性を示唆しているとも言える。次にこの点を問題の議論そのものの検討によって確認しよう。

2　不生論証（1）——断片 8.6b-13a

例えばタランやオブライエンは、シンプリキオスの伝える読みのままでは

---

151) *Phys.*, 162, 11-17.
152) また、メリッソスについても、シンプリキオスは両刀論法の形で彼の生成否定の論旨説明を行っているが（*Phys.*, 103, 13-23）、彼が実際に引用するメリッソスの著作断片（断片 1）にはそうした形式の生成否定論証は見られない。

12行から13行で言われていることが7行から8行での話の「無駄な繰り返し」であるという理由で、上記のようなテクスト改訂を主張しているわけだが[153]、はたして伝承テクスト通りに読んだときにそこに議論の無益な反復が認められるのであろうか。パルメニデスの生成否定の論証の出発点は、「あるもの」の生成の起源の探究という形をとって始まる。そして、「あるもの」の「あらぬもの」からの生成の否定は次のような三つの段階で構成されている。

(i) そもそも「あらぬ」ということは語ることも考えることもできないから。（断片 8.8-9a）
(ii) 「あらぬもの」から「あるもの」がより後にあるいはより前に（ὕστερον ἢ πρόσθεν）生成することの必要性がないから。（断片 8.9b-10）
(iii) 「あらぬもの」から「あらぬもの」のほかに何かが生じてくること（γίγνεσθαί τι παρ'αὐτό）はありえないから。（断片 8.12-13a）

反復かどうかの問題は、(iii) が (i) (ii) に対して新たな内容を付加するものであるかどうかの問題と言い換えることができよう。(i) では、「あらぬ」ということの言表と思考の不可能性を根拠として、「あらぬもの」の言表と思考の不可能性が示される。その上でなおかつ「あらぬもの」を生成の起源とした場合の不合理性を (ii) (iii) が明らかにしている。それゆえ、(ii) (iii) のそれぞれが「あらぬもの」に実在性を附与してしまうことになるのではないかという批判は的はずれである[154]。

(ii) については、10行目のἢを「以前よりむしろ後に」と解釈して、未来における生成を考える研究者もいる[155]。その場合は現在という時を前後の基準時点とすることになろう。しかしその根拠は希薄で、「より前」と「より後」

---

153) Tarán[1], 95-96 ; O'Brien[1], 343.
154) Cf. Conche, 143.
155) E.g. Owen[2], 326 ; KRS, 250. コンシュは、そのような読みをとると、時間の各瞬間の不等性を示唆することになり、それを避けるために「あるいは後よりも以前に」という語句を付加しなければならないだろうと批判している（Conche, 141-142）。なお、オブライエンの「現在」の意味の取り方は特殊である。それについてはこの後の本文中で言及することになる。

が、どちらも過去あるいは未来に属する可能性を排除することはできないだろう。「生成する」に当たるテクスト原文はφύωの第二アオリストの不定詞φῦνとなっており、そのアスペクトからして、パルメニデスの関心は、全体的かつ無条件に生成という出来事を見ることにあると言える。パルメニデスが問うていることは、シンプリキオスが二度にわたって（しかも「より前」と「より後」を入れ替えながら）注釈しているように[156]、あるものが生じたとして、それはそれが生じたまさにそのときに生じたのであり、それより前でもそれより後でもないのは一体いかなる理由があってのことなのか、ということである。そしてその際、アオリストの使用により「あるもの」の仮定的生成時間は、特定の時点を前提とするものではなく、過去、未来どの時点に位置づけられるものであってもかまわない、いわば任意の時である。重要なのは、いつの時点で生成したかではなく、生成が起こったときのその生成という出来事そのものである[157]。そして、その上で充足理由律からこの生成という出来事を否定するのが (ii) の議論なのであり[158]、つまり、いつの時点であれ「あらぬもの」から「あるもの」が生成することの十分な理由がないということが否定の論拠となっている。「あるもの」が生成するということは、内的な必然性をもたず無根拠であって、その限りで、シンプリキオスの言うように気まぐれで不合理な偶然に支配されることになる。

　では (iii) はどうか。テクストをシンプリキオスの読みのままに保持しながらも、αὐτό が τὸ ἐόν（つまり4行前の「それ」(μιν) か7行前の「それ」(αὐτοῦ) ということになる）をうけると解釈する者もあるが、これでは離れすぎていて、

---

156) *Phys.*, 162, 15-17: "ὅλως γάρ, φησίν, εἰ ἐκ τοῦ μὴ ὄντος, τίς ἡ ἀποκλήλωσις τοῦ τότε γενέσθαι, ὅτε ἐγένετο, ἀλλὰ μὴ πρότερον ἢ ὕστερον;" Ibid. 78, 26-27: "καὶ διὰ τί δὴ τότε, ἀλλὰ μὴ καὶ πρότερον ἢ ὕστερον ἐγένετο;"

157) Cf. Humbert, § 266: "L'infinitif aoriste s'applique à un fait, en dehors de toute considération de temps, à condition que, même s'il comporte effectivement de la durée, celle-ci n'entre pas en ligne de compte. Aussi sera-t-il fréquemment employé, et indifféremment, soit que le fait se situe à un moment quelconque du temps (passé, présent, futur), soit que le fait, pris en lui-même, soit étranger à la notion de temps."

158) KRS, 250.

承前代名詞として適切な使用とは言えず、むしろコンテクストから補うということになりかねない[159]。加えてまた、(iii) までのパルメニデスの生成否定論証が「誕生」、「成長」、「増大」という三つの側面からなされていると考え、ここではπαράを空間的・場所的な意味で捉えて、付加・添加による増大としての生成が問題とされているとする解釈がある[160]。ムーレラトスはコンテクストがそれを要請しているとするが、実際には「誕生」と「成長」の二つの段階まではテクストによって保証されるが、量的な増大 (accretion) については、ムーレラトス自身の、"γίγνεσθαί τι παρ'αὐτό" が "προσγίγνεσθαί τι αὐτῷ" の迂言的な表現であるとする、文法的な根拠に乏しい理解が基本となっている。しかし、量的増大をここでことさらに取り上げる必要性はコンテクストからは感じられないし、それは成長に含意されていると見ることもできる。また、量的増大の主張とされる「あらぬものからあるものに並んで何かが生じることはありえない」というのは、むしろ、断片 8.36b-38a での「あるもの」の完全性と不動性の論証に含まれていると見ることもできる。われわれとしてはπαράを「比較」の意味で捉え「～以外の」、「～より他の」と理解し、αὐτόは自然な解釈として前の行のμὴ ἐόνをうけると理解する。

では「あらぬものよりほかの何か」(τι παρ'αὐτό) とは何か。パルメニデスにおいては「あるかあらぬか」という究極的な選言しかない以上、それは「あるもの」ということになりそうである。すると (iii) は、

(iii') あらぬものからあるものが生じることはありえない。

を意味することになるが、これでは確かに (iii) が無益な繰り返しとなる。しかしながら、この (iii) と (iii') とが文意においてまったく等価であると主張するのは性急にすぎる。むしろ (iii') による言い換えは、強勢の位置を変えてしまい、元の文章がもつ重要なニュアンスを見失わせる。(iii) は「あらぬものからはあらぬもの以外何も生じえない」ということだが、それはつまり「あ

---

159) Cf. Curd[1] (78, n.34)："I prefer to read it [i.e. τὸ αὐτό] as a reference to what-is, the subject of the whole discussion of B8.".
160) 例えば Mourelatos[2], 98-102 参照。

らぬものから生じるのはあらぬものだけ」ということである。これは、パルメニデスにとって生成という事態がそもそも「無から無」という方向のものでしかありえないことを意味している。ここにおいて生成そのものは根本的にその意味を失うことになる。(iii')の言い換えではこの点が抜け落ちてしまうのである。

　さらにまた、ここでのパルメニデスのことば遣いに留意する必要がある。再度（i）から（iii）を確認すると、(i)で「あらぬ」ということの言表と思考の不可能性が示され、これだけで、「あるもの」の「あらぬもの」からの生成は否定できるはずである。しかしそこで終わらず、その言表・思考不可能性を括弧に入れて、次の論証に進む。それが(ii)である。「あるもの」の「あらぬもの」からの生成という事象の十分な理由の欠如の指摘。ここまで「ある」、「あらぬ」は言うまでもなく、断片２で女神の口を藉りて示されていた探究の基盤としての「ある、そして〈あらぬ〉はあらぬ」という道を構成するものと同じであり、「死すべき者たち」が「思わく」の形成に際して用いている単なる名目としての「ある」、「あらぬ」ではない。これに続き、「あらぬ」の言表・思考不可能性だけでなく、さらに「あるもの」の「あらぬもの」からの生成の十分な理由の欠如についても譲歩した上で(iii)が語られる。そしてここでは、「あらぬものよりほかの何か」とは言われていても「あるもの」とは言われていなかった。そこから示唆されるのは、二度の譲歩を経て、ここで「あらぬもの」からの「あるもの」の生成否定を主眼としながら、同時に、死すべき人間たちが「あるもの」として考え口にしてきたもの——それは、神的視座からすれば結局「あらぬもの」なのである——は、生成という場面でまったくの無意味なものとなるとパルメニデスが教示しているということである。結局、「あらぬもの」からはそれ自身よりほかに何も生じないということが生成という事態にほかならないが、それを「あらぬものからあるものは生じない」とは言わず、あえて「あらぬものよりほかの何か」と不定表現を用いて明言を避けることで、人間たちがあると信じている「あらぬもの」から神的な「あるもの」を徹底して遠ざけていると言える。

　以上のように考えることが許されるなら、(iii)は(i)(ii)に対してそれらとは異なる新たな情報を付け加えていると言えよう。「あらぬもの」は基本的

に言表と思考の対象となりえず、それからの生成を語ることは無意味である。また、「あらぬもの」からの「あるもの」の生成には必然的な理由がない。そして、そもそも生成なるものは仮にそれがありうるとしても「あらぬもの」からの「あらぬもの」の生成でしかない。そしてそれがまったくもって不合理であることは自明である。かくして、断片 8.12-13a が先行する議論の不要な繰り返しであるとは言えないし、それゆえ両刀論法による余計な再構成も不要なのである[161]。

3 不生論証（2）──断片 8.19-21

また、パルメニデスの生成否定の論証において両刀論法が用いられていないということは、この論証の総括部分である断片 8.19-21 を検討することにより明らかとなろう。それは次のようになっている。

(a) πῶς δ'ἂν ἔπειτα πέλοι τὸ ἐόν; (b) πῶς δ'ἄν κε γένοιτο;
(c) εἰ γὰρ ἔγεντ', οὐκ ἔστ(ι), (d) οὐδ'εἴ ποτε μέλλει ἔσεσθαι.
τὼς γένεσις μὲν ἀπέσβεσται καὶ ἄπυστος ὄλεθρος.

(a) また、あるものがどうして後になってありえようか。(b) またどうしてそれが生成しえただろうか？
(c) というのも、もし生成したのであれば、それはあらぬし、(d) いつかあることになるとしても、あるのではないから。
かくして「生成」は消去され、「消滅」はその消息が聞かれることもない。

21 行では「生成は消去され、消滅はその消息が聞かれることもない」とまとめられているにもかかわらず、すでに見たようにここまではもっぱら生成否定の議論となっていて、消滅否定の議論がどこにも見出されないために、(a) のテクストに関しては、「どうしてあるものが後になって滅びえようか」(πῶς δ'ἂν ἔπειτ'ἀπόλοιτο ἐόν;) というシンプリキオス F 写本の読みを採ることを提案する研究者もあるが[162]、われわれはやはり、シンプリキオスの写本 DE の通

---

161) Cf. Stough, 93-95. なお、7 行目のοὔτεと 12 行目のοὐδέの関係についてはオブライエン／フレール (O'Brien/Frère, 50) を参照。
162) E.g. DK, 236 ; Kirk and Raven, 273 ; Fränkel[1], 406 ; Guthrie[2], 27 ; Hölscher[2],

り (a) と読むこととする。その最も大きな理由は、多くの研究者が指摘しているように、この2行が「交差配列法（キアスム）」の構造をとっていることにある[163]。つまり、(a) は「どうしてあるものが後になってありえようか。(そのようなことはありえない)」という修辞的な疑問文により「あるもの」の未来における生成の可能性を否定的に問い、(d) がその問いに対して「なぜなら、いつかあることになるとしてもあるのではないから」と答えてその可能性を否定する理由を述べる。他方 (b) もやはり、「どうしてあるものが生成しえただろうか。(そのようなことはありえない)」という反語的な問いで過去における「あるもの」の生成の可能性を訊ね、(c) が「(なぜなら) もし生成したならばあるのではないから」と可能性否定の理由を答える。こうして、未来と過去の両時制における「あるもの」の生成が否定され、断片8冒頭における「しるし」の一つとしての「不生」の論証が完成する。

消滅否定の論証がないことについてはさまざまなことが言われているが[164]、すでに見たとおり、パルメニデスにとって生成とは「あらぬもの」から「あらぬもの」へと成り行くことであり、「あらぬもの」へと成り行くとは消滅にほかならない。つまり、「無から無へと成り行くこと」とは起点を強調すれば生成であり、終点を強調すれば消滅である。したがって、このような形での生成が否定されるということは、同時に消滅も否定されるということであろう。

ただ、(c) (d) で過去と未来における生成が否定される理由として言われている「(いずれの場合であってもそれは) あるのではないから」という文言をそのまま受け取ると、特に (c) は「もしXが過去のある時点で生じたならば、(今現在) Xはあらぬ」という奇妙な条件文となり、これは適切な推論とは言えなくなる[165]。O'Brien は、「Xはあらぬ」という現在形で表される時を、(c)

---

20. なお "πῶς δ'ἂν ἔπειτα πέλοιτο ἐόν;" の読みを採るのはコクソン（Coxon, 67）やカッサン（Cassin, 86）など。

163) この点についてはオブライエン（O'Brien[1], 140-141）や鈴木 93-94 を参照。

164) E.g. Mourelatos[2], 97 ; Tarán[1]104. なお、シンプリキオスは、本文中で述べたとおり断片 8.3-5 についての要約的記述の中で「あるもの」の「不生」は語りながら「不滅」には言及していなかったが、これもパルメニデスにおいて消滅否定の論証が実際に見られなかったことを示唆しているとも言えよう。

(d) の条件文で示された仮定的生成が生起した時よりも前の時と解釈している[165]。οὐκ ἔστ(ι) の「現在」は、未来における仮定的な生成の時より前の「現在」であると同時に、過去の仮定的生成時より前の「現在」を兼ねていると考えるのである。確かにその場合にはこうした問題は生じない。しかし、それならばむしろオブライエン自身が認めているように (c) では未完了過去形 οὐκ ἦν といった形がよりふさわしいはずである。彼は、パルメニデスが未来と過去の両面における生成不可能性を同じ一つの定式の中に統合することを望んだのだと理解しているが、時間との関係が決定的な意味をもつこの個所でパルメニデスがことばを節約しているとは思えない。

　ここで想起すべきは、ここまでの議論が「あるもの」からの生成否定の論証を含んでいないということである[167]。つまり、(a) のテクストをシンプリキオスの伝えるとおりに読むとして、(a) から (d) で問題とされている生成は、先行部分と同様に、「あらぬもの」を起源とする生成をその基本的な枠組みとしているのではないだろうか[168]。このことを踏まえれば、(c) (d) の主旨は明らかである。つまり、「あらぬもの」から何かが、未来の或る時点（あるいは過去の或る時点）で生じる（あるいは生じた）場合、(i) から (iii) より、どの時点であれこの事象を支える十分な理由は存在せず、「あらぬもの」から生じるのは「あらぬもの」であり、かくして、未来、過去いずれにしても、「あらぬもの」から生じるその「何か」は「あるもの」ではなく「あらぬもの」にほかならない。

　以上のような状況を考えれば、「あるもの」の生成不可能性の論証が両刀論法の形を取って「あらぬもの」からの生成の否定と同時に「あるもの」からの生成の否定もなされていると考える必要性は見あたらない。「あらぬもの」からの生成だけが否定されているのも、先に見たように、これが「死すべき者た

---

165) Cf. Mourelatos[2], 102ff.
166) O'Brien[1], 142-143, n.18.
167) Cf. Stough, 99-101.
168) ムーレラトス (Mourelatos[2], 103) は、断片 8.19-21 が端的な生成の批判であり、「あらぬもの」からの成長や増大といった媒介的な仮定を伴っていないと考えているが、この個所の彼の再構成には問題がある。これについては鈴木、108、注 (2) 参照。

ち」に対する批判を同時に担っていると見れば理解できよう。彼らは、神的視座からの「ある」の本性規定を満たすような「あるもの」を生成の起源として設定できるはずがないのである。その前提となる「あるかあらぬか」という原理的選言を立てることができないからである[169]。したがって、パルメニデスにとっては、「あらぬもの」からの生成を否定しておけば、たとえ議論の形式的な完全性が得られなくても問題ではなかったであろう。

　ではこの (a) から (d) は (i) から (iii) の再述 (restatement) ということになるのだろうか[170]。(a) から (d) は時間の枠組みの中で「あるもの」の「不生」が語られているが、(i) から (iii) は、直接的に時間という観点を導入することなく生成という事象そのものがもつ矛盾点の解明を中心にして否定論が展開されていた。その意味では、両者は完全に同じことを述べているとは言えない。では、(a) から (d) における時間の観点はここで初めて出てきたものかといえば、そうではなく、これまで触れなかった断片 8.5-6a で、すでにあらかじめ与えられていたのである。そこでの議論と (i) から (iii) の議論を凝縮したものが、(a) から (d) による総括となっているとも言えよう。では時間と「あるもの」、つまりは時間と「ある」ということとの関係はどのような形で与えられていたのだろうか。(a) から (d) の議論の本当の意味はその検討を経てようやく確定できる。

4　「あるもの」は無時間的か持続的か？

　問題の断片 8.5-6a は次の通りである。

οὐδέ ποτ᾽ ἦν οὐδ᾽ ἔσται, ἐπεὶ νῦν ἔστιν ὁμοῦ πᾶν,
ἕν, συνεχές. ……
またそれはけっしてあったことなく、あるだろうこともない。なぜなら、一
　挙に全体として、
一つで連続したものとして、今あるのだから。……

---

[169] 断片 6.8:「彼ら［死すべき人間たち］によって〈ある〉と〈あらぬ〉は同じであり、かつ同じでないと見なされている。」
[170] Cf. Stough, 98.

この詩行の解釈については、ソラブジがそれを八通りに分類した上で検討しているように、多くの研究者によってさまざまな解釈が提起されてきている[171]。ただ、細部の相違を別にすれば、主要な解釈は概ね次の二つに分けられるだろう。すなわち、この詩行においてパルメニデスは、「あるもの」に対して時間的位相を越え出た永遠という新たな属性を附与しているという解釈と、「あるもの」を時間の中で永続的・持続的なものとして考えているという解釈である。前者の立場によれば、パルメニデスは、哲学史上初めて「無時間的・無時制的真理」を発見した人物であり、また時間と永遠とを最初に峻別したパイオニアであるという栄誉を受けることになるだろうし[172]、逆に後者の立場であれば、「無時間的永遠」といった概念はプラトンまで待たねばならず、その限りで同時代の他の哲学者たちと比較してパルメニデスの思索の「歴史的意義」は多少割り引かれることとなる。そして、いずれの解釈をとるかは、詩行中の副詞ποτεとνῦνの理解の仕方にかかっていると言える。そこで、これら二つの解釈を「無時間解釈」と「時間内解釈」と便宜的に呼んで、それぞれの主張の要点を改めて確認しよう。

　一般に伝統的と見なされている無時間解釈によれば、「あるもの」は時間の中に存在するのでなく、無時間的に存在するのであり、それはいかなる意味においても時間的な述語を受け容れるものではないということを、パルメニデスが主張しようとしていることになる。つまり、過去あるいは未来の時制をもつ述語が認められないのみならず、「ある」は文法的には現在形であるが論理的

---

171) Sorabji, 99-108. なお、この問題に関する諸研究者の見解の検討と批判を綿密に行っている鈴木、74-121 も参照。

172) Owen[2] (317-318): "Now the fact that a grammatical tense can be detached from its tense-affiliations and put to a tenseless use is something that must be discovered at some time by somebody or some set of people. So far as I know it was discovered by the Greeks. It is commonly credited to one Greek in particular, […] Parmenides the Eleatic."　Cf. Guthrie [2] (290) : "Here is a second major intellectual achievement, comparable both intrinsically and in its influence on later philosophy to the distinction between sensible and intelligible, namely the distinction between time and eternity, the recognition of eternal as a separate category from everlasting."　そのほか、すでに波多野精一も「無時間性の思想そのものはすでにパルメニデスにおいても現れてゐる」と述べている（108頁）。

第 5 章 「あること」と生成

には無時制であって、現実には特定の時間に属するものではないのである。

例えば、代表的な論者でありこの解釈については今もって影響力をもっているオーウェンは、断片 8.5 の副詞 ποτε は否定辞 οὐδέ の意味を強調する強意語（「けっして～ない」）として慣用的に用いられていると理解して、「それは、あったこともあるだろうこともけっしてない。なぜなら、今すべて一緒に一なるものとして連続してあるから」と訳す。つまり、彼の理解によるパルメニデスのこの個所の議論は次のようになる。X を、パルメニデスが考える「ある」の主語存在（何であれわれわれの言説ないし思考の対象となりうるもの）とすると、まず断片 8.3-4 で、「それは生成あるいは消滅することなく存在し、全体で、一であり、そして不動にして完全である[173]」というプログラムを提示し、続いて断片 8.5 の主張（「X については過去時制においても未来時制においても何も語られえず、また、それが同じものであり続け、同じものであり続けるだろうということさえ語られえない」）へと進んでいく。そして、この主張を裏付ける議論としてパルメニデスが提出しているのが、その後の生成・消滅否定の論証であり、つまり、X が時間における始まりも終わりももちえず、それどころかいかなる時間的変化ももちえないという主張（「X は不変である。つまり、それは存在し始めることも存在しなくなることもなく、それには何事も生じない」）である。ただし、この主張から断片 8.5 の主張を得るために、いわば時間に関する「不可識別者同一性」の仮定（「もし、X が現在とははっきり異なる過去をもとうとするのであれば、現在には該当しない何かがその過去に該当するのでなければならないし、また未来についても同様である」）が必要であるとする。X にまったく何も変化がないとなれば、この仮定が示す条件は満たされえず、それゆえ X は未来も過去ももたない。かくして、「X はある」における現在時制の力は、この動詞の他の諸時制との通常の関係に依存しない。パルメニデスは、他の時制により移入されるさまざまな差異を遺棄しながら、「ある」という動詞を何とかして無時制化したのである[174]。

ところで、この解釈の最大の難点は、明らかに時間を示す副詞である「今」

---

173) オーウェン（Owen[1], 102）は断片 8.4 の最後の部分を ἠδὲ τέλειον と改訂する。
174) Owen[2], 318-319.

の意義が議論の外におかれてしまっていることである。この「今」がある以上、「あるもの」は何らかの意味で時間と関わりをもつ存在ということになる。断片 8.30 の「そのようにまさにその場に確固としてとどまる (μένει)」という表現に見られるように、パルメニデスの詩句には「持続」を含意するものが多い。これについては、用語法の不適切さを認めつつ、本性的な不動性を象徴するものだとして問題を回避することができるとしても、現在問題となっている「今」については同様の回避策をとることはできない。「あるもの」が無時間的であるなら、この斬新な属性を示す重要な局面において、彼があまりその意味を考慮しないままに時を表す副詞や時間性を容易に読み取ることのできるような語を用いたとは考えにくいのである[175]。パルメニデスの議論の一貫性のなさとして問題を切り捨てる者もあるが、そうした安易な道をとらないとすれば、やはり何らかの説明を与えなくてはならない。

　また、断片 8.6 の「なぜなら」(γὰρ) は、普通に読めば、直前の詩行つまり今問題となっている断片 8.5-6a を受けるものであり、そこでの主張に根拠を与える文章が後に続くことを示している。そして後続の議論はこれまでに見てきた生成消滅否定の論証で始まっている。したがって、断片 8.5-6a は断片 8.3-4 の本性規定の敷衍を含むものであると理解することができよう[176]。そして、断片 8.5b-6a の「一挙に全体として、一つで連続したものとして (ある)」は意味からして断片 8.22-25 の「連続性と不可分割性」の論証に対応しており、つまり「全体としてありただ一つの種類」という本性規定の敷衍と考えられるので、結果として、断片 8.5 の「それはけっしてあったことなく、あるだろうこともない。なぜなら、今あるのだから」の部分は正確に「生成しえず消滅もしえない」の敷衍であるとすることができる。しかし、不生不滅論証ではすでに見たように過去と未来における生成が否定されているのであるが、そこから直ちに「あるもの」の無時間性が導出されることはない。もし断片 8.5 で無時間性が示されているとしたら、それ以降の論証にそれが含まれていない以上、「なぜなら」という理由付けが意味をなさないものとなろう。オーウェンは

---

175) Owen[2], 332 ; Aubenque, 129. Cf. Tarán[2], 48.
176) Cf. Mourelatos[2], 95.

「不可識別者同一性」仮定を補足しているが、その補足が論理的必然性をもつものとは言いがたい[177]。

　次は時間内解釈であるが、フレンケルやタランに代表されるこの解釈は、文法的に現在時制である述語は、「あるもの」についてそれが主張される場合、論理的にも時制をもつものであり、したがって特定の時間に属するものであると考える立場である。それによると、まず、問題の副詞ποτεは無時間解釈の主張するような強意語と見なさない。パルメニデスは、「あったこともあるであろうこともない」（οὐδ' ἦν οὐδ' ἔσται）とは言っておらず、両方の動詞に適用される副詞ποτε（これは「過去の或る時」あるいは「未来の或る時」を示しうる語である）をそこに付加し、それによって、過去と未来のある特定の時間について語っているのであり、それらの全時間について語っているのではない。つまり断片8.5は、「あるもの」について、それが或る特定の過去の時間にあった（しかし今は、消滅してしまって、ない）とか、来るべき或る時間に初めてあるだろう（しかし今はまだない）ということを否定し、むしろそれは、未来や過去と同じ時間の一部分としての「今」という時の中にあるのであり、つまりは、過去から現在そして未来へと無限に広がる永続のものであることを述べているのである。ποτεとνῦνの対比が、そのまま過去・未来の特定の時と現在との対比となる。この解釈では、パルメニデスは流れゆく時の実在性そのものを否定しているのではない[178]。あくまでも、未来における生成と過去における消滅を否定するものである。

　この解釈に対しては、やはりその基点となっているποτεとνῦνの対比が問題とされるだろう。この対比が括弧で補われた部分（「しかし今は…ない」）を与えることになるが、ギリシア語の読みとしては不自然と言わざるをえない。与え

---

177) なお、無時間説に関連して、断片8.36bを"οὐδ' εἰ χρόνος ἐστὶν ἢ ἔσται"と伝えているシンプリキオスのテクストがある（*Phys.*, 146, 9 ; cf. Ibid. 86, 31: "οὐδὲν γὰρ ἔστιν"）。シンプリキオスが一気に引用しているものの中に含まれている読みだけに簡単に否定するわけにもいかないが、この読みでは韻律の点で問題が残り、またコンテクストが分断されて文意も曖昧となる。この点については例えばタラン（Tarán[1], 128-129）参照。われわれはさしあたりタランに従う。Cf. Conche, 165-167.

178) Cf. Fränkel[2], 191, n.1 ; Tarán[1], 180ff.; Tarán[2], 47ff.

られたテクスト自体からはそのような未来における生成と過去における消滅の意味は汲みとることのできないものである。そして、「今あるのだから」で示されている理由は、括弧で補われた部分の否定(例えば過去の消滅について言えば、「今は消滅してしまってあらぬ、ということはない」)に対する理由としては十分意味をもつが、補足なしに、「或る特定の過去の時間にあったということはない」の理由として「今あるから」と述べたならば、逆に意味をなさなくなる。補足の方が本文よりも重要な意味を担っているというのは理解に苦しむ。また、もし「あるもの」の永続性を主張しているとすれば、未来における生成と過去における消滅だけでなく、過去における生成と未来における消滅も否定されなければならないだろうが、先に見た断片8.19-20と併せて考えても、そのような完全な否定はなされていない[179]。

　以上の二つの解釈はそれぞれに難点がある。それらを考慮しつつ次にわれわれなりの解釈を提示することにする。

5　不生不滅と無時間性

　まずはじめに、時間性と大いに関わりをもちうると思われる断片8.4の「無窮」(ἀτέλεστον)について見ておく必要がある。シンプリキオスは『アリストテレス「自然学」注解』30, 1-3で断片8.3-5を一つのまとまりをもったものとして引用している。そして3行目から5行目までについては、「したがって、パルメニデスもまた、絶えることなく(ἀνέκλειπτον)生成しえないという意味で、あるものが無限(ἄπειρον)でもあると述べている」と注記しており、シンプリキオスは断片8.5が「あるもの」の「無窮」という本性の敷衍の説明であると理解しているように思われる。そして、続いて彼は「これに対し、「限定」という概念については次のことばによってパルメニデスはこれを明らかにした」と述べて、「あるもの」が限界の縛めの中で保持され自己同一性を保ち、不完結ではありえないということを語る断片8.29-33を引用している。シンプリキオスは、限界の有無でこの二個所を区別しているのである。そして、一見

---

179) Cf. Sorabji, 104.

第5章 「あること」と生成

矛盾するかに見える「あるもの」の有限性と無限性についてのパルメニデスのこれらの詩句を、シンプリキオスは観点を変えることで有意味なものとして理解しようとしている。つまり、時間の点で始まりがなくまた終わりもないという意味で「あるもの」は無限であり、他方、欠けることなく完全であり、終わりと限りをもつという意味で、それは有限である。要するに、時間的には無始無終で無限であるが、本性的には、それが完結性を有する限りで、限界をもつ。こうして、パルメニデスはシンプリキオスにより、「生成したものではない以上、あるものはあり、常にあったし、常にあるだろう」と語っていたメリッソス（断片2）と同じ見解の持ち主と認定されるのである。

シンプリキオスの解釈の主旨からすると断片8.42-49でなく29-33を引用しているのは不適切だと思われるが、それはともかくとして、注目すべきはやはりシンプリキオスがその矛盾の解消につとめた断片8.4のἠδ'ἀτέλεστονという語句である。シンプリキオスはこれを三回にわたって引用しているがすべてこの形である。そして、この形容詞は一般に「成就されない」「不完結の」を意味することが多く、それゆえ、後出の「したがってあるものが不完結であることは正当なことではない」（οὕνεκεν οὐκ ἀτελεύτητον τὸ ἐὸν θέμις εἶναι：断片8.32）と、「しかし最も外の限界があるので、それは完結している」（αὐτὰρ ἐπεὶ πεῖρας πύματον, τετελεσμένον ἐστί：断片8.42）という詩句に抵触することとなる。そこでシンプリキオスに従ってテクストを改訂せずに問題を解決するためには、何らかの解釈をそこに施さなくてはならないのである[180]。確かに、上述の自己矛盾の問題に加えて、シンプリキオスの伝える読みでは、「あるもの」の「しるし」の一つとしての「無窮」に直接対応する論証を後続の議論の中に見出せないという問題もある。しかしながら、シンプリキオスによるパルメニデスのテクスト引用の基本姿勢が、最初に言及したとおりのものであり、テクスト破損（推測の域を出ない）の過程を正確に辿る術がないのであるなら、われわれは

---

180) *Phys.*, 30, 2 ; 78, 13 ; 145, 4 (*Phys.* 120, 23でのἠδ'ἀγένητονはシンプリキオスの明らかな誤りだが、ἠδ'を保持している点に留意)。テクストの修正案にはοὐδ'ἀτέλεστον, ἠδὲ τελεστόν, ἠδὲ τέλειον, ἠδὲ τελῆενなどがあるが、すべて「完全である」という意味をもつものである。Cf. Tarán[1], 93-95 ; Mourelatos[2], 95-96.

できるだけ彼が伝えるテクストをそのままに保持しながら解釈することの可能性を追求することとする。この「無窮」については、懸案の断片 8.5 の考察と併せてその意味を検討していくことにする。

　まずわれわれは、断片 8.5 の「けっしてあったことなく、あるだろうこともない」が、タランなどの言うように過去の消滅と未来の生成を否定するのではなく、むしろ、過去の生成と未来の生成を否定するものであるという理解を解釈の起点としたい。言うまでもなく、ギリシア語の「ある」（εἰμί）という動詞は完全自動詞として用いられるとき、存在を意味するだけでなく事象の生起も意味する[181]。つまり、「あった」（ἦν）とは「かつて生じた」ということであり、「あるだろう」（ἔσται）とは「これから生じるだろう」ということだと解することができるなら、パルメニデスの断片 8.5 の「けっしてあったことなく、あるだろうこともない」とは、「過去に生成したことはなかったし、未来に生成することもないだろう」ということを意味していることになる。そしてこれは、先に見た断片 8.19-20 の (a) から (d) での未来と過去の両時制における「あるもの」の生成の否定の議論に重なるのである。

　その関係を改めてみてみよう。便宜的に、A を「X はある」、B を「X は未来に生成するだろう」、C を「X は過去に生成した」と記号化すると、既述の断片 8.20 の (c)「もし過去に生成したのであれば、あらぬ」と (d)「未来に生成するとしても、あらぬ」はそれぞれ、

　　(c) C ⊃ ~A　　(d) B ⊃ ~A

となる。それぞれの対偶を (c)'、(d)' とすると、

　　(c)' A ⊃ ~C　　(d)' A ⊃ ~B

---

[181] ホメロスやヘシオドスでの、「今あること、やがて起こるだろうこと、かつて生じたこと」（τά τ'ἐόντα τά τ'ἐσσόμενα πρό τ'ἐόντα）という表現を参照（『イリアス』第 1 歌 70、『神統記』38）。エンペドクレスは、「愛」の作用による四元の結合を通じてさまざまな生命が創造されることを述べる際に、この動詞を三つの時制で用いて、「およそ、かつて生じたものも、現にあるものも、これから生じるものも、そのすべて（πάνθ'ὅσα τ'ἦν ὅσα τ'ἔστι καὶ ἔσται）はこれら四元から発生したのだ」（断片 21.9-10）と語っている。

(c)'「あるなら、過去に生成したのではない」と (d)'「あるなら、未来に生成することはないだろう」について、それぞれの前件を小前提とする三段論法を構成すると次の (c)" (d)" が得られる。

(c)"　　A ⊃ ~C　　　(d)"　　A ⊃ ~B
　　　　A　　　　　　　　　　A
　　　─────　　　　　　　─────
　　　　~C　　　　　　　　　　~B

つまり、(c)"は「あるなら、過去に生成したのではない。ところで、ある。したがって、過去に生成したのではない」、(d)"は「あるなら、未来に生成することはないだろう。ところで、ある。したがって、未来に生成することはないだろう」となる。軽視されることが多いが、問題の断片8.5-6aでは、「今ある」が「けっしてあったことなく、あることもないだろう」の理由として与えられているのに留意すべきである。(c)" (d)"の小前提と結論の部分はそれぞれ、「ある。だから、過去に生成しはしなかった（＝あったことはない）」であり、「ある。だから、未来に生成することはないだろう（＝あるだろうことはない）」となるが、これはまさに断片8.5-6aの「なかったし、あるだろうこともない。今あるのだから」に対応しているのである。この三段論法の大前提である条件文は、対偶律によって(c) (d)で与えられていた。そして小前提たるAの真実性はこの後の「もう一方の道（＝「ある」の道）はあり、真正のものであるということがすでに決せられていた」(断片8.18)ということばで保証される。このように見てみると、断片8.5-6aは、まさしく、本性規定としての「生成しえず消滅もしえない」の敷衍であると同時に、後続の生成消滅否定論の（証明抜きの）予告と言えるのである。

「あるもの」の過去と未来にわたる生成（そして消滅）の遮断は、「あるもの」のいわば超時間的な不変性・同一性を意味する。このとき、パルメニデスの念頭に置かれている死すべき者たちの言説の典型が、断片19.1-2に言われている「このようにして、思わくによれば、これらのものは生成し、そして今あり、この後、将来において成長した上で終滅に至るであろう」(οὕτω τοι κατὰ δόξαν ἔφυ τάδε καί νυν ἔασι καὶ μετέπειτ᾽ἀπὸ τοῦδε τελευτήσουσι τραφέντα) ということばだろう。過去 (ἔφυ)、現在 (νῦν)、未来 (μετέπειτα) という時間の流れの中にあっ

121

て、消滅へと、あらぬものへと向かって、「思わく」の対象は今も変化の直中にある。このような死すべき者の視点から見れば、つまり、時間の中に不可避的に身を置かざるをえない者の視点から見れば、自分たちの考える「あるもの」が、「あった」し、「今ある」し、「これからもあるだろう」と言うことに何の違和感もない。しかし、「あるということ」の本性からすれば、そうした時制の変化すら受け容れることはできない。時制変化は、「あるということ」に内在的な時間的要素の存在を認めることにほかならないが、これは単なる文法的な異なりにすぎないのではなく、生成消滅に直結する本性的な変化を意味する。またこの変化は、見方を変えれば、「ある」ということが時間軸上に占める位置を発話者が発話時点との前後関係という観点から限定することである[182]。しかし、「ある」ということは、そのような外的な限定を受けるものではありえない。これでは、「ある」ということの存立が、発話者の言表や思考に依存することになりかねない。しかし、「あるもの」が受ける限定とは常に内的な限定であり、それ自身の本性によりその内部から課せられる限定なのである。

　このような変化を排除するために、開始点や終結点という局面を「ある」ということから拒絶するとともに、「より前」や「より後」といった時間的先後関係を与えることになる基準時点そのものを無効とすることが必要となる。こうして「ある」ということから時間軸上の任意の位置を取り去ることが、そこから外的な限界付けを取り去ることであり、その生成と消滅を除去することなのである。そして、無始無終、基準時点消去の後に残される「ある」は、この時初めて、シンプリキオスの言うように無限性につながっていく（むろんその解釈は異なるが）。すなわち時間の上での限定とそこから帰結するあらゆる外的な限定をすべて取り払われたところにある「無限」なる「ある」である。「あ

---

[182] 「Xがあった」とは、Xの存在が過去において真であったということであり、「Xがあるだろう」とは、それが実際に真であるか否かは不明なXの存在について言表時点以後において真であると言うことであり、そして「Xがある」とは、言表時点でXの存在が真であることを述べるものであり、その限りで、Xの存在の真偽は言表行為がもつ時間性と不可避的に結びつく。

る」ということにとって時間は外的なものにすぎない。したがって、先に判断を保留していた断片8.4のἀτέλεστονは、もしこの読みを保持するなら、ただ時間的な終わりがないということではない。

「不完結である（ἀτελεύτητον）ことは正当ではない」（断片8.32）や「完結している」（τετελεσμένον：断片8.42）という表現で示される「ある」ということの完結性の根拠が、その有限性（「限界の縛めの中にある」（断片8.31））に求められているが、むろん、その限界とは時間的・空間的限界ではなく、「ある」ということの本来的規定の不動性・必然性を意味している[183]。それは、いわば内的限界付けであり自己規定である。これに対して、問題のἀτέλεστον（<ἀ+τελέω）は、文脈を異とし、そうした意味での限界や完結性を否定するものではなかろう。τελέωには「完成させる、実現する、果たす」といった意味に加えて、結果に視点を移した「終える、終わる、満了する、死ぬ」という意味がある（τελευτάωも同様に「完成する、達成する」と「終わる」の意味をもっている）。「終わる」ということが、完成や成就の結果であるとすれば、その主体は、終わりをもって完成するということであり、言い換えれば不完全な状態から完全な状態へと移行すること、あるいは可能的あり方から現実的あり方へと変わることを含意している。しかし、これまでに確認してきたように、「ある」ということは、不生不滅、無始無終であり、成就されるべき目的ではない。それは、完成や成就が前提とするプロセスそのものを否定し、完成や成就が設定するような目的（帰結）でもないものとしての終わりなきものである。「ある」は、何の留保もなしに、「一挙に全体として」（断片8.5）ある。したがって、ἀτέλεστονは、その読みを保持する以上、「成就されていない」とか「未完の」ものを意味するのではなく、あらゆる時間的限界を超え出た「無窮の」、「際限ない」、「無尽の」ものという意味で捉えるべきである[184]。

では、そのような「ある」に付されていた「今」（νῦν）をわれわれはどう理解すればよいのだろうか。上述のように、「今あるのだから」は過去と未来の生成を否定する「なかったし、あるだろうこともない」の理由として提示され

---

183) 不動性と完結性の論証については第6章4節と5節を参照。
184) Cf. O'Brien/Frère, 48.

ていた。「今ある」の「今」は「思わく」におけるそれと区別される「時」である。ではそもそも「思わく」の世界における時間と区別される時間、そして任意に設定できるような「今」とは違ういわば決定的な「今」はあるのか。パルメニデスに議論の首尾一貫性のなさを帰することなくそれに答えるとすれば、それはまさにこの探究の道を女神が開示している「時点」でしかないのではないだろうか。「ある」の成立は、われわれ死すべき人間にとっての「今」とは無関係に保証されているのである。それは確かに「今」であるが、以前あるいは以後との異なり（ないしは継続性）を含意する「今」（断片 19.1）ではない。女神が真理と「思わく」の物語を聞かせる神的な場が、「人間たちの歩む道からはるかに離れたところ」（断片 1.27）にあるように、「今」は、人間の生きる時間の外（ἐκτός）にあり、これを超越している。神的場としての「ここ」が現実の空間を超えた「ここ」であるならば、神的な「今」は、時間上の前後をまったく含意しない、永遠の「今」である。

　「死すべきもの」と神的なものとの対比を背景に、発話者としての女神つまりパルメニデス自身は、生成を否定する根拠として生成そのものに内在する矛盾を示すだけでなく、「ある」の道が常にすでに真実性と実在性をもつことを示していたが、「今あるがゆえに」と語るとき、その神的な「今」に、「ある」がもつこの真実性や規範性を仮託しているとも言える。したがって、パルメニデスにとっての「ある」（「あるもの」）が無時間的であるか否かという問いに対しては、それは死すべき者たちの時間の区別を無効にしている限りで無限であり無際限であり、その意味で無時間的でありうると言える。先後や基準点を失ったとき、持続も意味を失うからである。しかしその一方で、真実性や規範性を象徴する「今」が、「ある」ということにメタレベルで固有のあり方を与えている以上、少なくとも、その意味での「時間」は、「ある」に対して無関係ではなく本質的な制約となっている。「ある」は、真理そのものの開示の「時」（！）の中に依然として包含されている。言い換えれば、真理の核心である「ある」は常に現前しているものとして「現在」においてある。かくして、パルメニデスの「ある」はいわば限りなく真理の本性としての無時間性・超時間性に接近しながらも、その真実性と規範性を確保する限りで「時間内的」である。そして、それぞれの主張は、「時間」の内実を異にする点で矛盾するこ

とはないのである[185]。

---

185) シンプリキオスは、断片 8.1-14 の引用に続いて、プラトンの『ティマイオス』に言及し（*Phys*. 78,29-79,4）、そこでの時間と永遠に関する論議との比定に基づいて、パルメニデスの「あるもの」に無時間性を承認しているように思われる。しかし、両者の影響関係は別にしても、以上のような考察を踏まえ、また、時間理解のそもそもの相違を考えれば、そのような安易な比定には慎重でなければならないだろう。

第6章

「あること」と「一」
——パルメニデスは一元論者だったか？

はじめに

　かつてベイリーはアトミズムまでの哲学史を概観する中で、パルメニデスが、論理的思考の重要性を初めて示し、また、この上なく重要な諸帰結を生むことになるエレア派の後継者たちの更なる考察の出発点となったばかりでなく、何よりも、その後の哲学の展開が不可避的に向かわざるをえなくなった方向というものを指し示したのであると述べ、彼の思索がギリシア哲学史のターニング・ポイントであったと認定した[186]。パルメニデスは、ただ一つの始源を想定した上で世界の形成や変化過程を説明していくそれまでの自然哲学のあり方が本質的に内包している論理的欠陥を剔出することで、自然哲学の基本的な転換を促したのであり、彼に続く自然哲学者たちは、彼の形而上学、彼の論理的挑戦に対して、いかに応答しこれを克服していくかが問題となる。その意味でパルメニデスの思索が初期ギリシア哲学史の分水嶺であったことに疑念の余地はない。そして、この歴史の流れはしばしば「一元論から多元論へ」と表現される。ベイリーは、バーネットの「いまや哲学は一元論であることをやめるか、それとも物質主義であることをやめるかのいずれかでなければならなくなった」ということばを引きながら、哲学は、物質主義であることをやめるには古くからの信念があまりに強固であったために、この道は採らず、一元論であることをやめるという最も抵抗の少ない線を選んだのだ、と述べている。

　こうした「一元論から多元論へ」という概括は事態を精確に捉えたものとは

---

186) Bailey, 26-27 ; Graham[1], 159 ; Barnes[2]155.　Cf. Burnet, 180.

言いがたいが、ともかくも自然哲学の新たな流れの基点となり分水嶺となった当のパルメニデスが採った立場とはどのようなものであったか。ベイリーは、彼が、ミレトス派以後の一元論をその論理的帰結まで徹底的にたどり、結果として、もはやこの方向ではいかなる進展もありえないことを決定的に示す形で一元論を一つの頂点まで導いたとする。またコーンフォードによれば、パルメニデスは、先行するミレトス派やピュタゴラス派の人々に共通の基本的仮定である「一なる存在者が存在する」を前提とし、この一なる存在者の単一性と存在を真剣に理解すれば、それが二になったり多になったりするはずはなく、一者からはいかなる多様な世界も生じえない、と論じたとされる[187]。

　パルメニデスが一元論者であるという見方は、プラトン、アリストテレス、そしてテオプラストス以後の学説誌家以来の伝統的な理解であり、現在でもかなり一般的な理解となっている[188]。もともと「一元論」という語は、心身問題に関連して唯心論と唯物論という対立する学説を指示するために18世紀にヴォルフ（Ch. Wolff）によって造られたものであったが、その後、適用範囲が拡大され、存在の量の観点からみた形而上学の区分でも用いられるようになり、さらには、形而上学にとどまらず認識論や倫理学の領域でも用いられるようになり、結局、総じて単一の根元的な原理を前提とする学説一般に適用されるようになっている。したがって、コンテクストに応じて語の意味が変わってくるという曖昧さがつきまとう点に留意しなくてはならないが、少なくともパルメ

---

187) Cornford, Ch.2.
188) Pl. *Prm*. 128B3, *Sph*. 242D4-6, Arist. *Metaph*.I.5, 986b10-19 などを参照。この見方を採る近年の研究者については例えば次を参照。Tarán[1], 188-190; Guthrie[2](120) : "[N]othing existed save a single undifferentiated entity — spherical (Parmenides) or infinite magnitude (Melissus) — which filled all space."; Gallop (40, n.81) : "I adopt the traditional view that ... Parmenides'gospel is therefore 'monistic' in the radical sense that there exists only one thing."; Coxon(203) : "From the premise that all Being is uniform P[armenides] concludes that it is a single individual."; McKirahan, Jr., 169, 174-175; Hussey[2](144) : "There is no doubt that Parmenides was a monist of some kind; the comments of Plato and Aristotle alone would prove it, even if the fragments were lacking."; Sedley(119-120) : "My own preference is for viewing this [i.e. the argument of lines 34-41 of fr.8] the place where Parmenides corroborates monism."

ニデスで問題となりうるのは、形而上学的な一元論であるという点で異論はないだろう。そして、この形而上学的一元論は、実体的一元論（実在をただ一つのものとする）と属性的一元論（実在のカテゴリー・属性をただ一種類のものとする）とに分けることができる。この両者は必ずしも排他的関係にはないが、さしあたり支持者の多い強力な解釈は、実体的一元論で、その中でも、先のコーンフォードの主張にも見出すことのできる、ただ一つのもの、単一の実在のみ存在するという、よりラディカルないわば数的一元論（numerical monism）であろう[189]。

しかし、現存するパルメニデスの詩に、これらのような一元論を明確な形で見出すことが本当にできるのであろうか。例えばシンプリキオスによれば、テオプラストスは、「あるものとは別のものはあらぬものである。あらぬものは何ものでもない。したがってあるものは一である」という形の、またエウデモスは「あるもの以外のものはあらぬものである。あるものはただ一つの意味においてのみ語られる。したがってあるものは一である」という形の推論を、パルメニデスの議論として理解していたとされる[190]。しかし、パルメニデスの詩のかなりの部分を引用保存しているシンプリキオスが、この個所において上記のような推論に相当する詩行を挙げないで、ペリパトス派のパラフレーズだけを紹介しているという事実は、逆に、ここに挙げられたような形での論証をパルメニデスは直接行ってはいなかったということを示唆する。また、「あらぬもの」の排除が「あるもの」の「一」であることの理由とはなりえない。これまでに論じてきたように、そもそも「ある」の定立と「あらぬ」の排除はそれぞれ自律的であり、相互に依存し合う関係にはないのである。

そこで、直接論証ではないにしても、こうした再構成の起点となりうること

---

[189]「すべての多様な経験的対象が、その元にある一つの実在によって支えられ結びつけられており、現象はすべてその一つの実体へと還元できるという意味ですべては根底において一である」、といったいわば全体論的一元論（holistic monism）も、同じ実体的一元論に含まれるだろうが、これは、一元的始源を、多様性の下の同一性、変化の下の不変性を説明するために要請するもので、後で見るように、パルメニデスの批判は、まさにこの変化がどうして可能なのかという点に向けられている。

[190] Simplicius, *Phys.*, 115, 11ff.

ばをその詩に求めるとすれば、それは、「真理の部」で、「ある」(ἔστι)の道の「しるし」(σήματα)が列挙され、「あるもの」の本性規定がなされる中で、「あるもの」が一挙に全体として「一つ」(ἕν)であり連続していると言われている個所であろう。そこから、「ただ一つの実在するものがある」とか「あるものは唯一であり一である」という主張を汲み取り、テオプラストスのように論証化しパルメニデスの主張を構成しなおしてみることは不可能ではないように思われる。しかし、パルメニデスによる「一」という本性規定は、一元論支持者が理解しているように、他の本性規定に比してそれほどに特恵的な資格を有していると言えるのであろうか[191]。パルメニデスははたして実体的一元論と属性的一元論のいずれか(あるいは場合によってはその両方)にコミットしており、その限りで後続の多元論者とは、まさに「一対多」という形での対立的関係にあると言えるのであろうか。それとも、ほとんど伝統と化したそういう解釈に反して、実際には彼はそのような一元論にはまったく与していないのであろうか。パルメニデスが一元論者であるか否かという問題は、パルメニデスの思索の内的整合性だけでなく、彼の哲学史上の意義を考える上で、避けては通れない問題である。本章では、そもそも「あるもの」の本性規定としての「一」が他の本性規定との関係においてどのような内実をもつものなのかを明らかにし、パルメニデスが一元論者であるという認定の当否を検討したい。

1　連続・不可分割論証 (1)

まず最初に、断片 8.2b-6a における「ある」の道標としての「しるし」と、そのそれぞれの論証部分の対応を確認しておく。

>　……この道には
>　非常に多くのしるしがある。

---

[191] 一元論を認めない解釈はしたがって少数派である。例えば次を参照。Solmsen, 221-223 ; Jones, 296-297 ; Barnes [1], 1-21 ; Barnes [2], 204-207 ; Aubenque, 108 ; Engelhard, 84-97 ; Curd[1], 65-97. Cf. Mourelatos[2], 130-133. 一元論者と見なすことに疑問を呈するにとどまらず、より積極的にパルメニデスを多元論者と認定するのは Schmitz(104-109)である。

> すなわち、あるものは生成しえず消滅もしえないで、
> 全体としてあり、ただ一つの種類で、揺らぐことなく、また無窮である。
> それはけっしてあったことなく、あるだろうこともない。なぜなら、一挙に全体として、
> 一つで連続したものとして、今あるのだから。

　ここでは、(1)「生成しえず消滅しえない」(ἀγένητον καὶ ἀνώλεθρον)、(2)「全体としてありただ一つの種類である」(οὖλον μουνογενές)、(3)「揺らぐことがない」(ἀτρεμές)、そして (4)「無窮である」(ἀτέλεστον)[192]という「しるし」が列挙され、(1) の補足的説明として「けっしてあったことなく、あるだろうこともない」(οὐδέ ποτ' ἦν οὐδ' ἔσται) と語られ、(2) の補足的説明として「一挙に全体として、一つで連続したものとして（ある）」(ὁμοῦ πᾶν, ἕν, συνεχές) と語られていると考える。そして、(1) に対応する形で、「不生不滅」論証（断片8.6-21）、(2) に対応して「連続・不可分割」論証 (22-25)、(3) に対応して「不動」論証 (26-31)、そして直接対応するものをもたないが「完結」論証 (32-33:42-49) という四つの論証が続くと考える[193]。ここで改めて確認しておきたいのは、これら四つの論証が「あるもの」(ἐόν) と訳しうる分詞を主語としながら進行するが、主眼はあくまでも「あるということ」(ὡς ἔστιν) の本性の提示にあるという点である[194]。この時点での「あるもの」は、固有の諸属性を帯びた具体的な何ものかである以前の、まずもってあるところの「あるもの」であり、いわば裸の「あるもの」として提示されている。

---

192) 「また無窮である」(ἠδ' ἀτέλεστον) については、第5章5節参照。
193) 「しるし」と論証との対応や論証の区分をめぐる諸研究者の解釈については、鈴木、331-333 に詳しい。
194) 第2章3-4節で論じてきたことだが、簡潔に根拠を述べておくと次のようになる。(1) 断片8の冒頭で、「ある」の道のしるしであると言われて、ただちにそれがτὸ ἐόνで承けられているということ。(2)「あらぬもの」と「あらぬこと」とを意味の上で区別した上で、「あらぬということ (ὅπως οὐκ ἔστι μὴ εἶναι」を分詞 (μὴ ἐόν) で表していること。(3)「死すべき者たち」の思考形式として挙げられている例は特定の主語をもたない不定詞で与えられていること。(4) 中性定冠詞によって名詞化された分詞は、動詞の抽象名詞として不定詞と同じ役割を果たしうること。なお、鈴木、130ff. も参照のこと。

さてそこで、そのような「あるもの」の本性規定の中で、パルメニデスに一元論を読み取る根拠となりうるものとして、まず、(2) のμουνογενές[195]から見てみる。カーン以来しばしば指摘されてきたように、この語は中性名詞γένοςから形成されたもので、動詞語根γεν-から直接形成されたものではないので、最初の規定である「生成しえない」（ἀγένητον）と齟齬を来すことはない[196]。LSJ を始めとして、これを、「唯一の」の意味に解する人々は少なくない（そしてそこから実体的一元論までの距離はほんのわずかとなる）。しかし、この語根のニュアンスを保持するなら、「唯一の」というよりも、「ただ一つの種類の」ということになる。ではその場合の具体的な意味はどうなるか。この語を単独で考察するのでなく、この本性規定の補足である "ἕν, συνεχές" などとともに、「連続・不可分割」（22-25）の論証を合わせて考える必要があろう。テクストを確認しておく。

> またそれは分割可能なものでもない。それは全体として一様なものであるから（ἐπεὶ πᾶν ἐστιν ὁμοῖον）。
> それは、あるものが繋がり合うのを妨げることになるような、ここでより一層あったり
> より劣ってあったりということもなく、全体としてあるもので充ちている。
> だからそれは全体として連続的である。なぜなら、あるものはあるものに密接しているから。

数的一元論をパルメニデスに認めていたコーンフォードは、この論証の最初の部分を、「もし一なる存在が、真にそして絶対的に一であるなら不可分である。なぜならそれは全体として一様であり均一不変に配置されているから」とパラフレーズしている。つまり、パルメニデスは「不可分割」という本性規定の理由として「全体として一様なものである」ことを述べているのだが、コーンフォードによれば、さらに「存在が一つであること」がこの理由の根拠と

---

195) 断片 8.4 については、プルタルコスの伝える読み "ἔστι γὰρ οὐλομελές" を採らず、シンプリキオスに従う。この読みが内包する問題については Conche, 131-132, Tarán[1], 88-93 やそれに基づく鈴木, 306-311 参照。
196) Kahn[1], 157, n.1. Cf. Mourelatos[2], 113-114.

なっているのである。つまり、「存在が一つであること」はここでの論証対象ではなく、むしろ、「不可分割」論証の大前提と見なされている。しかし、コーンフォード自身も述べているように、パルメニデスによるこのような「大前提」の証明はどこにも見出せない。「あらぬもの」の排除が「あるもの」の「一」であることの根拠とはならないと先に述べたが、だからといってそれは、「一」が、「ある」ということのあらゆる本性規定に先立って、「ある」と置換可能であることを保証する道を拓くものでもない。「しるし」の枚挙の最後で言及されていた「一つのもの（としてある）」は、その前の「一挙に全体として（ある）」と、続く「連続したものとして（ある）」と合わせて、「全体としてあり、ただ一つの種類である」という本性規定を敷衍していると考えるのがその意味内容からしても妥当であり、つまりは論証の対象となるべきものなのである。コーンフォードの議論は論点先取の批判を受けうるものであろう。

「不可分割」の理由としての「全体として一様なものである」という主張は、議論の流れからすれば、先行する不生不滅の論証（断片 8.6-21）を承けて、それ自体すでに証明済みのものとして導入されていると思われる。オーウェンはその論証を要約して、そこでは、非存在から存在（あるいはその逆）へのいかなる変化もありえず、まったくあるかまったくあらぬかのいずれかでなければならず、後者の選択肢が思惟されえないものとして除外されることで、結局「まったく、あるいは一様に（「ある」の）主語が存在する」ということが証明されたのだと言う[197]。「全体として一様に存在する」（πᾶν ἔστιν ὁμοῖον）[198] が、

---

197) Owen[1], 92-93. Cf. Gallop, 16 ; Mourelatos[2], 114 ; McKirahan, Jr., 169 ; Curd [1], 82 ; Conche, 151.　ガスリー（Guthrie[2], 34, n.1）は「全体として一様に存在する」が「まったくあるかまったくあらぬかのいずれか」の結論に基礎を置くことは明らかだが、不可分割論証は不生不滅論証には依存しないとし、不可分割論証が時間の観点からのものであることを否定する。ストークス（Stokes , 136）は「一様にある」と「まったくある」の同定を不確実な想定であるとし、むしろ「一様にある」という前提を断片 8.15-16 の「あるかあらぬか」という判定から引き出す。そうすることで、断片 8.22-25 を時間的にではなく空間的に理解することができるとする。しかし、時間性の含意の有無という点で断片 8.11 の「まったくあるかまったくあらぬかのどちらか」と断片 8.15-16 の「あるかあらぬか」とを区別することができるのだろうか。

198) オーウェンの読み。πᾶνを副詞として、ἔστι（語頭にアクセント）を存在と解すること

不生不滅の論証の帰結としての「まったくある」（πάμπαν πελέναι：断片 8.11）の言い換えもしくは反復ということになる。そして、「まったくある」ということがその論証の中ではっきりと帰結の形で示されているのが断片 8.15-16 の「判定」である。オーウェンのこの解釈は、しかし、「まったくある」が不生不滅論証の帰結と見なされている点と、「まったくある」と「全体として一様に存在する」が等価とされている点で問題である。そこで、いったん「連続・不可分割」論証から離れ、「不生不滅」論証に立ち寄ることにしたい。

2 不生不滅論証

不生不滅の論証は二つの部分（断片 8.6-18；19-21）に分けることができるが、問題の個所はその前半部に含まれている。この論証の細部については前章ですでに論じたので、ここではその要点だけをもう一度述べておく。

断片 8.6-18 では、最初に「あらぬ」ということの言表・思考の不可能性から、「あるもの」の「あらぬもの」からの生成が否定される。そして、たとえその言表・思考不可能性を不問に付してあえて生成を語るとしても、「あるもの」の「あらぬもの」からの生成（それが何時の時点のものであれ）という事態には十分な理由が欠如していることが指摘される。そしてさらに、この充足理由の欠如についても不問に付して重ねて生成を語るとしても、「あらぬもの」からはそれ自身より他に何も生じないこと、つまり生成とは結局「無」から「無」への成り行きでしかないこと、したがって、まったくの虚妄であることが示される[199]。こうして、三段階の議論を経て、「あるもの」が「あらぬもの」から生成することはいかなる意味においても不可能であることが論証されるのである。

これに続く断片 8.19-21 では、先行部分と同様に、「あらぬもの」を起源とする生成をその基本的かつ仮想的な枠組みとして、ただし、そこではその生成という事象自体が含む矛盾点を解明していたのに対して、ここでは、「あるも

で、「まったくある」と「全体として一様にある」との表現上の類似性が得られることになる。ただし、断片 8.48 の "πᾶν ἐστιν ἄσυλον" を見よ。

[199] 断片 8.13 の承前代名詞αὐτόは前行のμὴ ἐόνを承けるものと解する。

の」の超時間的不変性・同一性を目指して不生不滅が論じられている。つまり、「あらぬもの」から何かが、未来の或る時点あるいは過去の或る時点で生じるであろう場合、あるいは生じた場合、上で確認したように、どの時点であれこの事象を支える十分な理由は存在せず、「あらぬもの」から生じるのは「あらぬもの」であり、かくして、未来、過去いずれにしても、「あらぬもの」から生じるその「何か」は「あるもの」ではなく「あらぬもの」にほかならないということが論証される[200]。こうして、未来と過去の両時制における「あるもの」の生成が否定され断片8冒頭における「しるし」としての「不生（そしておそらくは不滅）」の論証が完成する。「あるもの」は生成することも消滅することもありえない。「ある」は「生成する」とも「消滅する」とも無関係なのである。

　では、われわれが問題にしていた「まったくある」（πάμπαν πελέναι）という言明は、この不生不滅論証の帰結と言えるのだろうか。まず、これは、論証前半部（6-18）の途上の充足理由律からする「あるもの」の「あらぬもの」からの生成否定の直後に（そして「ある」の道の採択の宣言は前半部末尾に）置かれており、この位置からして、論証全体の帰結とは言いがたい。それでは少なくともその直前の議論からの中間的帰結となっているのであろうか[201]。その場合には、「まったくある」とは、「あるもの」の漸進的生成の時間的プロセスの否定を意味するものであろう。しかし、「まったくある」という言明はこのままの形で単独で現れているのではなく、正確には、「このように、まったくあるかまったくあらぬかのどちらかでなければならない」（οὕτως ἢ πάμπαν πελέναι χρεών ἐστιν ἢ οὐχί）という排他的選言を構成する一命題なのである。漸進的生成の否定から「（あるものは）まったくある」は出てきうるとしても、「（あるものは）まったき意味であらぬ」というもう一方の要素命題は導出されない。むし

---

[200] 断片8.19のテクストは、シンプリキオスが伝えるとおり、"πῶς δ'ἂν ἔπειτα πέλοι τὸ ἐόν;" と読む。第5章3節参照。

[201] コクソン（Coxon, 197）は、直前の第一段と第二段の議論の帰結と見ている。バーンズ（Barnes[2], 188）も同様で、ひとを困惑させるこの一行を帰結と見なすために彼は、πάμπανを「あらゆる時間において」の意味に解する。

ろ「このように……」の1行は、帰結というよりも、「あるもの」の生成を検討する上での前提となっていると考えるべきではないだろうか。

実際、この選言とその選択肢の採否は、パルメニデスにとって、論証を必要とするものではなかった。その判定は、不生不滅の論証以前にすでに下されていたのであり (cf. 断片 8.16: ἔστιν ἢ οὐκ ἔστιν· κέκριται δ'οὖν κτλ.)、それはとりもなおさず断片2での真理探究の道としての「ある」と「あらぬ」の提示であり、かつまた、その提示と同時になされた「ある」の真実のものとしての選択と、言表と思惟の不可能性ゆえの「あらぬ」の廃棄である。パルメニデスにとって、これはすべての思索の原点であり、その意味で、不生不滅の論証の一部として組み込まれているのでなく、全体の大前提となるものである。したがって、断片 8.11 と断片 8.15-18 はこの原理的選言とその選択肢の採否の再確認と見ることができよう。繰り返すが、探究の基盤として「ある」を設定するのか「あらぬ」を設定するのかという二者択一の必然性 (断片 8.11: χρεών ἐστιν)、そして「ある」の道が選択されることの必然性 (断片 8.16: ὥσπερ ἀνάγκη) は論証の結果ではない。オーウェンの説明は、議論の精確な再構成となっていないのである。

もう一つの問題は、「不可分割性」の理由である「全体として一様なものである」を「まったくある」と等価と見なす点である。メイキンは「不可分割性」がア・プリオリな議論により確立されると考えていたが、それもこの解釈に基づくものである[202]。しかし、表現上の類似性 (πᾶν ἐστι / πάμπαν πελέναι) にもかかわらず、やはり両者は等価とは言えない。なぜなら、後者のπάμπανは、仮にそれが漸進的生成の否定の帰結だとすれば、もっぱら時間的な意味 (それが「永遠に」を意味するものであれ「無時間的に」を意味するものであれ) を表示することになるが、それに対して前者のπᾶνは、「一様」という規定とともに現れているのである。この「一様」という規定は、オーウェンによれば、「間欠なく」という時間的な意味で理解され、断片 8.23-24 の「ここでより多くあったりより少なくあったり」という語句とパラレルであるとされるが、後

---

202) Makin (32) : "That it [i.e. what is thought about] is not divided is established by *a priori* argument."

第 6 章 「あること」と「一」

で見るように、これらの語句をそのまま時間的な意味に解することは困難である。やはり「まったくある」とは、原理的選言が、「ある」「あらぬ」にならんで「或る点ではあり、或る点ではあらぬ」などという中間的選択肢を許すようなものではなく、端的な、あるいは絶対的な意味での「ある」「あらぬ」のみが可能な選択肢であるということを強調しているのであり、具体的な規定を伴った「全体として一様なものである」と等価と見なすことはできない。

では、「あるもの」の不可分割性の前提としての「一様性」はどのような論証を経て導出されたものか。再度確認しておくと、不生不滅論証での、「あるもの」の過去と未来にわたる生成（そして消滅）の遮断は、「あるもの」があらゆる時間的限界やプロセスを超出した無窮なるものとして無時間的・超時間的な不変性と同一性を有するものであることを示していた。全体として一様であるとは、その全体性において類似しているということであるが、自己の内に時間上の差異化の基点をもたない以上、それは、他ならぬ自己自身と類似しているのである。それは自己同一性といってもよい。

3 連続・不可分割論証 (2)

長い寄り道となったが、以上の点を考慮に入れた上で、本題の断片 8.22-25 の「連続・不可分割性」論証の検討に戻ろう。「あるもの」が、自己自身と同一的であるからには、これを分割することはできない。自己自身と類似し同一であるということは、ここでは多少なりともより一層（μᾶλλον）あり、そこではより劣って（χειρότερον）ありというように、ところに応じて自らのそのあり方に程度の差があることはないということである。副詞のμᾶλλονとχειρότερονが表示する上向性と下向性は、数的な多少ではなく、「あるもの」のあり方の度合いに関わるものである。それはつねに一体の状態であり（συνέχεσθαι）密接していて、全体として連続している。この論証がそのまま、先に分類した本性規定の (2)「全体としてありただ一つの種類である」（οὖλον μουνογενές）の説明でもある。したがって、「ただ一つの種類である」は、数的一元論が想定するような、複数性を否定する意味での「唯一性」を表しているのではなく、「あるということ」が自らにおいて異種的分立を許容しないという意味での「ただ一つの種類」なのである。(2) の補足説明としての「一挙に全体として、

一つで連続したものとして、今ある」(断片 8.5-6) は、その点を敷衍する説明である。かくして、「ある」ということは、本性の上で、異質な諸部分に分かたれることなく全体として連続しており、他との関係において相対的に「ある」ことはなく、つねに絶対的に「ある」のである。このように「連続・不可分割」の議論を捉えれば、そこに「ただ一つのものが存在する」という数的一元論を読み取ることはできないように思われる。

当該個所が一元論を支持する論拠の一つであるとしているハッセイの主張によると、ここでは「あるもの」が「あるもの」以外のいかなるものによっても分割されないと論じられているが、見方を変えれば、「あるもの」が「あるもの」自身によって(すなわち、それ自身の内的な諸々の差異(属性)によって)分割されるという可能性が模索されているのだとされる[203]。つまり、それに関してどのような述語も妥当しうるそのようなただ一つの主語が存在するという、数的一元論の中でも一種の論理的一元論 (logical monism) の可能性を認めているのである[204]。彼によれば、「不可分割」論証で排除されているのは、量的な多寡という変化であり、これにより質的均等性が課せられているわけではない。実在が、それ自身に妥当する一つ以上の事実によって構成されうるということは除外されていない。言い換えれば、主語の存在はただ一つだが、それに述語づけられる相互に異質な属性は複数あって構わないということである。はたしてそうだろうか。

ハッセイは、不可分割の議論を、「実在が分割されると仮定したら、それとは別の何かがそれを分割することになるが、実在とは存在するすべてを包括するものである以上、別のものとはあらぬものにほかならない。そして、あらぬものによって実在が分割されるということはけっして真ではありえない」というふうに帰謬法的論証と見る。しかし、「あるもの」が自己自身と類同的であ

---

203) Hussey[2], 141, 145.
204) Cf. McKirahan, Jr., 169 ; Owen[1], 97 ; Barnes[2], 212. 他方、空間的な意味合いを認めるのは、Guthrie[2] (34) や Stokes (136-139) など。なお、そうした表象が metaphorical ないし ontological と考えるのは Hussey[2] (143) や鈴木 (364), Austin (75ff.), Tarán [1] (106-109), Curd[1] (82) など。

るという前提から出発した不可分割の議論は、「全体として」という言い方からも理解できるように、当の「あるもの」に並んでそれを外から分割してくるようなもの（結果としてそれは「あらぬもの」であるが）を想定し、それによる分割の可能性を否定しているというよりも、むしろ、その内的な類似性ゆえに、自己の内からその類似性を侵すような異化分立が不可能であることを論じているのである。

　ハッセイによると、「死すべき者たち」は客観的な実在が存在することを認めているが、複数性と変化を、唯一の論理的主語の内部での、非本質的ではなく本質的な質的差異と解する点で誤っているとされる。すると「あるもの」に非本質的な質的差異が付加されることによって、死すべき者たちのもとでは、同じ実在がより劣ったあり方をすることになるが、このこと自体が「あるもの」の全き意味でのあり方を否定し、質的変化を許容することになるのではないだろうか。しかし、ここでパルメニデスが一つの主語のもとに質的な諸差異が付加されるということを前提として議論しているとは思われないのである。本質的であれ非本質的であれ、総じて質的変化は排除されている。

　また、先に触れたことだが、ここに一元論を認めようとするマッキラハンの主張するように、連続で不可分割であるという本性が、時間内のそれを意味しているとは思われない[205]。なぜなら、先行議論においては、「あるもの」から時間の枠組みが取り払われ、それが時間的属性をもちえないことが確認されているのであり、それにもかかわらず、ここで再びその枠組みを前提して議論しているとすれば、不生不滅の論証は部分的・断片的な意味しかもたないことになるからである。それは、断片8の議論を一連のものとして見ていく限り、自らの議論を弱体化するだけであろう。

　では、空間との関係はどうだろうか。確かに、パルメニデスが用いていることばは、連続不可分である「あるもの」が、単一の物質的充実体として延長しているといった空間的なイメージを与えうる。そしてそれは後出の「完結」論

---

205) ただし、マッキラハンは、「不生不滅」論証が時間だけでなく空間についても当てはまるとし、当該議論についても、時間上の存在を問題にしていると言いながらも、その議論の再構成では空間的視点を導入しており、その点で一貫性に欠ける。

証と合わせて、「あるもの」を一個の空間的・物体的な対象としてパルメニデスが考えていたという誤解につながっていく[206]。しかし、ここでの論証の主眼は、あくまでも「ある」ということが、まさにそのあり方において常に同一であり、充実しているのであるということだろう。何にせよ、ともかく、「Xがある」と思惟し語るとき、その都度の「ある」に本性的な差異はありえず、その意味で区別立てることはできず、全体として密接し、連続しているものでなくてはならない。ここでは、たとえ空間的イメージを惹起することば遣いであっても、空間を議論の本質的な枠組みとして想定してはおらず、あえて言えば、そのような空間性を超えて「ある」ということの本性的同一性が妥当するということである。空間的表象は比喩的なものに過ぎない。

かくして、「連続・不可分割」論証において数的一元論を読み取ることはできない。では次に、重要な論証である「不動」「完結」を見てみよう。

4　不動・完結論証 (1)——断片 8.26-31：32-33

しかし、それは大いなる縛めの限界の中で不動のものとして、
始まることも終わることもなしにある。生成と消滅は
はるか遠くへとさまよい行き、真なる信頼性がそれらを追放したからである。
それは同じものとして同じ場所にとどまりながら、それ自身で横たわり、
そしてそのようにまさにその場に確固としてとどまる。なぜなら力強き必然の女神が
限界の縛めの中にそれを保持し、この限界がそれをあらゆる側から閉じこめているから。(断片 8.26-31)

したがって (οὕνεκεν)、あるものが不完結であるのは正当なことではない。
なぜなら、それは欠けてはいないから。もし欠けているなら、それはすべてを欠いていることになろう[207]。(断片 8.32-33)

---

206) Burnet, 178-181 ; Cornford, 44ff. を参照。Heitsch (170): "Die Verse [22-25] erläutern das Prädikat οὖλον , ganz' und wenden sich gegen ein materiell-räumliches Mißverstandnis von Sein."

207) 断片 8.33b のテクストは、DK、Tarán、Mourelatos、Gallop、Curd などに従う。Cf. Mourelatos [2], 122, n.22. 分詞 ἐόν についてはディールス (Diels, 84) とは異なり、ἐπιδευές

先に確認したように、この「不動」（ἀκίνητον）の論証は「しるし」の（3）「揺らぐことがない」（ἀτρεμές）に対応し、「連続・不可分割」論証と同様に、やはり「あるもの」が不生不滅であることを前提としている。生成と消滅は、起点と終結点をもつプロセスであり、明らかに一つの運動である。「ある」ということが、「生成する」あるいは「消滅する」ということではないからには、それは「運動する」ということでもない。「あるもの」は限界の中で同じものとして同じところにそれ自身でとどまる。この「限界」はもちろん、その外側に別なものの存在を予期させるような時間的空間的な境界ではなく、むしろ外部との関係性というものをまったく含意することのない自己規定であり、いわば形而上学的有限性ということである。「必然の女神」、「大いなる縛めの限界」という表現は、「あるもの」にとって自らの規定が抗いようのない必然性をもったものであり、一種の神的規範・定めとして立てられていることを示す[208]。

ところで、パルメニデスは批判対象の「運動」として、場所的運動を想定していたのか、それとも、場所的運動と質的変化の両方を考えていたのかという点をめぐる議論がある。まずいずれの場合にしても、問題は、生成と消滅の否定が結果として運動の否定に必ずしもつながらないのではないかという点にある。コクソンやハッセイは、パルメニデスの議論の流れを不完全と見て、「不動であること」が「不生不滅」から帰結すると見ることをやめ、むしろ「完結」から導き出そうとする。つまり、「不動」論証を断片8.33まで続くものと見なした上で、断片8.32のοὕνεκεν（われわれは結果の接続詞として訳出しているが）を理由説明の接続詞と理解し、「欠けるところがない⇒不完結ではない⇒限界の縛めの中にある⇒不動にして不変」という議論の構成を考える[209]。

を補う（「もし欠けているなら」）。鈴木（400-401）はἀτελεύτητον（「不完結」）＝ἐπιδευές（「欠けている」）とするが、「あるもの」がἐπιδευέςでないことはἀτελεύτητονでないことの根拠であり、簡単に同定できない。また、その場合、33bは単純な同語反復となってしまうであろう。

208) ハイッチュ（Heitsch, 175）は、「限界」を「定義付け」（ὅρος, ὁρίζειν）と換言している。
209) Coxon, 208 ; Hussey[2], 142. ガスリー（Guthrie[2], 36）は、運動否定の根拠を当

しかし、「縛めのなかにあること」は、「同一不変」の根拠となっており、この「同一不変」とはまさに「不動」ということの説明であり、かつまた、「不動」は「縛めの中にあること」とともに、「不生不滅」から導出されているのであり、したがって、οὕνεκενを理由説明接続詞ととると、「縛めの中にあること」が「不生不滅」と「不完結でないこと」という異なる二つの根拠をもつことになろう。しかも、「不完結でないこと」の根拠として「欠けるところがないこと」が言われているが、ではその当の根拠は何かといえば、コクソンは、あらぬものであればすべてを必要とするだろうという所見であると言っている。しかし、パルメニデスがここでそのような「あらぬもの」についての言及を含む所見を持ち出しているとは思えない。むしろ、断片8.42では、明らかに「縛めに限られること」が「完結」の根拠とされているのであるから、議論の順序をいたずらに逆転させるのではなく、οὕνεκενを結果の接続詞と解した上で、「不生不滅⇨不動・無始無終・限界の縛めの中にあること⇨同一」という流れで見るのが普通であろう。そしてその場合、断片8.32-33は、「不動」の議論の一部と見るより、それを承けての「完結」論証の一部と見ることになる。つまり、そこでの議論の形式は、

　　「それが不完結ならばすべてを欠いている。ところで、それは欠けてはいない。
　　したがって、それは不完結ではない。」

という後件否定の妥当な推論に再構成できる。
　では当初の問題に戻り、はたして「不生不滅」から「不動」を導き出すことに論証として無理があるのだろうか。「不生不滅」の議論では、「あるもの」の時間上の差異化の基点を消去し、その自己自身との類似性・一様性を示した。これは質的変化の否定でもある。問題はそれが運動の否定となるのかということだった。タランは、パルメニデス（および同時代の人々）が場所的運動と質的変化を峻別していないと見ているが、例えば、両者を明確に区別しながら議論しているメリッソス（e.g. 断片7、8）を挙げるまでもなく、断片8.40-41で死すべき者たちが真であると信じて立てたと言われている「名前」（「生成するこ

該個所ではなく、この前の「連続・不可分割」論証に求めている。

とと消滅すること」「場所を変えること」「明るい色をとりかえること」) を見ればパルメニデス自身がはっきりと両者を区別していると思われるのである。ムーレラトスは、ホメロスにおける「場所的運動」の基本的な意味が、ある固定した点との関係における平行・回転運動ではなく、もともといた位置との関係における運動であり、「退出」(egress) であり、パルメニデスにおいても同様に、相対的ではない、自己自身の本来的な場からの退出であると主張する。そしてカードは、ムーレラトスに従い、ほぼ同様の方向で、ホメロスでの「運動」の意味として、もともと占めていた場所からの置換、さらには攪乱といった意味を認める。そしてその上で、さらにこれを比喩的に捉え、パルメニデスでは、「運動」として単なる空間的な移動ではなく、もののまさしくその本性における変容を問題にしていると見る[210]。

われわれとしても、ここは、空間的な運動の否定が、本来的な在処の剥奪の拒絶であり、つまりは、「あるもの」の本来性を脅かすものの排除であり、本性に関わる質的変化の否定を比喩的に意味していると考えたい。実際、パルメニデスは、「不動」(ἀκίνητον) を「しるし」としての「揺らぐことのない」(ἀτρεμές) の言い換えとして用いていたが、このἀτρεμέςは、「震える」、「恐れおののく」、「動揺する」という意味の動詞τρέμωから形成されたいわば心理を描写する形容詞である。この形容詞を用いたことで、彼は、空間における単純な運動にとどまらず、本来的な場からの変位に伴う主体の内なる変化をも同時にイメージしていたとみることもできよう。断片 1.29 の真理の「揺るぎなきこころ」(ἀτρεμὲς ἦτορ) も同様である。「ある」ということに関わる真理は、あらゆる方向に不定に揺れ動くことがあってはならない。それが変動すれば、その根本的な変容がもたらされる。揺るぐものであれば真理はもはやその名に値しない。結局、「あるということ」は「運動する」ということではなく、それゆ

---

[210] Tarán[1], 110 ; Mourelatos[2], 117-119 ; Curd[1], 84-85. なお、コンシュ (Conche, 153) は、アリストテレスの言葉で言えば「実体に関する変化」と見る。ビックネルは、断片 8.26-28 が性質的変化の否定で、29-33 が空間的運動の否定であるとする。空間的運動の否定では、パルメニデスが「あらぬもの」を「空虚」(κενόνという言葉は使っていないが) と見なして論じていると解している。しかし今ひとつ説得力に欠ける。

え「本来的な場からずれていって本性的に変化する」ということでもない。その本性は不動不変で自同的なのである。

先ほども触れたが、パルメニデスがここで、徹底して空間的なイメージを喚起することばを用いながら、「あるもの」は空間的な限界によって限られていて完結しており、あらゆる運動と変化を排除し、それだけで独自にある、と主張していると見なして、これは、実在の唯一性を補強するものであり、先の「連続・不可分割」論証の個所と合わせて、内的にも一であり、他との関係においても一であるようなものが存在する（それしか存在しない）という一元論的主張を構成できると考える研究者がいるが、むしろここまでの議論で強化されたのは、唯一性ではなく、本性における完全な均一性・同一性であって、またそうした本性規定の必然性と規範性[211]である。

5　完結論証（2）——断片 8.42-49

> しかし最も外の限界があるので、それは完結している[212]。
> ちょうど、あらゆる方向においてまん丸い球のかたまりのようなもので、
> 中心からあらゆる方向に均等に釣り合っている。なぜなら、
> ここあるいはかしこで、幾分なりともより大きくまたより小さくあってはならないから。
> なぜなら、あるものが自らと同じものに至り着くのを妨げてしまうようなあらぬものはなく、
> またあるものは、ここではそれがより多くあり、そこではより少なくあるというような仕方で
> あることもないからである。なぜならそれは全体として侵されることのないものだから。
> というのも、それはあらゆる方向においてそれ自身と等しく、限界の中で同

---

211) 必然性については断片 8.30 の「必然の女神アナンケー」、規範性については断片 8.32 の「正当なことではない」（οὐκ θέμις）という表現を参照。

212) Diels (38), Mourelatos [2] (123, n.24), Gallop (72), 鈴木 (487) などと同様に、43 行 πάντοθενのあとではなく、42 行のἐστίのあとにコンマを打つ。また、46 行前半は "οὔτε γὰρ οὐκ ἐὸν ἔστι" と読む。Cf. Conche, 174.

一のあり方をするからである。(断片 8.42-49)

　断片 8.32-33 で、先行の「不動」の議論、特に限界の縛めの中に「あるもの」が保持されているという主張を承けて、それが完結であるとされた。すでに見たとおり、「不動」の論証は、さらに先行する議論の帰結を承けたものであった。「完結である」ということは、それが連続的で不可分割的であることをも前提としているのである。したがって、「完結」の理由としての「あるものは欠けていない」の前提を、例えば、例の排他的な原理的選言の一方の選択肢である「まったくある」（断片 8.11）に求める必要はなかろう。この 2 行の後、「あるもの」と思惟との関係を述べた部分を挟んで、再び 42 行目から「完結」論証が続く。

　「あるもの」は、すでに論証されたことからも解るように、不可分割的で、完結し、場所に応じて大小の差異を容れるものではなく常に連続的で均一である。それは不動で本性的な変化を受けることもないので、自己同一性を保持する。これまでの論証の結果も動員しながら、パルメニデスは、「あるもの」の絶対的な完結性・完全性を提示している。そして、そのような「あるもの」のあり方をきわめて精確に表現するものとして採用されたのが「球（ボール）」の比喩である。ある意味で衝撃的なこの比喩は、「最も外の限界」「中心からあらゆる方向に均等に釣り合っている」「ここあるいはかしこ」等々といった空間的な拡がりを前提としたことばを集中的に費やしてなされる。

　この個所は、パルメニデスにおける数的一元論の起源と見なされる場合が多いところである。この比喩をどのように捉えるべきか。そこに、何らかの形で空間に延び拡がった物体的実体を読み取るものがいても不思議ではない。バーネットは一つの物体を、ガスリーは一つの幾何学的球体を、コーンフォードはただ一つの完全な表面に包まれた唯一の立体を、とさまざまである[213]。しかし、これまでの議論からして、われわれの解釈の基本はこれをあくまでも比喩として理解していくということにある。

　当該個所を、球との比喩と対比しながら簡単に見てみる。まず、上方から見

---

213) Burnet, 181 ; Guthrie[2], 49 ; Cornford, 44. なお鈴木, 476-477 を参照。

ても下方から見ても、あるいは左右いずれから見ても真ん丸で均整のとれた欠けるところのない球と同じように、「ある」ということは、時間、空間、そしてそれを見る主体のありようなどに依存することなく、徹底的にそのまま「ある」である。球において、その中心から球面に向かって等しく力が作用し充溢し、隙間のようなものがまったくないように、「ある」ということに「あらぬ」ということが入り込む余地はなく、「ある」ということのどれをとっても「ある」で充実し、それ自身に対してあり方を異にすることはない（自同性を語るとき、もはやその「中心」点も消失することになろう）。そして、ふたたび、球がどの方向から見ても自己同一的で球面内で一様同質であるように、「ある」ということも自己同一的である[214]。

なぜパルメニデスはこのような直喩によって表現しようとしたのか。「あるもの」そして「ある」ということは、時間の枠組みを超え、一定の空間の中に定位されることを拒む。論理の要請によって立てられたこの「ある」は、「思わく」の批判に見られたように、日常の慣習的な言語使用の中で容易に取り押さえることのできないものである。それでもなお、そのようなものの本質的なあり方を語るとき、そのことばは比喩に向かわざるをえないのかもしれない。そのことばは依然として「思わく」と同一の言語であるが、登り切ったら捨てられる梯子のようなものでもない。真理の道の論証の最後の段階で、そうした比喩が唐突に導入されたことは、パルメニデスの構想する「ある」ということのことばへの置き換えの困難さを改めて思わせるものである。彼が、「ある」と思惟し語ることの必要性を述べ、思惟や言説の側にその存立の主導権を渡そうとしなかったのも、それを象徴している[215]。

さて、以上のように特に「ある」の道の「しるし」の提示と論証を見てくると、明らかに、「一」という特性が、他の本性規定よりも優越的な地位を占めているとは言えない。それは、ただ一つの実体が存在するという意味での数的一ではなく、したがって、彼を実体的一元論者と呼ぶことはできない。「一」とはむしろ、内的同一性や均一性という意味でのそれであった[216]。そうする

---

214) 球の比喩については、鈴木, 465-517 を参照。
215) 第3章3節参照。

と彼の立場はどうなるのか。彼の志向する「あるもの」を考えるとき、それが物質的なものでないことは明らかであり、それゆえ、少なくとも、それが観念的なものでありうることは否定できないのであり、その限りで、彼の形而上学を属性的一元論と見なすこともできよう[217]。あるいは、「ある」という形の思惟と言説のみを真理の形式として承認するという意味での「一元論」と認定する者がいるかもしれない。しかし、そのような認定はパルメニデスの感知するところではないだろうし、彼の哲学詩の意義が、一定の体系的教義・教説を説くことではなく、むしろ彼に続く人々への問題提起という点にまずあったということを考えれば、こうした「分類」は派生的で二次的なパルメニデス理解にすぎず、それほど意味のあることとは言えない。

そしてあえて言うなら、「ある」ということの本性が、具体的で個別的な主語存在の属性によって決定されるのではない以上、いわばパルメニデス的多元論の可能性は、すでにパルメニデス自身においても開かれていたのかもしれない。その場合、彼以後の「一元論者」や「多元論者」たちは、パルメニデスの論理を基礎として自らの宇宙論を構成しており、端的にエレア派の批判者と必ずしも呼べないだろうし、逆に継承者という面も十分にもっていると言えるだろう。

---

216) パスカは諸々の本性規定が、一者と同定される「有」の単一性からすべて出てくると主張するが、そのようないわば高次の「単一性」をテクストに見出すことはできない。
217) カードは、「あるもの」の資格を有するものに、ただ一つの述語（そのものの真正なる本性を表示する）のみが適用されうるという述定的一元論の立場を唱えるが、「ある」が、ものの真なる本性を表示する述定であるとする点に今ひとつ説得性がない。なお、断片8.53-54での女神による「思わく」の診断を、「人間たちは火と夜という二つの形姿のうちひとつを措定すべきでなかったのだ」という意味に解し、これを根拠に、パルメニデスに一元論を帰する試みがあるが、「思わく」の過ちは、ひとつでなく二つのものを原理としたことに存するのではない。これら二元（属性的なものでなく、固有の機能を担う具体的実体である）はいずれも、生成や変化の契機を必然的に内包しており、「ある」ということの本性規定を満たすものではなく、そうしたものを原理としたことに彼らの過ちは存するのである。これについては次章 4 節参照。

第7章

「思わく」の虚構と真実
——パルメニデスにおける宇宙論の可能性について

はじめに

　先に確認したように、断片1の「学びのプログラム」とも言える個所では、「真の信頼性」のない「死すべき者たちの思わく」（βροτῶν δόξαι）が「真理」に続いて学びの対象とされ、さらには「このことをも学ぶだろう」という言い方でそこに第三の要素が付加されていた。そしてこれまでの検討から明らかになったことは、要するに、パルメニデスの哲学詩を聴くことで、

　（A）「ある」ということを核心とする「真理」
　（B）虚偽を秘匿したままの「思わく」
　（C）「思わく」受容の内的・歴史的必然性の由来とその虚偽性

の三項目を、（A）（B）については受動的に学び知り、（C）については（B）を聴取しつつ能動的にこれを吟味し検証することを、真理の探究者に求めているということである。ところで、この学びの対象としての虚偽を秘匿した「思わく」そのものについては、はたして全面的に虚偽であるのか、あるいは虚偽でありつつも何らかの形で「真理」を語るものなのか、そしてまた、パルメニデスは宇宙世界についての理論としての宇宙論の存立の余地を残しているのか、それともその可能性自体を否定しているのか、といった問題がこれまでに提起されてきた。そしてこうした疑問は、結局は、（A）を学ぶことで十分であり、それに加えてなぜ虚偽と解っているものをわざわざ今ここで語る必要があるのかという根本的な問題に帰着する。本章では、「思わく」の提示の意味を改めて考察することにより、パルメニデスにおける宇宙論成立の余地を検討することにある。

1 「思わく」の評価をめぐって——消極的・否定的解釈

　女神は、「ある」の道の本性規定を終えたところで、先に触れたプログラム通りに、続けて「思わく」の学びを命ずる。そこではまず「思わく」の提示に際しての性格づけを次の二個所（断片 8.50-54, 60-61）について確認する。

　　ここでわたしは真理に関する信頼できる言説と考えを
　　終わりにする。これからは、死すべき者たちの思わくを学びなさい、
　　わたしのことばの欺瞞に満ちた構成を聞きながら。
　　すなわち彼らは、自分の判断において、名づけるために二つの形態を立てた。
　　そのうち一つだけでも立てられるべきではなく、そこにおいて彼らは踏み
　　　迷ってしまっているのである[218]。
　　…………
　　このわたしは、あらゆる点において真実らしく見えるこの世界の構造をあな
　　　たに語ろう、
　　死すべき者たちのいかなる考えもあなたを追い越すことがないように。

　「思わく」の真偽に関しては、「真理」との関係における真実性と同時に、プログラム（C）で示された「思わく」内部での真実性（つまり世界の現象面についての正確な記述であること）という二つの観点からこれを考察する必要があると思われるが、最初の「思わくを語ることばの欺瞞に満ちた構成」と「真理に関する信頼できる言説と考え」との対比は、この「真理」との関係において、「死すべき者たちの思わく」の絶対的な異質性と本質的な欺瞞性を際立たせているように見える。断片 1.30 での「そこに真の信頼性はない」（ταῖς οὐκ ἔνι πίστις ἀληθής）という表現と呼応する「欺瞞に満ちた」（ἀπατηλός）という語は、あらかじめ人間たちの自然的世界の説明原理を誤ったものと認定するものであり、後に続く具体的な「思わく」の叙述を聞く者に対して身構えさせることになる。「ある」の真理性が「ある」の道の提示と同時に確保されていたのと同様に、死すべき者たちの「思わく」も、事前に「真理」の観点からその虚偽性

---

[218] これまでさまざまな読解案が示されてきた 53-54 行についてはあとで改めて詳細に検討する。

が動かぬものとして明示されている。したがって、「思わく」で展開されている宇宙論を含む自然学説にはいかなる妥当性も認められないし、そこで描かれている現象は何らの実在性ももたないように見えるのである。確かに、パルメニデスにとっては、「まったくあるかまったくあらぬかのどちらかでなければならない」(断片8.11)のであり、オーウェンの言うように実在性において段階などというものは成立する余地がないように思える。そしてその場合には、自然的世界の像を描く際に人間たちが基盤とする諸前提を分析し、そこに内在する矛盾と不合理性を顕わにし、そのことで「思わく」を論駁する、という論証上の仕掛けとしてしか「思わく」の価値が認められないことになる[219]。

また、「思わく」提示の役割を、このように自己欺瞞や混乱のいわば事例研究としかみなさない否定的な解釈を基本線としながらも、パルメニデス自身の「真実らしく見えるこの世界の構造」(διάκοσμος ἐοικώς：断片8.60)という表現に象徴されるように、そこに「教訓」として若干積極的な意味を読み取ろうとする解釈も可能である。それによると、「思わく」は欺瞞的であり、したがって虚偽のものであるにすぎず、単に真理と類似していて、その仮象を与えるのみである。「思わく」の価値は、それが内包する欠陥の発見というところ以外にない。女神による死すべき者たちの宇宙論の開陳において彼らの思考の瑕疵性を理解することができれば、もはやこの問題に関して彼らに負けることはない。最も欺瞞的な宇宙論は最も真理に近く、それに欺かれなければ、他のいかなる「思わく」にも欺かれることはない。だからこそ女神は最良の宇宙論、外観上、真理に最も近い宇宙論を与えるのである。それを学ぶことで、感覚に基礎を置くどのような実在概念でもそれを評価し欠陥を見出すための規準を得ることになるのであり、それは同時に、「真理の道」が実在についての唯一可能な説明であると確証することにもなる。「思わく」の宇宙論はそれ自体として固有の価値を有しているものではなく、こうした教訓的な意味でその有用性を確保できるのである[220]。

---

219) Cf. Owen[1], 84ff, 54 ; Mackenzie, 4 ; Mourelatos[2] (260) : "He did it [i.e. bothered to append of "mortal opinions" that was actually longer than the first part] as a case-study in self-deception, indecisiveness, and confusion."

しかしながら、以上のような解釈に共通して言えることだが、論理的議論のための仕掛けであれ、教訓という方策をもつものであれ、あくまでも、誤った諸前提の内部で展開される補説ないし余談のようなものとして「思わく」の有用性や必要性を理解することは、なぜパルメニデスがあれほどまでに入念かつ詳細に「思わく」を描写しなければならなかったのかという問いへの十分な説明とはならない[221]。また、パルメニデスによる描写の手順は、「思わく」の宇宙論の具体的な姿を示した後に、そこから相互に還元不可能な二つの原理を析出して、それが根源的な誤りであると明らかにしてみせる、というものではなく、すでに冒頭で「死すべき者たち」が措定した原理（すなわち「火（光）」と「夜」）を誤ったものとして提示し、その後に具体的な内実を示しているのである。しかも、そこでの個々の宇宙世界の構造や天界現象、胎生学的な説明のどこがまやかしなのかについての注釈的指摘はない。ギャロップは「思わく」を学ぶことを「免疫性の獲得」にたとえるが、真理と、いわば異物としての反論や競合理論とを識別し、その作用を排除・抑制すると言うのなら、何よりもまず二元的原理の虚偽性を知らなければならないが、こうした「思わく」の構成では、「火」と「夜」という原理のどこがどうして誤っているのか、それらを基礎とした宇宙論はなぜ偽りのものとなるのかが「思わく」を聴くものには自明ではないのである。

　また、「思わく」のこれら二つの原理は、なるほど原理の数としては一元論の立場に次いで少ないものであり[222]、その限りでパルメニデスの「ある」と

---

220) Granger, 102-103. Cf.Long[1](96)："But by giving the best possible account of them [i.e. the appearances], he [i.e. Parmenides] has a criterion against which any conception of reality based on the senses may be measured and found wanting." Gallop(23)："But if a comprehensive cosmogony, constructed on the best available 'scientific' principles, is revealed as specious, then *a fortiori* so are all other mortal accounts." タラン（Tarán[1], 202ff.）も、「思わく」を a model of reference(228)と解する。それは、究極の原理として二元を措定するという最小限の過ちから人間たちが世界像をどう形成しているかを知るためのモデルであるが、ただしそれは経験的実在についての最良の説明ではない。

221) Cf. Schofield (KRS, 262)："Why that elaborate account was included in the poem remains a mystery."

222) Tarán[1](225)："He [i.e. Parmenides] puts the blame on the assumption of two

いうことの一元性（これ自体も問題ではあるが）に近いものではあるが、「火」と「夜」をその二つの原理の候補として措定することが「最良」であり「最善」であることの保証は「思わく」の枠組みの中のどこにもない。タランは、どうしてパルメニデスがこれらを原理として選んだのかという問いに答えることはできないし、それに答えること自体はパルメニデスの哲学とは何らの関連もないだろうと言っているが[223]、仮に「思わく」が他の類似の宇宙論の判定基準となる一般性ももつものと見るのであれば、「火」と「夜」を選定したこと自体について、それが恣意的でないとする合理的な説明が必要である。さもなければ、「思わく」の良悪は数の多少の問題に還元されてしまうであろう。

　そもそも、「真理」と「思わく」を一元論対二元論という原理の数の上での対立として捉えることはパルメニデスの詩の意図を歪めるだけである。パルメニデスは「あるもの」の本性規定の中で確かにそれが「一」であると一回だけ述べているが[224]、それは、「あるもの」は一つだけだという単純な数的一元論ではなく、また、すべては単一の素材からのみ成っているとする物質的一元論でもない[225]。この「一」は、「真理」の道の「しるし」の「不生不滅」（断片 8.6-21）、「連続・不可分割」（断片 8.22-25）、「不動」（断片 8.26-31）、「完結」（断片 8.32-33, 42-49）という、「あるもの」つまりは「ある」ということの諸規定に並ぶ新たなものではなく、その本性的連続性・同一性としての内的な一性を意味し、「連続・不可分割」という本性を敷衍するものとして語られている。また、後でも触れることになるが、「火」と「夜」は属性的なものではなく、それらに固有の機能（デュナミス）を担う具体的な実体として示されている（断片9）。したがって、「あるもの」と「火」そして「夜」とは、数という点でも素材という点でも同一の位相で対立関係を構成するものではないのである。

---

　　because this is the minimal error." 　Cf. Granger（104-105）："In establishing the pluralism required for a cosmos, the goddess deviates the least from monism by laying down a pluralism that is a dualism of only two principles."
223)　Tarán[1], 268.
224)　断片 8.5-6a："οὐδέ ποτ'ἦν οὐδ'ἔσται, ἐπεὶ νῦν ἔστιν, ὁμοῦ πᾶν, ἕν, συνεχές."
225)　Cf. Barnes[2], 204-207；Stevens, 42-43；Curd[1], 5, 64ff.；Mourelatos[1], 361, n.48. なお第6章参照。

また、「思わく」の学びが同様のあらゆる宇宙論を評価するときの規準を与えると言うが、規準となるのは、全体としての「思わく」あるいはその原理ではなく、むしろ、真理の道で示された「ある」ということの本性であろう。この点を考える上で、パルメニデスにおいては次の三つの異なる「判定・判別」（κρίσις）があるということをまず確認しておきたい。

① 「あるかあらぬか」という原理的な排他的選言に関わる判定：
「これらに関する判定は、あるかそれともあらぬか、というこのことにある」（ἡ δὲ κρίσις περὶ τούτων ἐν τῷδ'ἔστιν· ἔστιν ἢ οὐκ ἔστιν：断片 8.15b-16）
② 多くの異論を引き起こす女神による吟味批判に対する判定：
「わたしから語られた、多くの異論を引き起こす吟味批判を、理によって判定せよ」（κρῖναι δὲ λόγῳ πολύδηριν ἔλεγχον ἐξ ἐμέθεν ῥηθέντα：断片 7.5b-6a）
③ 死すべき者たちによる「火」と「夜」という二つの形態の判別：
「しかし、彼らは形姿において反対のものとなるこれら二つの形態を区別し、互いに別々のしるしを与えた」（τἀντία δ'ἐκρίναντο δέμας καὶ σήματ'ἔθεντο χωρὶς ἀπ'ἀλλή-λων：断片 8.55-56a）

　そして、①の判定については、女神自身により選択肢の提示と同時に、「ある」の道が必然的に真であるものとして選択され、「あらぬ」の道が棄却されるという結果となる。また、女神は、死すべき者たちの「思わく」を分析して、それを「〈ある〉と〈あらぬ〉は同じであり、かつ同じでない」（断片6.8）という形に定式化することでその自己矛盾を顕わにしていたが、この定式化そのものの妥当性を、「真理」の聴取に基づいて判定するのが②である。また③は「思わく」内部での慣習的な命名行為としての二つの原理の判別措定である。判別③に起源をもつ「思わく」に向けられた女神の吟味批判が妥当なのかについての判定②を、判定①を基準としながら行うという重層的な関係になっているのである。そして、①の判定結果は真であり（断片8.18「あり、真正のものであるということがすでに決せられていたのである」）、③の判別は偽であること（断片8.54「そこにおいて彼らは踏み迷ってしまっているのである」）があらかじめ女神から（つまり真理の観点から）与えられており、その点ではこの哲学詩を聴取する者の関与は許されず黙って受け容れるだけであり、彼が主体的・積極的に参

与できるのは②のみなのである。したがって、「思わく」提示は、②との関係を抜きにしては評価できない。先に触れたように、「火」と「夜」という二つの原理を措定することが誤っているという事実は教えられても、事例に即した形で具体的にその根拠が示されることはない。「思わく」の展開は真理の観点からの評価を含まないような形で（つまり「思わく」の観点から見て）なされているからである。その評価のためには、「真理」の道で教示された「ある」ということの諸規定を規準とした検証をまたなければならないのである[226]。

2 「思わく」の評価をめぐって——肯定的解釈

以上のように、「真理」との隔絶と乖離は不可避であるという前提のもとで、「思わく」の世界像を完全な幻想であり虚偽であると見なす立場に対して、「思わく」内部での整合性・真実性に地歩を置き、その上で「真理」との間の架橋という作業——レイヴンはそれを絶望的な試みと呼んだが[227]——に挑む立場もある。例えばアリストテレス（*Met.* A5.986b31-34）はパルメニデスについて次のように報告していた。

> パルメニデスは、目に見える現象的事実に従うことを強制され、存在は理の上では一であるが、感覚の上では多であると想定して、もう一度、二つの原理・二つの原因をたてなおす。すなわち、「熱」と「冷」とがそれであって、これを彼は「火」と「土」として語る。そして、これらのうち、「熱」を「あるもの」の側に配し、「冷」を「あらぬもの」の側に配するのである。

また、シンプリキオスによれば、パルメニデスは死すべき者たちの言説を臆断的で欺瞞的だと呼んでいるが、それは、この言説が端的に虚偽なるものだからではなく、知性の対象たる真理から離れて現象と可感的対象の領域へと顛落してしまったものだからであるとされる[228]。アリストテレスの報告の最後の部分は正確な証言ではないが、要するに彼らの理解に従えば、必ずしも「思わ

---

226) Cf. Curd[1], 104.

227) Kirk and Raven, 284-285.

228) *Phys.*, 39, 10-12 : "δοξαστὸν καὶ ἀπατηλὸν τοῦτον καλεῖ τὸν λόγον οὐχ ὡς ψευδῆ ἁπλῶς, ἀλλ᾽ὡς ἀπὸ τῆς νοητῆς ἀληθείας εἰς τὸ φαινόμενον καὶ δοκοῦν τὸ αἰσθητὸν ἐκπεπτωκότα."

く」が全面的に虚偽であるということにはならない。同一の対象（存在あるいは世界）について観点の相違によって異なった原理のもとで異なった説明が与えられ、その結果として「真理」と「思わく」はそれぞれに応じた整合性をもつという解釈の可能性が開けてくる。

例えばウッドベリーは断片 8.38b を「それ［実在の世界］に関して、死すべき者たちが真実と信じて定めたすべての名前が与えられた（τῷ πάντ᾽ὀνόμασται; cf.DK：τῷ πάντ᾽ὀνόμ(α) ἔσται)」と読んで、人間たちが「あるもの」に与えた名前はすべて虚偽であるが、しかし、それらは頭で思い描いた単なる妄想や幻覚ではなく、一つの実在する世界についての説明なのであり、彼らの信念は時としてその存在に関与しているのである、と主張する[229]。これは、「思わく」の一定の真実性、そして人間の知覚する世界の実在性を認めることにつながり、「思わく」と「真理」の対象の点での違いが問題ではなく、名前のあり方、使い方が問題であるということになる。

チャーマーズは、パルメニデスにとっての「あるもの」が空間に延び拡がる物体的な球体であり、「思わく」の世界もそれと同じ空間を同時に占めていると考え、また、それぞれの世界の描写の類似性も指摘した上で、結局、同じ宇宙万有を女神が永遠の観点から見たものが「真理」の世界であり、死すべき者たちが時間の観点から見たものが「思わく」の世界であると解する[230]。また、

---

[229] Woodbury, 149-150. ὀνόμασταιが与格をとる用例が皆無であることなど、このテクストの読みには問題が指摘されている。ただし、Long, Mourelatos, Curd, Furley, Gallop, Hölscher, KRS など、解釈は別にして、この読みに基本的に賛同する研究者も少なくない。Cf. Mourelatos[2],181ff. なお、ウッドベリーの解釈については、さらに、断片 8.35b の主語として「思惟」ではなく「実在界」を補う点にも問題がある。彼によると、実在界が「ある」において表現されるということが、思考に「ある」という形式をとらせる強制力をもつもの（つまり、思考がその形式をとらなくてはならない根拠）である。しかし、関係詞節の「実在界（ἐόν）がそこにおいて表現されるところの（もの）」の先行詞はἐόνであり、先行詞と同一の語を主語として補いつつ、そこに異なる意味を与えるというのはやはり強引である。

[230] Chalmers, 15-16. ニハーマス（Nehamas, 107-108）によると、パルメニデスは、並の死すべき者たちとは異なり、「思わく」が世界の現れ方を語るのみであり、また世界の現れ方と真のあり方とがまったく異なることを知っており、「思わく」の虚偽性は、正確に記

フィンケルバーグは、「思わく」が、「真理」の部をもって始まる探究を理にかなった仕方で展開したものであり、また必要な補足であるという理由で、「真理」と「思わく」は一繋がりの説明を目指したものに違いないと考える。つまり「思わく」における「火」を、「あるもの」の具象化であると見て、正しい世界の説明は「火」という単一の原理を立てることであるが、「思わく」は、異質的で強度を異にする領域を内にもつ「火」を統一体と見ずに、その最も微弱なあり方を「夜」と名づけて「火」と異なる独自の原理として立てた点で誤っているが、不適切な名前によってではあるが世界の構成を正確に表している以上、すべての多元論的信念の中で最も適切で学ぶに値するものであると考える[231]。

　ウッドベリーについては、断片 8.38b の読みの問題を別にしても、彼の解釈の大前提であるἐόνを実在の世界と解することには、それがテクストに直接の根拠をもたないために、にわかに同意はできない。彼によれば、人間たちが立てる名前は時に実在の世界の存在に関与しているが、彼らは「思わく」の権威を受け容れて二元論の矛盾の中にとらわれてしまうがゆえに、その確信は確固たるものではない。彼らの名前はすべて「真実のともしび」を内包しているのだが、それは矛盾によって不可避的に消し去られると彼は言う。この「確信」や「真実のともしび」が何を意味しているのか判然としないが、結局、実在界の存在を肯定すること、つまりそれがあると主張することだとすれば、死すべき者たちと女神との間で実在界に関する共通の認識がまずあって、その上で、適切な名前（「ある」）のみを用いてそれを肯定するか、「ある」だけでなく、生成消滅などの不適切な名前を用いてこれを否定するかという点に「思わく」

　　述された現象との関わりにあるのでなく、実在の記述でもあるともっともらしく主張しているところにあるとされる。Stokes (147-148)："I take this [i.e. B8.61] …to mean that no mortal will ever give an account of appearance which presents fewer violations of the laws of Truth. The Δόξα is the best that can be done for appearances."

231)　Finkelberg[1](6)："the δόξα is not merely another pluralistic misconception; it is an account which accurately presents — although under inadequate names — the arrangement of the world (that is, of various intensity-areas within Fire) and, for this reason, it is the most fitting of all pluralistic beliefs, one which is worth being learned."

の問題があることになろう[232]。しかし、実在（界）に関する両者の理解に根本的な乖離があるからこそ、断片8において「あるもの」の本性の論証が行われているのではないか。「真実のともしび」などと言っていられるような接点は基本的に両者の間にはない。

　チャーマーズは、「思わく」の世界と実在とを球形と理解することで、形態上、両者が類似しているとする。「まん丸い球のかたまりのようなもの」（断片8.43）という直喩の解釈の問題でもあるが、それに加えて「思わく」の世界が球体であるとするテクスト上の明確な裏付けがない以上、この類似性の主張は受け容れられない。また彼は、観点の違いに関して、1パイントの水が入った瓶を例に挙げ、科学者からはこれは酸素原子 x 個と水素原子 2x 個が入った瓶と言われ、その記述は、水が氷や蒸気に変わったとしても常に真であり、記述が妥当する期間も科学的なものの方が長期的である、と述べている。しかし「思わく」の記述そのものは、時間の中で変化する世界を描きながらも、ちょうど原子の数による水の説明と同じく、同時にその世界を支える不変の基本的構造をも描写しており、この例示は説得力をもたない。

　フィンケルバーグについては、何よりもまず、「火」を「あるもの」の具象化したものと見る点に問題があろう。「あるもの」であるところの「火」がその強度を変えるということと、「あるもの」の一様性・同質性はやはりどう見ても結びつかない。

　しかし、以上のような諸解釈でとりわけ問題なのは、「現象」の世界を、あるいはその描写としての「思わく」を救おうとするときにコミットせざるをえないその妥当性と実在性の扱いである。「思わく」は世界の現象を語る限りで常に真であり、その説明原理を実在に適用するときのみ偽となる。しかしこの場合、その妥当性や真実性は結局、相対的なものでしかないことになる。そして、この解釈を押し進めれば、「思わく」を肯定的に捉えることが、「真理」との架橋を可能にするどころか、むしろ、単純な二世界説に陥ってしまい、この架橋自体を有名無実なものとせざるをえないのではないだろうか[233]。すでに

---

232)　Woodbury (152)：" a right road exists, among the thoughts or words that are in use, and leads only to truth."

第 7 章 「思わく」の虚構と真実

触れたように、パルメニデスの原理的排中律によれば、選択は、「あるかあらぬか」、そして「真か偽か」でしかなく、相対的な真理や相対的な実在といったものは排除されるはずだからである。

また、これらの解釈では、そもそも「真理」は宇宙世界の真のあり方——それは、知性的なものとも非時間的なものとも呼ばれる——を記述するものであるのに対して、「思わく」は世界の現れとしての現象——同じく、感覚的対象とも時間内的なものとも呼ばれる——を記述するものであるというのが自明の前提とされているが、はたして「真理」はそのように理解できるのだろうか。両者の関係は、既定の対象としての世界について、一方が真なる記述、他方が偽なる記述というふうに、同一世界の記述という点で当初から並置されているものなのか。そうではないだろう。先に確認したように、「思わく」としての自然学説を種々に唱える「死すべき者たち」は二つの原理を当然「あるもの」と見なし措定するが、パルメニデスにとって当面の問題は、これら二者に対抗可能な具体的・個別的な「もの」を対置するために「何があるか」を確定することではなく、むしろそうした議論を支える、より根源的な問題として「ある」ということが本来どういう事態なのかを明確にすることである。「真理」と「思わく」の言説上の対象を宇宙世界（あるいは実在の世界）とすることは、ウッドベリーに見られたように「ある」の主語を「世界」とする解釈につながるが、パルメニデスは特定の主語を措定しているのではない。つまり、これらにおいては議論の次元が異なっており、並置されうるような関係にはないということである。では単純に二者を同じレベルに並置するのでない仕方で関連づ

---

233) ヴェルデニアス（Verdenius, 58-59）の考えでは、「思わく」の理論が欺瞞的であるのは、それが恣意的なものだからではなく、真実についての歪んだ見解を与えるものだからであり、変化する実在を絶対的実在に見せかけるものだからなのである。真なる絶対的「有」という基準によって判定すれば、変化というものが相対的な実在であることが理解されるのである。Cf. Verdenius(63)："The only thig that can be stated with certainty is that Parmenides from the plane of Being regarded the phenomenon of change as a self-contradiction, and accordingly as a reality of inferior order." クラーク（Clark, 27-29）も、感覚的実在と理性的実在という二種類の実在が区別されており、前者を対象とするのが「思わく」であり、後者を対象とするのが「真理」と考える。

けて、問題の「架橋」ということを試みるにはどうしたらよいのだろう。

3　見解・判断としての「思わく」

　これまでの諸章における議論から明らかになったことは、死すべき者たちの「思わく」が虚偽とされるのは、それが感覚経験そのものの表現であるからとか、本来は「ある」を必ずその対象としてそれと結びつく思惟が、感覚の影響を受けてこれを盲信することによるのではなく[234]、むしろ、パルメニデスが語っているのは、思惟と感覚という人間の認識能力が総体的にしかるべき対象を捉えそこなっていることによるのだというところまでである。つまり、断片6そして7で問題となっていたのは、感覚知覚の無条件的な排除ではなく、習慣的思考形式に強いられたままでの悪しき感覚と思惟の使用であり[235]、その結果としての認識上の過ちである。思惟のみを働かせよとは語られていない。つまり「思わく」とは、「感覚」だけでなく「思惟」も（誤った仕方で）関与した一定の知的判断ということになる。ここまでわれわれが「思わく」と呼んできたδόξαは、しばしば「現れ」（appearance）あるいは「現象」（phenomenon）といった訳語を与えられることがある[236]。しかし、これらは非常に曖昧で、むしろ誤解を与えかねない。「現れる」や「見える」「思われる」を意味するギリシア語として代表的なものにδοκεῖνとφαίνεσθαιがある。ルダールの研究によれば、ホメロス以後古典期の作家に至るまで、δοκεῖνは本来、熟考と判断を含

---

234) Cf. Sullivan (32): "Noos is victim to 'helplessness' if it trusts the senses." なお第3章2節参照。

235) Conche (121): "Ce qui est condamné est le mauvais usage des sens sous l'effet de l'habitude; les sens eux-mêmes ne sont pas en cause...Le risque est dans la pensée." Curd[1] (48-49): "The misuse of *noos* results in its missing or otherwise failing to connect with its proper object, what-is.". Cf. Coxon (192): "...language as well as senses can be used correctly only if it is made subsidiary to the exercise of reason."

236) Mackenzie (3): "the first part of Parmenides' poem entails the rejection of the phenomena of the physical world." Taran[1] (214): " τὰ δοκοῦντα means 'the belief of men' i.e. 'what appears to men'." De Rijk (31): " τὰ δοκοῦντα stands at the same time for our opinions about the world and the world itself." Cf. LSJ, *s.v.* δοκέω, II.5, "to be an established, current opinion".

んでいるのに対して、φαίνεσθαιは経験的あるいは直観的な意味をもっており、それらが与格（例えばμοι）をとったとき、前者は「熟考を経て、わたしには〜と思われる」を意味し、後者は「わたしが見ることのできるものに基づき、外部からわたしに与えられる現れに従って、わたしには〜に見える」を意味する。

ではパルメニデスにおける「思わく」（δόξα：断片1.30; 断片8.51; 断片19.1）そして「思わくされること」（δοκοῦντα：断片1.31）はどうであろうか。断片1.31の「思わくされることども」もまた単なる意識への現れではなく、死すべき者たちが真実に「ある」と判断する対象である。また、断片8.51と断片19.1での「思わく」も、その成立過程を述べる「自分の判断において、名づけるために二つの形態を立てた」（断片8.53）、そして「それらに対して人間たちはそれぞれに固有のしるしとしての名前をつけた」（断片19.3）ということばからして、「感覚に現れた対象の姿」といった、主体にとって受動的な表象ではなく、むしろ事象の事実的側面に関する認知として積極的・能動的な判断（そこには推論も含まれる）を含意しており、つまりは「信念」（belief）ないしは「見解」（opinion）ということになると考えられる[237]。「死すべき者たちの思わく」（断片8.51）がその後で「死すべき者たちの考え（γνώμη）」（断片8.61）と言い換えられている点にもっと留意すべきであろう。「考え」（γνώμη）とは判断であり見解である。そしてこの点は、「思わく」と「真理」における表現上の類似性からも確認できよう。

「思わく」：「火はあらゆる方向において自分自身と同じである。」（断片8.57）
「真理」：「それ［あるもの］はあらゆる方向においてそれ自身と等しく、限界の中で同一のあり方をする。」（断片8.49）

「思わく」：「どのようにして必然の女神が星々の限界を保持するために天空を導きつつ束縛したか」（断片10.6-7）
「真理」：「力強き必然の女神が限界の縛めの中でそれ［あるもの］を保持し」

---

237) Redard, 354-355. Cf. Bailly, *s.v.* δοκέω, B. penser, croire *d'où*: I. se figurer (par l'imagination), II. croire (après réflexion *ou* après examen), III. juger bon. また、Mourelatos[2] 195-197 も参照。

（断片 8.30-31）

「思わく」：「すべては同時に光と暗い夜とで充ちている」（断片 9.3）
「真理」：「［あるものは］全体としてあるもので充ちている」（断片 8.24）

　これらの表現のそれぞれには、明白な類似性が見て取れる[238]。一方は「あるもの」についての叙述であるのに対して、他方は、「火」、「空」、「星々」、「光と夜」についての叙述であるが、これら「火」や「光と夜」の個所に、「あるもの」を代入しても真理の道の叙述として十分に成立する。そして、こうした対象がもつ同質性、必然性、そして充溢性といった性質は、感覚に現れた世界の表層的な性質ではない。「思わく」の世界を指して「あらゆる点において真実らしく見えるこの世界の構造」（断片 8.60）と言われていたのも、それが、「（真理に）似ている」がゆえにもっともらしいからである。むろん、この「構造」は、真理との類似性からしても、またこれに続いて「死すべき者たちのいかなる考えもあなたを追い越すことがないように」と言われていることからしても、現象世界そのものの客観的構造ではなく、あくまでも人間が世界を分析しそれに与えた秩序であり、「思わく」という思考・言説の論理構造である。こうした類似性をもつ「思わく」を、受動的な意識内容の表現と解することはとてもできない[239]。

　また、厳密に言えば直接的な知覚経験は現在のものであり、対象の過去や未来について語るものではないはずだが、断片 10 や 11 では、輝かしい太陽の働きが「どこから生まれてきたか」、そして大地や太陽や月などが「どのようにして衝き動かされて生じてきたか」、と過去に関しての言及があり、断片 19 では、「このようにして、思わくによれば、これらのもの［思わくの記述対象］は生成して、そして今あり、この後、将来において成長した上で終滅に至るであろう」と過去、現在そして未来についての言及がある。これらは、諸天体な

---

238) 用語上の類似性については、Mourelatos[2], 248ff. 参照。
239) したがって、ディオゲネス・ラエルティオス（IX23）の伝えるティモンの言葉（「彼は思惟を表象（φαντασία）の欺瞞から高く引き上げた」）や、アリストテレスの「彼は目に見える現象的事実（τὰ φαινόμενα）に従うことを強制され」（*Metaph*.A5.986b31）といった評言は適切ではない。

どの過去や未来の状態そのものを表出しているのであり、現在のそれに限定されるものではない。

例えばムーレラトスは、次のような三段論法的推論をパルメニデスが行ったと確信できると言う[240]。

前提（1）何かがパルメニデスの立てる真理規準に適合する場合に限りそれは実在である。
前提（2）ところで可感的事物はパルメニデスの真理規準に適合しない。
結論（3）したがって、可感的事物は実在する事物ではない。

これは純粋に推論として見れば正しいであろうが、しかし、パルメニデスの解釈としては派生的・周縁的であり、テクストから直接それを読み取るのは困難である。δόξαを sensible things（あるいは the world of sensible things）と言い換えた段階で、見解としての「思わく」は感覚といういわば直接的な意識を引き起こす対象へとすり替わり、議論のレベルが、「真理」と「思わく」という言説のあり方の真偽の問題から、非可感的事物と可感的事物の実在と非実在の問題へとずれているのである。しかしながら現実には、「わたしのことばの欺瞞に満ちた構成」（κόσμος ἐμῶν ἐπέων ἀπατηλόν：断片 8.52）と言われているように、偽りであると女神が認めているのは一般化された感覚対象ではなく、その表現としてのことばの構成なのであり、この点ですでにムーレラトスの推論はパルメニデスのことばから隔たってしまっている。また女神は、あえてその虚偽を虚偽として内包させたまま、つまり「思わくによれば」（断片 19.1）という言い方に見られるように、「思わく」の視点から見たありのままの「思わく」を

---

240) Mourelatos[1], 362. 彼はこの推論を組み立てるに際して次のように述べている。
"With respect to the world of sensible things, he uses the words *doxa, dokounta,* and *eoikota*. The words might mean that he treats this world as "what appears to us" or they might mean that this is at best the sort of world which is the object of "belief" or "opinion". Cf. Engelhard (122): "Bezieht sich ‚δόξαι' eher auf den epistemologischen Aspekt des Scheins, so steht ‚τὰ δοκοῦντα' für dessen ontologische Seite. Τὰ δοκοῦντα sind die Dinge, wie sie den Menschen erscheinen. ... Die Dinge, die in der Welt des Scheins erscheinen, gibt es nur in der Welt des Scheins und sind nur in der Weise dieser Welt erfaßbar."

提示しようとしていた。もし真理の観点から評言と論駁を加えつつ提示しているとすれば、自らのそうしたことばを「偽りの構成」と呼ぶことはできなかったであろうからである。女神は、「ここにおいて彼らは踏み迷ってしまっているのである」（断片8.54）というただ一つの決定的コメントを除けばひたすらストイックに「思わく」の叙述につとめている。したがって、たとえδόξαが可感的対象であったとしても、上記の三段論法の（2）に相当するような前提は確認されないし、それゆえ（3）の結論は「思わく」の枠組みの中ではけっして導出されることはないのである。ともかく、パルメニデスにおいては、真偽を語ることが意味をもってくるのは、可感的対象が感覚にどう現れているかという局面ではなく、自分の意識に与えられたものがどう考察され構成されたかという局面においてであろう。

ただしそのように言うことで、われわれは例えば「感覚」と「知覚」の意識的な区別といったものをパルメニデス理解に持ち込もうとしているわけではない。むしろ彼は、感覚と思惟の機能上の違いを意識しながらも、両者を対立的に捉えたのではなく、テオプラストスの「パルメニデスは感覚することと思考することとを同じと考えた」という報告に窺えるように、認識の源泉として両者を同じ資格で一体的に捉えていたと思われるのである[241]。つまり思惟（こころ）と感覚は相互補完的ないし協働的に人間の認知作用を担うものと理解できる[242]。真理の「無知」に関して思惟は感覚とともに責任を負う。換言すれば、真理を知ることについては、何らかの形で感覚も参与しうる可能性を残しているのである。先に言及したように、νόοςは、現前している対象の知覚表象を出発点としながらもそれに新たな要素を付加するものであり、しかもそこにはνόοςによる表象の再吟味・訂正という働きも見られ、そのために対象や状況の背後にあるものへのより深い洞察能力が認められるのであるが、ただし、この

---

[241] 『感覚論』1ff.
[242] 例えばパルメニデスと同時代人のエピカルモスの断片12（「知性が見て、知性が聞くのだ。その他のものは、聾であり盲である。」）やソポクレス『オイディプス王』（369-371）の言葉（「いつまでもそのようなことを言い立ててただですむと思うのか。」「もちろん、もし真実になにほどかの力があれば。」「そのとおり、ただしおまえは別だ。そんな力はおまえにはない、耳も心も目もそこなわれたおまえにはな。」）が参考になろう。

再吟味・訂正の根拠が「経験」であることに留意すべきである。同様に、γι-γνώσκεινという今ひとつの認識を表す語（断片 2.7）も、単に対象が何であるかを知る、感覚知覚に直接従う認知活動ではなく、その対象の本当の意味、それが置かれている状況を、繰り返し感覚を行使しながら苦労して把握することを意味する[243]。確かに感覚と思惟とは区別されるが、その区別は直ちに両者の絶対的乖離へと向かうものではない。

4　真理探究の場と「思わく」——宇宙論の可能性を求めて

　では、「思わく」と「真理」との対置が、感覚と思惟の対立措定を前提としたものでなく、またそもそも「思わく」が可感的対象そのものではなく世界についての判断・見解としての信念であるとすると、「真理」との関係の中で「思わく」についてどのような評価を下すべきなのだろうか。この点を考える上で、まず検討すべきは断片 8.53-59 である。

> すなわち彼らは、自分の判断において、名づけるために二つの形態を立てた。
> そのうち一つだけでも立てられるべきではなく、そこにおいて彼らは踏み迷ってしまっているのである。
> しかし、彼らは形姿において反対のものとなるこれら二つの形態を区別し、
> 互いに別々のしるしを与えた。すなわち一方においては天空の焔の火を彼らは措いた。
> それはおだやかで、きわめて軽く、あらゆる方向において自分自身と同じであるが、
> 他方のものとは同じでない。しかし他方、かのもう一つのものもそれ自体において
> 反対のものとして彼らは措いた。　それは暗い夜であり、形姿において濃密で重い[244]。

---

243)　Lesher[1], 159ff.
244)　二つの原理について言及する以上、断片 8.56 の τῇ μὲν に対して 58 行では τῇ δὲ でもって「夜」の言及が始まるのをわれわれは期待するが、実際には、ἀτὰρ で受けられており、表現上のアンバランスが見られる（cf. Finkelberg[1], 5 ; O'Brien/Frère, 58-59 ; Heitsch, 182）。いずれにせよ 56 行の「火」（πῦρ）と 58 行の「かのもの」（κἀκεῖνο）の両方を支配

この断片については、53行から54行にかけての個所の解釈が問題となる。まず53行の読みであるが、"μορφὰς...δύο" をὀνομάζεινの目的語とし、"κατέθεντο...γνώμας" を「心を決めた」と理解する一般的なもの (「彼ら死すべき者は二つの形態に名を与えようと心に決めた」) と、ファーリーのように "μορφὰς γὰρ κατέθεντο" を明確な意味内容をもつ韻律単位と見て、また、シンプリキオスによる三回の引用中に認められるγνώμαις[245]を採用して、「彼らは、自分の判断において、名づけるために二つの形態を立てた」と読むものがある[246]。いずれも結果としてそれほど大きな違いを生むわけではないが、われわれとしては、他の二個所 (断片8.39；19.3) においてκαταθέσθαιが目的語としてとっているものが「名前」(ないしは「名前」に帰着するもの) であること、そして、γνώμαςを目的語にとって「心を決める」を意味する用例が他にない (LSJではパルメニデ

する動詞を補う必要があるが、ここでは、55行のἔθεντοを補う。なお、オブライエン／フレールに従い、55行のἀντίαは予期的賓辞法、59行のτἀντίαは定冠詞付きの副詞ではなく形容詞の名詞化されたものと見なす (定冠詞付きの副詞用法の例はLSJ、Baillyいずれにも見られない)。また59行のἀδαῆを、「暗い」ではなく、「無知の」「蒙昧な」と解する研究者がいる (Cf. e.g. Fränkel[2], 177, n.4；Vlastos, 74, n.48；Coxon, 223；Guthrie[2], 50-51) が、能動的な意味でのἀδαῆが「夜」を修飾するときの「無知の夜」とか「蒙昧な夜」が何を意味しているのか判然としない。カッサン (Cassin, 184) は語源のδαῆναιに遡って「教示しない」、「教えをもたない」と解してこの難点を回避する。しかしわれわれは、断片8.56の「上層天の焔の」という表現との対比 (そして断片9.3の「暗い」という形容) からも、ここは比喩的ではあるがやはりDielsに従いlichtlosと解する。

245) γνώμας *Phys.*, 39 DEE^{a}F；180F^1, Ald.；γνώμαις *Phys.*, 30 DEF；180 DEF^2；39 Ald.
246) Furley[1], 5；Mansfeld[1], 123ff.；Long[1], 99, n.27；Gallop, 75；Curd[1], 105；Austin, 166. ムーレラトス (Mourelatos[2], 228ff.) は、γνώμαςという複数形の使用と、これがκατέθεντοとδύοの両方に近いところに置かれることで、二重の効果が達成されていると言う。すなわち、これを聞く一般の人々には「彼らは決心した」と理解されるが、若者そして真理に関する女神の議論を把握したものには、「彼らは二つの判断を立てた」(つまり、判断がどっちつかずのまま揺れ動いている状態) を意味するものと理解される。死すべき者たちに対するアイロニーが込められているという訳である。双頭の死すべき者たちの「⟨ある⟩と⟨あらぬ⟩は同じでありかつ同じでない」という判断のありようを暗示する穿った解釈だが、いずれにせよ構文としては、後続詩行からδύοはμορφὰςとまずもって結びつくと見なすべきであろう。Cf. Conche (190)："Parménide écrit δύο γνώμας, avec γνώμη au pluriel, pour exprimer le caractère *duel* de la décision de nomination des mortels. Le mot porte ainsi à la fois sur les deux accusatifs."

スのこの個所のみを用例としてあげている）ということから、γνώμαιςとした上で後者の解釈を採る。

　そしてよりいっそう困難な問題をはらむのは次の 54 行である。μίανをどういう意味で理解し、また、女神による批判が 54 行全体に及んでいるのか、それとも、その前半部分は死すべき者たち自身の見解に含まれているのか、という問題である。μίανについては、現在のところ解釈は次の四つに分かれる[247]。

(1) 「二つのうち一つは名づけられる［あるいは立てられる］べきではない」
（女神の批判：Burnet, Kranz, Vlastos, Finkelberg, Mourelatos など）
(2) 「二つのうち一つも……」（女神の批判：Cornford, KRS, Chalmers, Furley, Stokes など）
(3) 「二つのうち一方だけ……」（女神の批判：Karsten, Zafiropulo, Heitsch, KR, Coxon など[248]）
(4) 「二つからなる単一体は……」（死すべき者たちの見解：Schwabl, Tarán, Loenen, Mansfeld, Engelhard など）

(1) については、本章 2 節冒頭に挙げたアリストテレスによる報告、つまりパルメニデスは「火」と「土」という二つの原理を立て、「熱」としての「火」を「あるもの」の側に、「冷」としての「土」を「あらぬもの」の側に配している、という報告と軌を一にするもので（ただし実際の詩行では「土」ではなく「夜」であり、すでにその段階でこの報告の正確さに疑問が生じるのであるが）、「あるもの」である「火」の定立は正しいが「あらぬもの」である「夜」の定立は誤っているという女神の批判を意味することになる。すなわち「思わく」の世界に「あるもの」を見出そうとする解釈である。しかし、「あるもの」の本性の開示を見るとき、そこに「火」を実在とするテクスト上の示唆はない。また、「あらぬもの」としての「夜」が「火」と反対で暗くて濃密で重いといった具

---

[247] この個所の諸解釈については、Tarán[1], 217ff.; Stokes, 144ff.; Guthrie[2], 50ff.; Long[1], 89ff.; Cassin, 182ff. などを参照。
[248] ヴェルデニアス（Verdenius, 62）はこの読みであるが、ただし女神の批判でなく人間の見解と見る。

体的な属性をもつということは理解に苦しむ。またこの解釈の場合、μίανではなくἑτέρηνが相応しい形であるとする批判（ただし、こうした批判は大なり小なり他の解釈にも波及しうるものである）もこれまで繰り返しなされてきている[249]。ともかく、いずれにしても、われわれとしては、「思わく」の原理に何らかの実在性や真実性を附与しうるような解釈を取るわけには行かない。

　ロングは二つの形態を、この段階でまだ名を挙げられていない「火」と「夜」と見なすのではなく、むしろ「あること」と「あらぬこと」と見なし、「火」と「夜」は単にこれらの原理のまことしやかな特定の例示であり、死すべき者たち全体の共通の原理ではないとして、(1)の立場を主張する[250]。つまり、彼らの根本的な過ちは、「あるもの」だけでなく「あらぬもの」にも存在を認めて名を与えているという点にあることになる。しかし、死すべき者たちは、その「思わく」において、とりわけ「ある」と「あらぬ」という二つの形態を選び出して原理として立てているわけではない[251]。断片9.4にあるとおり「思わく」はその枠内で「無」を排除しているからである。

　他方、(3)の解釈は、二項のうち一方のものを立てないで片方だけを措定することを女神が批判しているということになる。この解釈については、μίανがμόνονを含意するかどうかも一つの問題である。例えば、コクソンは、ここでは誤って単一の形態から宇宙世界を導き出したイオニアの自然哲学者たち（タレス、アナクシメネス、ヘラクレイトス）に対する直接の総括的批判がなされていると見る。彼によると、一つの形態でなく二つの形態を立てて、それら一対の不変の実体の結合と分離から変化を説明する、パルメニデスの根本的に新しい

---

249)　(1)の変形解釈として、フレンケル（Fränkel[2], 180）は、この個所が、二つのうち一つだけを立てることを妥当であると主張しているのでなく、また二つの形態とは、後で出てくる「火」と「夜」ではなく、人間たちの過ちは何よりもまず二つ（それが何であれ）を名づけたことであり、どちらにしてもその一つを立てるべきではないということを意味している、と解する。Cf. Guthrie[2], 54 ; Austin, 166, n.28. この解釈がもつ「一般化」の問題は例えばStokes, 145-146を参照。

250)　Long[1], 90ff.

251)　Long[1](93) : "it [i.e. the cosmogony] involves the very error we should expect, the elevation of *something in addition to* Being as aprinciple."

理論の導入がここではっきり表明されている。

　しかし、自然学的一元論批判がここで行われているとすると、「人間たちは二つの形態に名を与えようと決心した」（コクソンの訳）と言われていることと矛盾する。これに対して、コクソンは、「決心した」という動詞のアオリストと「この点において人間たちは踏み迷ってしまった」における完了形とを対比して、決心したのはピュタゴラス派を含め人間一般であるのに対して、踏み迷ってしまったのは批判されるべき一元論者たちだとする[252]。しかしながら、「死すべき者たちの思わくを学べ」と言われた直後のこの連続する二行に現れる二つの三人称複数形の動詞の主語をそれぞれ区別して、しかも一方を人間一般と他方を歴史的一元論者というようにテクスト自体から読み取るのはほとんど不可能である。コクソンは、「思わく」を探究の道とは見なさず、「思わく」の検討はあくまでも経験において与えられる諸要素による人間の経験の分析と考えられるとするのであるが、断片6や7で言及される「死すべき者たち」と、現在問題にしているところの「死すべき者たち」とが異なるとは思われない[253]。

　また、（4）の解釈であるが、例えばタランによると、死すべき者たちの基本的な過ちは、二つの形態（それらからなる統一体に名を与える必要性を彼らは認めていない）を措定したことであり、つまり、二つの形態は実在であるためには存在しなくてはならないが、その場合「ある」という一つの形態がこの両者を包含するものであり、すなわち「ある」という点で両者は同一なのだが、彼らはこのことを理解していないのである。存在するものは、「ある」以外のいかなる特性ももちえない以上、もし彼らが二つの形態を「ある」という点で同定す

---

252) Coxon, 218-221.
253) ハイッチュ (Heitsch, 177ff.) は、「思わく」の部ではパルメニデスが、誰かある人々の誤謬を報告しているのではなく、世界についての人間の印象を叙述し、可能な限りで最善の説明 (die bestmögliche Erklälung) を与えているのであり、また二つの原理は、それによって現象世界が説明され明らかとされるところのもので、ひとまとまりで名づけられうるのであって、一つだけを名づけるのは不可能であり（この部分の訳はテクストに対応していない）、許されない (eines allein zu nennen, ist nicht möglich bzw. nicht erlaubt) とする。

る必要性を認めていたならば、現象の実在性を信じたりすることはありえなかったであろう[254]。

　しかし、部分属格を伴うμίανが a unity を意味し、さらにその unity が Being であると解するのは困難であり、また、女神のことばに前後を挟まれているこの位置で、「必要性」「必然性」を説く直接話法の独立文を人間たちの見解と見ることは不自然であり、やはり女神の批判と見るべきであろう[255]。死すべき者たちが自分の立てる二つの形態を「ある」という点で同等に扱っていないとは言えない。先にも触れたが、彼らは自らの次元において二つの形態（原理）の本性的相違を認め、それらの存在を疑ってはいない。したがって、われわれは残った（2）の訳を採用することとなる。対立相反する二つの形態のどちらであれ、その一つだけでも立てるのは正しくないのである。それらは常に他方の存在を前提とし、他方との対照性において意味をもつ。しかしこれは、それら二項からなる「あるもの」の内部に必然的に「あるもの」のまさにあるということを否定する要素を導き入れることになるのである。タランは、この解釈の場合にはοὐδεμίανでなくてはならないと批判し、マンスフェルトはοὐδετέρηνでなくてはならないとしているが、その批判に対しては、タラン自身が独特のものであると認めている持論を擁護するときの彼の主張をそのまま返すしかない[256]。

　「あるもの」の内部に自己否定の要素を導き入れる「思わく」の、判断とし

---

[254] Tarán[1], 224. なお、シンプリキオス (*Phys.*, 31, 8) は、誤っている人々とは、生成を創出する基本要素の対立関係が一であることを理解せず、あるいはそれをはっきりと見出すことのない人々である、とする理解と同じである。Cf. Stevens, 56 ; Conche, 191.

[255] Cf. Mourelatos[2], 82.

[256] Tarán[1] (221, n.49) : "there is no other obvious way to express in short what Parmenides meant, especially in poetry." Cf. Guthrie[2] (50) : "Parmenides's expression is often odd, nor is there anything very strange (certainly nothing obscure) in the phrase μίαν τῶν δύο, especially if he felt the need of emphasis." なお、ファーリー (Furley[1], 5) は、アリストパネスの『女だけの祭り』549 ("μίαν γὰρ οὐκ ἂν εἴποις τῶν νῦν γυναικῶν Πηνελόπην"：「今の女たちの中のひとりとしてあなたをペネロペと呼ぶことはありえないだろう」) を挙げて、μίαν...οὐがοὐδεμίανを意味しうるからには、それがοὐδετέρανを意味しないとする理由はないように思われると言っている。

ての虚偽性を改めて確認する必要がある。

　(a) μορφὰς κατέθεντο δύο...ὀνομάζειν (「名づけるために二つの形態を措定」：断片 8.53)

　(b) ἐκρίναντο δέμας καὶ σήματ'ἔθεντο (「形姿において区別し、しるしを与えた」：断片 8.55)

　(c) πάντα φάος καὶ νὺξ ὀνόμασται (「すべてが光と夜と名づけられた」：断片 9.1)

　動詞は (a) (b) がアオリスト、(c) が完了で、これらは死すべき者たちの一連の行為を描写している。すなわち、二つの形態の措定・区別、命名、そしてしるしの附与である。(a) の μορφή は (b) の δέμας と同様に、まずは知覚に与えられる表層的形姿を意味していると考えられる[257]。しかし、それは単なる外観的形状にとどまるものではなく、全体において均整のとれた構成体として現れている形態を意味する[258]。ではそのような意味での形態を措定するとはどういうことだろうか。

　そもそもタレス以降の（あるいはひょっとするとヘシオドス以降の）自然哲学者たちの基本的な態度は、われわれに対して現れる多様な自然を一つの全体として視野に収め、それがより根本的で単純な内的原理からの発展によって成立したと考えることであったと言えよう。「思わく」の叙述をそのような先行哲学者に対する批判として見ることができるとするなら、死すべき者たち（＝先行哲学者たち）が立てる形態とは、多様なるものとしての「すべてのもの」((c)) を貫いて表出されている統一的原理ということになろう。世界がわれわれに提

---

257) Cf. Finkelberg[1](4)："the word [i.e. μορφαί] [⋯] normally refers to the outward appearance of things"；Mourelatos[2](220)："μορφή is the most phenomenological and non-committal, least interpretive or epistemic, of the Greek words that carry the meaning of "form"."

258) Chantraine, *s.v.* μορφή, "《forme》en tant que cette forme dessine un tout en principe harmonieux"；*s. v.* δέμω, "le sens précis est 《construire par rangées égales et superposées》, [⋯] δέμας ne s'emploie chez Homère que comme accusatif de relation, pour désigner la forme corporelle, la stature d'un homme vivant." Cf. Conche (195)："Si l'on songe au sens de δέμω, [⋯], il apparaît que le sens dominant, dans la forme nominale, est celui de 《structure》."

示するあらゆる事柄を統括するものの存在を前提とし、それが具体的に何であるかということより以前に、まず、これを原理として二つ措定する。そして措定されるその二つの原理は単に異なる二項であるに留まらず、まさに対立するものとして（ἀντία ἐκρίναντο δέμας）区別された上で立てられる。つまり、二項の区別は二項の対立措定なのである。そして死すべき者たちによって、それぞれに「光」と「夜」という名が与えられ、彼らが「あるもの」と見なす対象が彼ら自身のことばによって客観的に定着させられる[259]。あたかも、パルメニデスにとっての「ある」と「あらぬ」の措定そのものが論証の結果でてきたものでないように、当該対立項の措定とそれらが「光」と「夜」からなることに関しても根拠は提示されていない。そして各々に対して、ちょうど「ある」の道に見られたように、「しるし」（σήματα）が与えられる。いわば二次的な命名

---

[259] 断片8と12では「火」（πῦρ）、断片9（そして14も）では「光」（φάος）とある。「夜」と直接的な対立関係を形成するとすれば「光」の方が相応しいように思われるが、「火」と「光」は同じものなのだろうか、それとも、区別されるべきものなのだろうか。シンプリキオスは「パルメニデスは思わくに関する叙述の中で［二つの原理として］火と土（あるいはむしろ光と闇）を立てた」（*Phys*.25.16）、「第一の対立をパルメニデスは光と闇、あるいは火と土、あるいは濃密と希薄、あるいは同と異と呼んでいる」（*Phys*.31.21-22）、また、アリストテレス（『自然学』188a20）が、パルメニデスは熱と冷を原理とし、これを「火」と「土」と呼んだ、と述べていることへの注釈として「なぜならパルメニデスも、思わくに関する叙述の中で熱と冷を原理となしているから。彼はこれらを火と土、つまり光と夜あるいは闇と名づけている」（*Phys*.179.31-33）と報告している。そしてまた、シンプリキオスはアレクサンドロスを引用して、「パルメニデスは生成する事物の原理として火と土を立て、その際、土の方は素材因、火の方は作用因として立てた。そして、アレクサンドロスの言うところでは、パルメニデスは、火を光と、土を闇と名づけた」（*Phys*.38.22-24）と言っている。以上のような状況を考えると、注釈家たちはパルメニデスにおける原理的対立物としては光と闇（夜）の方を基本的なものとして考えているように思われる。パルメニデスが両方の語を用いているため、明確な区別をそこに認めることはできないのかもしれないが、少なくとも言えることは、コンシュ（Conche, 192ff.）の主張するとおり、「上層天の焔の火」は、「夜」が闇を意味するように、熱源ではなく光源としての機能をまず第一に担っているということであろう。Cf. Verdenius（10, n.5）: "Parmenides makes no actual distinction between 'fire', the source, and 'light', the result."; Tarán[1]（231, n.1）: "Parmenides did not distinguish between Fire and its effect, Light. For him these two notions are one and the same, since he does not know the concept of abstract quality."

第7章 「思わく」の虚構と真実

であるが、すなわち一方は、穏やかで軽くあらゆる方向において自分自身と同じであり、他方は、濃密で重い。それぞれは単一の均質的な本性をもつものとして「あるもの」に接近する（断片 8.4；8.22；8.29 参照）。次の断片 9 も見ておこう。

> しかし、すべてのものが「光」と「夜」と名づけられ、
> またそれらの力に応じたものが名前としてこのものやかのものに割り当てられたので、
> すべては同時に光と暗い夜とで充ち、
> どちらも相等しい。なぜなら、いずれもあらぬということを分けもつことはないから。

「力」（δύναμις）とはその力を担っている実体的なものを表示する固有性質であり、「しるし」と同じものであるように思われる。死すべき者たちが考える万物が、実体化された「光」と「夜」に二分され、さらにそれらの力、固有の性質（それらは相互に排除し合う）に応じた名前が、個々のものに与えられる。その性質とは、パルメニデスのテクストから直接読み取れる対立項だけでなく、シンプリキオスが使用した写本中に挿入されていた古注[260]も参考にいくつかの例を挙げれば次のような形になるのかもしれない。

万物	光 φάος	（希薄さ）（ἀραιόν）	軽さ ἐλαφρόν	（熱さ）（θερμόν）	（柔らかさ）（μαλθακόν）
	夜 νύξ	濃密さ πυκινόν	重たさ ἐμβριθές	（冷たさ）（ψυχρόν）	（固さ）（σκληρόν）

＊（　）は古注からの補足である。

それぞれの系に属するものはつねに対立関係にあるものを他方の系においてもつ。二項は概念的に区別されながらも関係性において結びついている。単独

---

260) *Phys.* 31, 3-4. Cf. Conche, 194. なおガスリー（Guthrie[2], 77）は、ギリシア思想の一般的な傾向との類比から、パルメニデスに関して火と夜も含めた十対の「対立表」を再構成している。

で希薄さが存在することはなく、濃密さを対立項としてもつことによって初めて希薄さは意味をもちうるし一定の対象の内属規定となりうる。同じことは他のペアについても言える。言い換えれば、ある対象は光の系と夜の系のいずれかに属する何らかの諸性質をもつが、それぞれの性質は常に自らと対立する性質の存在を前提としている。そして、例えば月や太陽を灼熱の固体とか鉄塊と見たり、天空を熱と冷の混合体であるとか火によって水晶状に凝結させられた空気からなる固いものであるとする場合のように、諸性質が混合・混在することで一定の対象が構成される。その混在は静的なものではなく、軽いものが重くなり、冷たいものが熱くなり、明るいものが暗くなり、白いものが黒くなるように、ダイナミックなプロセスの形を取る。変化とは対立性質の混在を前提とする。ところで、そうした対象の総体が万物である。したがって、あらゆるものが同時に「光」と「夜」の性を包含し、それらに充たされていることになる。そして、世界全体がこれら二つの力の均衡的混在によって存立している限りで、「両者はともに相等しい」のである[261]。

そして、死すべき者たちの誤謬の源は、まず命名行為の前段階として二つの形態を立てたことにある。無批判のうちに「ある」と認めた万有を、原理において対立する二つのものに切り分ける（κρίνειν）ということは、還元不能な異質性を世界に導入することであり、一つの全体としての世界の自同性や均一性、そして連続性や完結性をはじめから否定することである。それにもかかわらず彼らは、この判断に基づいて、他方のものにいささかも劣ることなく自己同一

---

[261] この「等しさ」については、質、量、力、資格、機能など、さまざまな観点からの解釈がなされているが、われわれは基本的には量的な等しさと見る。量的に等しいがゆえに、力の点でも等しいと言える。Cf. Conche, 201. なお、マンスフェルト（Mansfeld[1], 132-133）やルッジウ（Ruggiu, 320）は、認識論的観点においてἤπιονとἀδαῆが対立項を形成すると主張する（cf. Mourelatos[2], 242-243）。これは、ἤπιοςの否定形がνήπιοςであり、後者が「子どものような」、「幼稚な」、「分別がない」を意味する以上、前者も「穏やかな」ではなく「賢明な」を意味すると考えるところから来ている。しかし、たとえそうであっても、ルッジウの言うようにἤπιονがconoscibileという受動的な意味をもつことにはならないし、能動的意味を保持しているとしても「光」が賢明で「夜」が無知という理解しがたい対立関係となるだろう。いずれにせよ、その解釈の出発点であるἤπιοςの否定形がνήπιοςであるという主張自体が根拠薄弱である（cf. Chantraine, *s.v.* ἤπιος）。

性を保ちつつ、同時にまた他方のものとの対立性をも完全に実現している「光」と「夜」をそれらの形態に割り振り、そしてこれを原理に据えてすべてをその名の下に二分していく。すべてはこれらで充ち、そこには「あらぬこと（無）」の介入する余地はない[262]。つまり人間たちにとって「光」と「夜」はまったく等しなみに「ある」のだから。「光」の性をもつものと「夜」の性をもつものとをまとめれば、それが死すべき者たちにとっての万有（「あるものども」）となる。

しかし真理の視点からすれば、彼ら死すべき者の「ある」は、断片2で示されていた、まったき仕方での「ある」ではない（それゆえ、彼らの「無」もこの「ある」に対立する「あらぬ」ではない）。それはむしろ、「このようにして、思わくによれば、これらのものは生成し、そして今あり、この後、将来において成長した上で終滅に至るであろう」（断片19）ということばに見られるように、「生成する」、「成長する」、「終滅する」と立派に肩を並べる「ある」なのである。生成、変化、消滅は、対立する諸性質（そしてその性質を担う実体的なもの）の相互作用による。そしてそこに彼らは何の矛盾も見出さない。ところが現実には、「ある」の本性の無理解により同一対象に存在と生成を結びつけてしまうことで、「ある」ものとされる「光」と「夜」が構成する世界にはすでに無が忍び込んでいるのである。結局、彼らの「あるものども」は無を内包する限りで「あらぬものども」ということになる。

こうした絶望的な状況から抜け出すために女神は死すべき者の一人である若者にいかなる指針を与えたか。一致した解釈が困難で、詩の中でのその位置づけもはっきりとしないものではあるが、人間の認識に関して語っている断片4がある。

> 現前していないものも現前しているものも思惟により（νόῳ）同じようにしっかりと見なさい。

---

[262] 「いずれもあらぬということを分けもつことはないから」の個所については、さまざまな解釈が提案されている（例えば Mourelatos[2], 85 や Conche, 201-202 参照）が、われわれのような読みをするのは Mansfeld, Kirk and Raven, KRS, Schwabl, Gallop, Coxon, Mourelatos, Austin, De Rijk, Furley など。

> なぜなら、あなたは、あるものがあるものと繋がっているのを自分で切り離すことはないだろうから。
> それが世界のあらゆるところにあらゆる仕方で散在しているにせよ、
> 一つにまとまっているにせよ[263]。

すでに引用者のクレメンスが肉眼と知性という対比のもとで解釈していたように、感覚批判という文脈でこの断片を理解しようとすると、どうしても「現前してはいないが知性には現前しているものを見よ」や「現前していないものでも、現前しているものとしてしっかりと思惟によって見よ」といった訳を与えたくなる。例えばガスリーは、明らかに感覚と対比された知性には時空において離れているものを現前させる能力があり、それがここで称揚されているとする。また、タランは、知性にとっては、存在はすべて現前しており、感覚の場合に見られるような現前しているものとそうでないものとの区別は消失するという。そしてまたボラクは、現前しているものと不在のものとがτὸ ἐόνを構成しているとする[264]。しかし、こうした解釈は、「あるもの」に複数性（これは議論を「ある」そのものから、個別的対象の次元に移してしまう）や時間性・空間性を容認することにつながる。見よと命じられている「現前しているものども」（παρεόντα）と「現前していないものども」（ἀπεόντα）はいずれも複数形である。παρεόνταは時間的・空間的に主体の側近くに来たってあるものであり、逆にἀπεόνταは、主体から遠く離れてあるものである。いずれも動詞接頭辞としての前置詞をはずせばἐόνταであるが、これらが真正なる「あるもの」と同一視されることはありえない。確かにこれらは思惟の対象とされているが、「真理」の道の叙述において「あるもの」が複数形で現れることはなかった[265]。むし

---

263) 一行目は "λεῦσσε δ'ὁμῶς ἀπεόντα νόῳ παρεόντα βεβαίως." と読む。解釈は別にして、ὁμῶς と読むのは、Hölscher[1](385-390), Bollack(56-66), Barnes[2](213), Mansfeld[1](208ff.), Austin(160), 鈴木(195-209) など。2行目の動詞ἀποτμήξῃ（二人称単数未来形）はディールス（Diels, 32）に従う。Cf. Bollack, Barnes, Mansfeld, Austin, Curd[1](52)。なお、三行目のκόσμονは、Barnes, Conche(91), Bollack, O'Brien/Frère(21)などとともに「秩序」でなく「世界」と理解する。

264) Guthrie[2], 32; Tarán[1], 49; Bollack, 59.

265) 現存断片で「あるものども」（ἐόντα）という語が（否定辞を伴って）現れるのは、断片

ろ、これらの接頭辞が「ある」に付加されることで、われわれは、死すべき者たちのもとにいまだ現れてはいないもの、そしてそこに生起し現存しそこから離れ去っていくさまざまなもののそうした有様を見て取ることができるのではないだろうか。死すべき人間のひとりである若者に命じているからには、ἀπεόντα と παρεόντα は彼らのレベルでの「あらぬものども」であり「あるものども」であって、彼らの経験の中に入ってくるすべての対象なのである。そして、後者が先ほどの「光」と「夜」の機能をもつもので充満する世界と同じものとなる。しかし、このような区別にもかかわらず、それらはやはり神的視点からするとすべて「あらぬものども」である。

　すると、「思惟」によって見よという命令は「あらぬものどもを見よ」という空疎な命令ということになるのだろうか。そうではない。「しっかりと」（βεβαίως）という副詞は、ただ単に「よく」ということではなく、足場と基礎が確固としていることにより安全と確実性が確保されているという様態を表している。つまり、人間たちが自分たちなりの規準に基づいて語る「あるものども」も「あらぬものども」も等しく（ということは彼らの偽りの判定を一旦完全に遺棄して）見よということである。この「見る」ということばは、本来は視覚の働きを表すものであるが、ここでそれが比喩的に用いられていると考える必要はない。「世界」にまずもって眼差しを投げかけるのは他ならぬ視覚であり、たとえ時空を超えた永遠的な本質をもつ「あるもの」ではあっても、生成と変化から存在へと移行するためには、視覚やその他の感覚の複合的な情報を分析して現象の背後あるいは世界の中にある「あるもの」を思惟が洞察しなくてはならない。そしてそのとき既成の判定の檻穽に陥って踏み迷うことなく安全・確実に「歩みを進める」（βαίνειν）ことを保証する基盤・足場となるものが、まさに「真理」の道で示される「ある」ということの本性規定である。「あなたは、あるものがあるものと繋がっているのを自分で切り離すことはないだろう」という未来形動詞による表現は、若者が、「ある」ということの規定の一つである「本性的連続性・不可分割性」（cf. 断片 8.22-25: ξυνεχές / ἀδιαίρετον）

　7.1 で、死すべき者たちの「思わく」が、女神により「あらぬものどもがある」（εἶναι μὴ ἐόντα）という定式（つまり「ある」と「あらぬ」の混同）に還元される場面だけである。

を誤りなく常にすでに了解しているということでなく、むしろ「思わく」の内的必然性の由来と虚偽性を自ら実践的に学び（＝プログラム（3）の完結）、「世界」に向かうとき「あるもの」の本性的連続性を見失ってはならないという命令である[266]。

　「真理」は、「思わく」がこれまでに描出しようと対象にしてきたもの、つまりこの世界に求められる。「光」と「夜」という対立原理を「ある」に先行させてあるいはそれを考慮せずに立てるのではなく、そうした思考形式を打破し、誤った判断は断固として排除し、偶然の産物としての正しい判断は、本当の根拠を与えて確立し直すことが必要なのである。そこから「ある」の道に沿った新しい探究が始まる。したがって、その意味で、「思わく」は可能な限りで最善の範型でなければならなかったと言えるだろうが、しかし、そうした「思わく」の排除は、直ちに生成と変化の世界の完全な消去と感覚の全面的否定、そして一切の現象的世界を超越したまったく別の純粋に思惟的な世界の確立へと直結しているわけではない。本章冒頭で改めて確認した「思わく」の学びのすすめは、「ある」という観点からの「思わく」の解体を命じるものであり、そしてそれはそこで終了するのでなく、世界万有についての新たな真の理論確立への出発点となると言えよう——たとえパルメニデス自身が自身の意図に反してその確立をなしえなかったとしても。そのためにも「思わく」は詳細に語られる必要があった。パルメニデスにおいて、「あるもの」は「思わくされるもの」と存在論的な資格を争う個別的な対象として提起されているのではけっしてなく、むしろ、「ある」という事態、「ある」ということそのものを何よりもまず表しており、またこの「ある」を核とする真理は、「思わく」と真偽を賭けて同じ位相で言明を構成するものでもない。それはあらゆる判断と判別に先立って措定されるべき原理なのであり、だからこそ判定の基準という資格をもちうるのである。パルメニデスにとってやはり真理の探究の場は依然として自分が生きるこの世界ではなかっただろうか。

---

[266] Cf. Bollack, 64-65. このように解釈するとき、この断片のおかれるべき位置は、DKのように断片8より前ではなく、むしろ「思わく」の提示終了後がふさわしいように思われる。

第 8 章

パルメニデス以後

はじめに

　従来のいわゆる哲学史的常識では、パルメニデスを介して自然哲学は一元論から多元論へと移行していく。そしてこの理解が過剰な一般化の結果であることは言を俟たない。すでに触れたように、この「一元論」と「多元論」は、実体に関する同一の前提を共有しているわけではない。この「常識」によれば、パルメニデス以前と以後の自然哲学者は、現象をその基にある不変の実体の振る舞いへと還元できると考えており、両者の見解の相違は、この実体の数を一とするか多とするかという点に存している。しかしそのような実体はパルメニデス以後に帰すことはできても、以前に帰すことはできない。また、パルメニデス以後の自然哲学的試みのすべてが多元論へと向かったわけではない。例えばアナクサゴラスより若干後のサモスのヒッポン（前 5 世紀）は、水ないし湿気を万物の始源とする一元論的立場を採ったし、アポロニアのディオゲネス（前 423 頃）の主張はまさに「基体的」一元論であった。パルメニデスの哲学がどのような形で以後の自然哲学に影響しているのか、そして、「以前」が「以後」とどう異なっているのか、こうした点を確認するために、「以後」の哲学者を何人か取り上げ、限定的ではあるが彼らの自然学説を概観することとしよう[267]。

---

[267]　パルメニデスより 40 年ほど後の世代で、おそらくパルメニデスの著書を読んでいたであろうピュタゴラス派のピロラオス（前 470 頃-前 385 頃）も、彼に応答して「限定するもの」と「無限なるもの」としての「あるもの」を提示しており（断片 2）、影響関係を考察する上で重要な哲学者だが、真正断片も少なく、本論では触れなかった。なお、三浦[4]も

1 エレア派の後継者

(1) エレアのゼノン

　ゼノンの年代については、アテナイで若きソクラテスがパルメニデスとゼノンに会ったとするプラトンの記述（『パルメニデス』127A）を判断材料とするならば、前490年頃に生まれ、パルメニデスよりも25歳ほど年下だったことになる。その生涯も正確なところはわかっていないが、古代の諸証言によれば、彼は、アテナイを訪れることはあったとしても（ペリクレスも彼の話を聞いたとされている）、おそらく生涯、エレアから離れることはなかったと思われる。彼の積極的な政治的活動と勇敢さを物語るものとして、真偽のほどは不明だが、エレアが僭主独裁体制におかれたとき、僭主に対する謀叛事件で捕えられたゼノンが、過酷な拷問に耐え、僭主の耳に噛みついて死ぬまでこれを放さなかったといった逸話が伝えられている。

　おそらく5-6世紀のアレクサンドリアのヘシュキオスに依拠したであろう10世紀頃の辞典『スーダ』には、ゼノンの著作名として、『争論』『諸哲学者を駁す』『自然について』『エンペドクレス論』の四つが掲げられているが、前二者は内容的に重複するもののように思われるし、『自然について』はソクラテス以前哲学者のほとんどすべてに帰されてきた書名であり、また、最後のものについては、エンペドクレスとの関係が不明で、他に証言もなく、その存在自体が疑問視されている。結局、プラトンからシンプリキオスに至るまで、ゼノンの著作は一書しか知られていなかったようである。

　彼の著作の目的については、プラトンが同じく『パルメニデス』（128B-E）で、ゼノンに、若い頃パルメニデスの「あるものは一である」とする言説に加勢するために書物を著した、と述懐させており、また6世紀の哲学者ピロポノスも、「多数性を導入している者たちはその自明性に信を置いている。なぜなら、馬たちが存在し、人々が存在し、さまざまな個物が存在し、そしてこれら

　参照。

の集合が多数性を生み出すからである。したがって、この自明性をゼノンは覆そうと試みたのである」と語っている[268]。ゼノンの著作は多元論を標的とし、その多数性の主張を論駁することにより、師の学説のうち特に「あるものは一である」という主張を擁護するのがその主要な目的であった。

　そしてその著作の内容に関しても、同じくプラトンの証言を信頼すると、それは一連の議論からなっていて、その各々が条件文で始まる多くの仮定を含んでおり、それらの議論においてゼノンは、パルメニデスを嘲笑する者たちが立てる前提（「あるものは多である」）から矛盾する帰結が導出されることを示して、当の前提の虚偽性を明らかにしたとされる。例えば、プラトンは、「もしあるものが多であるならば、その場合、同じものが似ているとともに似ていないものになるが、それは不可能であり、よって、あるものが多であることも不可能となる」という議論を挙げている。彼の用いた議論がそのようなものであったとすれば、その性格も自ずと争論的なものとなってくる。ただ、この論法を伝える直接資料は、シンプリキオスが逐語的に引用した二つの議論が残っているだけである。

　この多数性論駁に加えて、ゼノンには、これとは異なる形式で運動を論駁する議論もあった。運動論駁のために用いた、「アキレウスと亀」をはじめとするよく知られた一連のパラドクスによって、その後の哲学史の中でゼノンは異彩を放ちつづけることとなる。ただ、これらのパラドクスについてはゼノンの著作からの直接引用が皆無で、かろうじてアリストテレスによるあまりに簡潔な論旨説明が残っているだけである。多数性論駁の議論と運動論駁によって、アリストテレスはゼノンをディアレクティケー（対話的論法）の創始者と認定したが、これらの議論がゼノンの著作においてどのような形で統一性をもちえたのか、いまだに研究者の間で見解の一致を見ることはできない。

　ともかくも、ゼノンの思索の第一義的な目的は、固有の哲学を展開することではなく、独自の論法によって、自明の現象としての運動変化一般と多数性を容認する主張がはらむ問題点・矛盾点を白日の下にさらし、それを通じて、師

---

268)　『アリストテレス「自然学」注解』42.18-21。

パルメニデスの実在概念を擁護することにあったと言える。そして、プラトンが描くゼノンは自らの著書を「若気の至りによる競争心から書かれたもの」と語るが、にもかかわらず彼の議論は、背理法という間接証明、分割可能性、連続体や無限といった概念分析において、きわめて独創的である。

(2) ゼノンによる多数性論駁の議論

　ここでは、ゼノン自身のことばが伝えられている多数性論駁だけに触れておこう。存在の多数性を信じる者たちを論駁するこの議論には二つのものがあるが、いずれも、「あるもの」の多を仮定すると対立矛盾する二つの帰結（アンチノミー）が生じると示すことで、そもそもの前提である「あるもの」の多を否定する背理法となっている。ゼノンがここで論駁しようとしている命題の主語を「多なるもの」とし、「多なるものがある」という命題を標的にしていると見る研究者がきわめて多い[269]。これによって間接的に証明されることになるのは「一なるものがある」という命題だろうが、これはパルメニデスの基本的主張ではない。「一」は「あるもの」の多くの本性規定の一つで（パルメニデス断片8.6）、パルメニデスにおいて名詞化されて主語の位置に来ることはない。ほかならぬゼノン自身の議論も「あるもの」を主語にそれが有限であるとともに無限であるという帰結を導出しているのである。先に見たように、プラトンは『パルメニデス』（127E）においてゼノンの主張を確認する場面では、正確に「あるもの」を主語に置いている。

　第一の議論は、「あるものが多であるなら、それは数的に有限であるとともに無限である」と主張するものであるが、これはそのすべてが引用保存されている。

　　もしあるものが多であるなら、それらは必ず現にあるそれだけの数だけあり、それ以上に多くもなければ少なくもない。しかるに、現にあるそれだけの数あるとすれば、あるものは有限となろう。
　　もしあるものが多であるなら、あるものは数的に無限である。なぜならば、

---

269)　E.g. KRS, Ch.9 ; Curd, 173ff. ; Lee, 13ff.

あるもの同士の間にいつも別のものがあり、そしてさらに、その別のものの間にまた別のものがあるからである。かくして、あるものは数的に無限である。(断片3)

「あるもの」が多なら、数の点で限りをもっていなくてはならない。つまり、多なるものは、分割不可能な究極の単位から累積的に構成されているのであり、それゆえ、いくつであろうとそれらは数え上げられなければならず、その意味で有限である。ところが他方、どのような二つのものも、それが異なる以上、それら二つのものとは別の第三のものによって隔てられていなくてはならない。さもなければ二つではなく一つということになる。例えばAとBが異なるのは、この二つが隔てられているから。そこで、これらを隔てているものをCとすると、そのCはAともBとも異なる以上、AとCはDによって、BとCはEによって隔てられていなくてはならない。そして同じことがD、Eについても言える。こうしてこのことは無限に続く。したがって、「あるもの」は無限数あることになる。かくして、「あるもの」が多であるとすると、対立矛盾する二つの帰結が生じることになる。したがって、「あるもの」は多ではない。

次は、「あるものが多であるなら、それは大きさをもたぬほどに小であるとともに無際限に大である」とする第二の議論である。このうち「大きさをもたぬほどに小である」に対応する論証部分は保存されていないが、シンプリキオスは、これが、「あるものが多であるなら、その各々はそれ自身と同一であるとともに単一でなくてはならない」(*Phys.* 139, 18-19)という前提から行われていると述べており、次のような論証構造が考えられる。

> もしあるものが多であるとすると、それらのものは大きさをもたぬまでに小さい。なぜなら、もしあるものが多であるなら、その各々はそれ自身と同一であるとともに単一でなくてはならない。つまり、それらは統一された諸々の単一体からなるものでなければならない。そしてこれらはいかなる大きさももってはいないだろう。なぜなら、大きさをもつものは部分をもつが、部分をもつものはもはや一ではないからである。したがって、多なるあるものは大きさをもたぬまでに小さなものでなければならない。

他方、これとともにアンチノミーを構成する「無際限に大である」とする論証の方（断片1および2）はまとめると次のようになっている。

　何かが大きさをもたないとすると、それは存在しないことになる。なぜなら、もしそれが大きさをもたずに他のあるものに付け加わっても、そのものは大きさを増すことはありえず、また、付け加わったものを取り去られても、そのものは小さくはならないから。したがって、付け加わったものも取り去られたものもあらぬものである。それゆえ、大きさをもたないものはあらぬ。
　しかし、多である各々があるなら、それは一定の大きさと厚みと嵩をもち、そのものの一部分が別の部分と離れていなくてはならない。ところで同じ議論はこれら二つの各部分に当てはまる。それもまた大きさをもっているだろうし、それゆえ、それのさらに先のものがあることになるだろう。これは無限に続くであろう。なぜなら、このつながりに最後の項はなく、別の諸部分へのつながりが次々と生じるから。かくしてあるものが多であるなら、それらは無際限に大である。

最後の、大きさをもつ部分が無限に多くあるということから、それらが大きさにおいて無限であるという結論がどうして出てくるのは判然としないが、先の数的に無限であるという議論からすれば、大きさをもつ諸部分は互いを隔てるものを常に必要とするがゆえに、結局、無限数あることになるが、無限数のものがすべて一定の大きさをもつとすると、その全体は無限に大きいことになる、ということだろう。こうして、アンチノミーは完成し、「あるもの」が多であるなら、それらは大きさをもたぬほど小さいとともに、無際限に大であることになり、よって、「あるもの」が多ではない、すなわちパルメニデスの主張通り、「あるものは一である」、ということになる。結局、「あるもの」の多数性の主張は、多である「あるもの」が現実に無限に分割可能であるということと同時に、その多である「あるもの」がそれ以上分割不能な究極の単一体により構成されているという両立不可能な主張を含んでいるのである。
　以上のようなゼノンによる多数性論駁が効果を発揮するのは、「あるもの」を大きさや数量の点で限定可能な空間的延長物と考える立場に対してである。スコフィールドは、パルメニデスにおける「あるもの」が空間的に延び拡がっているものと解される以上、この論駁がそのままパルメニデスの実在に適用さ

れうるのであり、それゆえパルメニデスの「真理」の部を突き崩すものであると言う[270]。しかし、すでに見たように、パルメニデスの「あるもの」を空間的延長物と確言することはできない。

　ゼノンがこの論駁で考えている空間的「分割」や、あるいは「アキレウスと亀」に代表される運動のパラドクスでの空間的「運動」の概念も、パルメニデスが「不可分割性」や「不動性」を論じていたときの「分割」と「運動」の概念と同一のものではない。パルメニデスの「あるもの」における不可分割や不動は何よりもまず自己同一性と本性的不変性を意味していたからである。また、パルメニデスの「一」もゼノンが議論で用いている数量的規定としての「多」と対立する数的意味での一ではなかった[271]。したがって、ゼノンの批判が物体的実在を排除することでパルメニデスの実在概念を擁護するとしても、それは限定的なものであると言えよう。

　ゼノンが多数性および運動の論駁を通じて標的としているのは、特定の主義主張ではなく、感覚の直接的所与として対象の多数性を運動とともに認める「常識」の立場である、とする見方がある。プラトンの『パルメニデス』で、ソクラテスがゼノンの意図を「普通に言われていることのすべてに背いて、あるものは多ではないと主張すること」と指摘しているのも、その見方を裏打ちするように見える。しかし、プラトンはその少し後でゼノンに「パルメニデスの説を笑いものにしようと企てている人たちに対抗するため」とも語らせている。もしゼノンの論駁における諸前提——論駁として機能するのであれば、それは論敵も承認する信念として採用されているはず——には、必ずしも常識が容易に立てることのできない、むしろきわめて洗練された哲学的・自然学的な前提も含まれているので、ゼノンは、存在の運動や多数性を無批判に支持する「常識」以上の、より積極的な多元論的主張を念頭に置いているとする解釈も簡単には否定できない[272]。

---

270)　KRS, 269.
271)　第6章参照。
272)　標的が誰であるかをめぐる議論については、例えばカヴァン（Caveing, 159ff.）やカード（Curd, 174ff.）を参照。ちなみに前者は同時代のピュタゴラス派、後者はエンペ

結局、時間的・空間的存在者のレベルで論じている限りで、ゼノンの議論は、パルメニデスの実在概念そのものと直接関わるものではなく、その意味で、彼はパルメニデスの強力な擁護者とは言えないが、存在の多数性と運動性を主張する者たちが自明のものとして用いている時間、空間、分割、有限・無限といった基本的概念が、けっして自明ではなくむしろその主張の根幹を揺るがすようなさまざまな問題をはらんでいるということを、ゼノンは論理的な手法で明るみに出したのであり、以後の原子論やソフィストのプロタゴラスをはじめ、プラトン、アリストテレスに大きな影響を与えることになった。

(3) サモスのメリッソスによる実在の本性規定

　パルメニデスの思索は、エレアから遠く離れたイオニア地方のサモスに熱烈な擁護者を獲得する。サモスのメリッソスである。政治家でもあった彼の生涯についてはほとんど知られていない。彼にまつわる唯一の確実な年代は、彼がサモス軍の司令官として艦隊を率い、ペリクレス麾下のアテナイ軍を打ち破った前441年という年である。したがって、その頃を彼の盛年とすれば、おそらくメリッソスはエンペドクレス、アナクサゴラスとほぼ同時代人であって、彼らの著作に親しんだ可能性がある。レウキッポスとデモクリトスとの関係についても、メリッソスの方が年長で、彼らの原子論形成に一定の影響を与えたと見ることもできる。

　彼が著した『自然について、あるいはあるものについて』と題するおそらくただ一つの書物からは、10の断片が伝存しているのみであるが、そのすべてを引用しているシンプリキオスの論旨説明と合わせて、彼の学説の基本線はかなり明確に読み取ることができる。彼がパルメニデスに直接師事したとは思われないが、その思索がパルメニデスの哲学圏内で展開されていることに疑いはない。飾り気のない平明な散文――その意味ではイタリア的伝統というより、イオニア的伝統の中に身を置いている――で書かれたこの著書は、パルメニデスによる実在の概念規定を、彼なりの仕方でもう一度導出し直し、その主張を

　ドクレスとアナクサゴラスを標的にしていると見る。

擁護することを目指すものであった。アリストテレスはメリッソスの議論がパルメニデスのものよりも粗悪であると評価しているが[273]、そのような議論によって、高度に洗練されたきわめて抽象的で難解なパルメニデスの定式が、より一般化されることとなったのも事実である。メリッソスによる「あるもの」の本性規定は、おおよそ以下のような演繹推論によって導出されている[274]。

① 「不生」：「あるもの」は生成したものではない。なぜなら、生成したのなら、それが生成する前には何もあってはならないだろうが、何もあらぬなら、あらぬものから何かが生成することはありえないから。（断片 1、2）

② 「永続、つまり時間的無限性」：「あるもの」はあり、常にあったし、常にあるだろう。それは時間的に無限である。なぜなら、生成したものではない以上、いかなる始まりも、いかなる終わりももたないから。（断片 1、2）

③ 「空間的無限性」：それは空間的に無始無終で無限である。なぜなら、生成したのなら始まりと終わりをもつであろうから。しかしそれは始まったのでも終わったのでもないから、常にあったし常にあるだろうし、いかなる始めも終わりももたない。よって、無限である。（断片 3、4）

④ 「一性」：それは一である。なぜなら、もしそれが二ならば、それらは互いに対して限界を形成することになろうが、それは無限でないことになるから。（断片 5、6）

⑤ 「均一同質」：それは均一である。なぜなら、もしそれが均一同質でなければ、一ではなく多となるだろうから。（断片 7）

⑥ 「不変」：それは不変である。なぜなら、かつての秩序は消滅せず、現在あらぬ秩序は生成しないから。付加、消滅、変容を受けることがない以上、「あるもの」は秩序を変ええない。（断片 7）

---

273) アリストテレス『形而上学』第 1 巻第 5 章 986b25-28 = DK30A7。
274) ⑤の「均一同質」については、その論証部分は現存断片に含まれていないが、論拠は容易に推測できる。なお、擬アリストテレス（『メリッソス、クセノパネス、ゴルギアスについて』974a12-14）での論証は、「一であるから、それはあらゆる点で類似している。それというのも、もしも類似していなかったならば、それは一よりも多くなって、もはや一ではなくなり、むしろ多となるからである」となっている。

⑦「苦痛・苦悩のなさ」：それはいかなる苦痛も苦悩も感じない。それを感じるなら完全ではないから。なぜならその状態にあるものは常にはありえず、健全なものと同じ力をもたないから。そして一様でもないだろう。なぜならその状態は何らかのものの付加あるいは除去によるから。（断片7）

⑧「充実」：それは空虚を含まず充実している。なぜなら空虚はあらぬものだから。（断片7）

⑨「不動」：それは不動である。なぜなら、空虚を含まず充実している以上、それは退去すべき場をもたないから。（断片7）

⑩「非濃密・非希薄」：濃密も希薄もありえない。なぜなら、希薄なものが濃密なものと同じほど充実しているはずはなく、むしろ希薄なものは濃密なものより空虚になるから。（断片7）

⑪「不可分割性」：それは分割されえない。なぜなら、「あるもの」が分割されると、それは動くことになるが、動くならそれがあるということが途絶することになるから。（断片10）

⑫「非物体性」：それは非物体的。なぜなら、物体を備え、厚みを備えているなら、部分を備えていることになり、もはや一ではないから。（断片9）

メリッソスはパルメニデスと同様に「不生」を論証の起点とする（*Phys.*, 103, 13）。彼はそこから順次、時間的無限性、空間的無限性、一性、均一同質性、量的・質的不変性、充実性を導出し、この充実性からは、不動性、非濃密性・非希薄性を導き出し、また不動性からは不可分割性を導き出す。

より単純簡明な一連の論証を通じてメリッソスの到達した結論は、基本的にはパルメニデスの実在概念を追認するもののように見える。しかし実際には、その演繹の過程、そして導出される本性規定においてさえ、彼がパルメニデスと異なる道を辿っていることに気づかれる。メリッソスは、パルメニデスに対する単なる部分的な付加と修正にとどまることなく、むしろ自身の枠組みの中で「あるもの」に独自の内実を与え直そうと試みていると言える。まず目につくのは、②と③である。

パルメニデスはその詩の「真理の部」において、「あるものは、けっしてあったことなく、あるだろうこともない。なぜなら、一挙に全体として、一つ

で連続したものとして、今あるのだから」(断片 8.5-6a) と語り、「あるもの」の過去と未来にわたる生成と消滅を否定するとともに、時間的先後関係を与えうる基準時点そのものを無効とすることで、時間の位相を越えた無時間的永遠性を構想していた。彼は、「ある」に「今」という時間を表す副詞を適用ながらも、それでもって、時間軸上の瞬間ではなく、真理のもつ現前性、つまりは無時間的現在性とでも呼ぶしかないものを表現しようとした。それも、経験的対象を語る「思わく」の言説からいわば神的言説へと離脱しようとする彼の挑戦を象徴するものであると言える。しかし、それに対してメリッソスは、パルメニデスのこの企みを含んだぎりぎりの表現を放棄し、同じ不生不滅という前提から時間的無限性としての永続性を導出したのである。

　また、パルメニデスは、「あるもの」の不動論証において、それが大いなる縛めの中に保持され、限界によってまわりから閉じこめられていると述べ、続く完結性論証においても、それが限界の縛めの中で同一不変のままであるがゆえに完結していると論じていた。これに対してメリッソスは、「あるもの」の時間的な無限性だけでなく空間的な無限性も主張する。パルメニデスの「限界」を文字通り空間的に理解するにせよ、比喩的な意味（余すところなく規定されているという意味での規定性）で理解するにせよ、いずれにしてもメリッソスは、時間における無限性とあわせてこの点でもパルメニデスと一線を画している。一定の時間にその存在が限定されえないように（さもなければ、それが存在していない時間があることになってしまう）、一定の場所にその存在が局限されることもありえない（さもないと、それが存在していない場所があることになる）。「それが常にあるのと同じように、それは大きさの点でもまた常に無限でなければならない」(断片 3)[275]。

　そして、④の「一性」については、パルメニデスは、「あるものは一つである」と述べていたが (断片 8.6)、それは、連続・不可分割性という本性規定の

---

275) ただしこの断片を引用したシンプリキオスは、「彼は大きさということで空間的な拡がりを主張しているのではない。（……）むしろ彼は、大きさということで実体の至高性それ自体を意味しているのである」とコメントしている（『アリストテレス「自然学」注解』109, 32)。

補足説明としての敷衍的表現であって、その意味するところは、数的な一ではなく、基本的には、本性的同一性、均一性としての一であった。ところがメリッソスは、この規定を空間的無限性から導出し、⑤の均一同質性の導出根拠にいわば格上げしている。メリッソスの「一である」は、空間的無限性を前提として、「あるもの」の共時的複数存在と通時的複数存在を同時に否定するものであろう。これにより彼は、パルメニデスに帰することが躊躇われた数的一元論を積極的に主張していることになる。その結果、パルメニデスでは「一つである」が名詞化され主題化されることはなかったが、メリッソスでは、断片8で多数性論駁に際して「一なるもの」として名詞化されているのである。もはやメリッソスにおける「一性」はパルメニデスにおけるそれとは異なる内実を与えられている。

⑨の「不動」についてもメリッソスは、空間的運動をまさにそれとして否定し、パルメニデスの言説につきまとっていた曖昧さを払拭した。「あるもの」が運動するなら、それは空虚の中へと運動していく。ところで、「あるもの」の内部にも外部にも、受容と退去の場、すなわち「あらぬもの」である空虚（κενεόν）はない。それゆえ「あるもの」は運動しない（後件否定の推論）。彼はここではじめて明確に空虚を運動の必要条件として示したのであり、この点においてメリッソスはその後の自然哲学の展開に多大な影響を与えた[276]。原子論者はこの条件を受け容れ、ただしその前件を肯定することで、空虚が存在しなくてはならないと論じ、原子の運動を説明することになる。

パルメニデスにまったく見られない本性規定として次に注目すべきは⑫であろう。「あるもの」は一であるから、諸部分を含まず厚みをもたない。したがってそれは物体を備えていない。物体をもたないとは、空間的な限界をもたず、触れることも見ることもできないものである。「あるもの」とは非物体的なものであるというこの驚くべき帰結は、空間的に無限で充実しているという規定と両立可能なのだろうか。これを、メリッソスによる神人同型説の否定という文脈で理解することも可能である。彼は、「あるもの」が苦痛も苦悩も感

---

276) KRS, 398.

じないとも規定していた。アエティオスは、メリッソスが一なるものと万有は神であると主張していると伝えているが[277]、この規定を、究極的な実在は生ける神的なものであるという、初期ギリシアの思想では一般的な信念の反映と見ることができる。すると、先の「物体」をもたないということは、ちょうどクセノパネス（断片 23、24）で見られたように、神的存在は人間がもっているような身体をもってはいないということを意味していることになる[278]。

(4) メリッソスによる「思わく」批判

メリッソスの著作断片には、「あるもの」の本性規定の演繹に関わる部分以外に、現象の多様性と変化を信じて疑わない常識的な自然哲学の見解を反駁するもの、つまりいわばメリッソス版の「思わく（臆見）」批判が残されている。

> 多なるものがあるなら、それはまさしく一なるものがそうであるとわたしが述べているのと同じ性質をもつものでなければならない。つまり、土、水、空気、火、鉄、そして金があり、また一方には生きているもの、他方には死んだもの、そして黒と白、その他、人々が本当にあると考えるものすべて、要するにそうしたものがあり、しかもわれわれが正しく見て聞いているならば、そのそれぞれは、（……）まさしく最初にわれわれが判断したその通りの性質のものであらねばならない。すなわち、それは変化したり別なものになったりしてはならず、むしろそのそれぞれは、まさしくそれがあるとおりに常にあらねばならない。さてしかし、われわれは確かに正しく見、聞き理解していると主張する。ところがわれわれには、（……）熱いものが冷たくなり、冷たいものが熱くなり、硬いものが柔らかくなり、柔らかいものが硬くなり、生きているものが死にそして生きていないものから生まれるように思われ、つまりこうしたもののすべてが変化し、あったものと今あるものとはけっして同じではないように思え、むしろ逆に、その硬さにもかかわらず、鉄は指とそれとの接触部分が指によって磨滅し、そしてまた金や意志や、普通は硬いと思われているもののすべてがそのように磨滅し、そして水から土と石が生成するように思われるのである。そこから、結果として、われわれ

---

277) アエティオス『学説誌』I7, 27 = DK30A13。
278) Guthrie[2], 114, Sedley in Long (ed), 129-130.

があるものを見ることも認識することもできないということが判明するのである。したがって、以上のことは、相互につじつまが合わないのである。われわれは永遠であり固有の形態を備えている多くのものがあると主張するが、われわれには、その都度見られたものから、すべては変化し転化するように見えるからである。だから、明らかにわれわれは正しく見てはいないのであり、また、これらのものが多であるように思われるのは正しくないのである。
（断片8［部分］）

その概要は次のようなものである。つまり、多なるものがあるとするとそれは、メリッソスが主張する「一」なるものと同じ性質をもち、すなわち永遠で不変でなければならない。ところが、日常的な経験が教えるところでは、土、水、空気、火、鉄、金、また生きているもの、死んだもの、そして黒と白、熱と冷、硬と柔、その他、人々が本当にあると考えるものすべてが、最初にわれわれにそう思われていたとおりのものではなく、変化し変容し、けっして永遠不変ではないと思われるである。つまり、われわれは正しく見、聞き、理解してはいなかったのであり、したがって、多なるものは「一」なるものと同じ性質をもちえない「あらぬ」ものなのである。ゼノンとは異なり、メリッソスは「多なるもの」を主語に据えていることに留意すべきであろう。

一般的にこの帰謬法的推論は、感覚とそれに基づく「思わく」に対する攻撃と見なされている。ここでの議論の大前提は、「ある」とされるものが、メリッソスも含めた「われわれ」にとって「最初に思われたとおりの性質で、変化せず、それがあるとおりに常にある」ということであり、「あるもの」に関わるあらゆる言明はこの条件を満たすものでなければならない。この大前提が与えられ、知覚経験（思われ）に従って提出された「あるもの」の候補が、土や水をはじめとするさまざまな対象なのである。そしてそれらがけっして不変ではないことが、やはりわれわれの知覚経験から明らかとなる。つまり知覚経験の虚偽性を知覚経験によって証明していることになり、感覚批判は成り立たなくなる。感覚知覚自体の内的矛盾から感覚の全面的排除を企てていると考えることもできない。なぜなら、先の「最初にわれわれに思われたとおりの性質のものである」という「不変」の規定がすでに「思われ」に依拠したものとなっているからである。

問題は、知覚経験のもとにある感覚そのものではなく、「あるもの」として何を提出したかということ自体に、さらに言えば、それを提出するに当たって立てた大前提にこそ存しているのである。そこでは、永遠と不変という二つの条件しか含まれていないのであり、空間的無限性、均一同質性、充実、不動といった本性規定が含まれていないのである。実在の本性の論理的構造を把握しないままに立てた大前提に瑕疵がある以上、それに則った「あるもの」探しが成功するはずもない。パルメニデスと同様に、実在の本性規定そのものは知覚経験を介在させることなく進められているが、しかし、興味深いことに、残存している著作断片で知性の重要性を強調するどころか、それに言及しているところさえなかった。この個所で、知性ないしは思惟と対比しながら、知覚経験を直接攻撃しているとは思われない。

メリッソスの影響は、すでに触れたように、原子論者による原子（アトム）の本性規定、その運動を支える条件としての空虚の要請など、まずもって原子論に明瞭に見て取れよう。その後にエレア派の哲学と呼ばれることになるものもメリッソスに負うところ大である。従来からメリッソスを、パルメニデスそしてゼノンに比して二流の哲学者と評し、また、文体上の違いを除いてパルメニデスとの大きな相違点を認めないという傾向が見られるが、その演繹論証などを仔細に検討すると、彼を単なるパルメニデスの忠実な僕とする評は実態を反映するものではなく、むしろパルメニデスの思索の成果を踏まえながらも独自の論理で実在について考察し直した、その限りで独創性をもった哲学者であると評価されてよいと思われる[279]。

2　クラゾメナイのアナクサゴラス

(1)「すべてのものにすべての部分が」

アナクサゴラスもエンペドクレスと同様に、エレア派の哲学を強く意識しながらも、ミレトス派の精神に立ち返って自然哲学の再構築を目指した。前500

---

279) メリッソスの再評価については、例えばパーマー（Palmer）を参照。なお、三浦[1]も参照。

年頃にイオニア地方の小都市クラゾメナイの裕福な名家に生まれた彼は、パルメニデス、ソフィストのプロタゴラスよりは若く、ペリクレスと同時代人だった。アリストテレスによれば、エンペドクレスよりも年齢的には前の人だが、仕事においてはより後に位置している[280]。

　彼の生涯については情報が錯綜しているが、おそらく前456年頃に、当時ギリシア世界で学問や文化の中心となりつつあったアテナイに来て——アテナイに最初に哲学をもたらしたのはアナクサゴラスだとされている——、そこに20年ほどとどまって学問研究を行った。ペリクレスと親交をもったのもその間である。ただ、これより前に上演されたアイスキュロスの悲劇作品では、ナイル川氾濫や胎生に関する彼の説への参照が見られるので、アテナイに来る以前からすでに彼の自然学説は広く知られていたのかもしれない[281]。その知識は天文学、気象学から生理学、医学と広範な領域にわたっており、前467年のアイゴス・ポタモイでの隕石落下を予言し、それが、太陽から落ちてきたものであり、太陽は灼熱せる岩石だと主張したと言われている。ペリクレスとの親交により、彼もその政敵からの反感を招くこととなり、彼の唱えた自然学説を直接の理由として、前437年に不敬神の罪で訴追された。アテナイを退去した後はトラキア地方のランプサコスに移り、そこで学校を開いて活動を続け、前428年（奇しくもプラトンの生年である）にこの世を去った。

　著作としては、例によって『自然について』という書名をもつものを一篇だけ著したと思われる。ソクラテスも若い頃に期待を込めて読んで聞かせてもらったというこの書物は、ミレトス派以来の合理的精神を承けて、装飾を排した誇張のない散文で書かれているが、議論そのものが圧縮された複雑なものであることに加え、20余りの断片しか残されていないことが、彼の哲学の十全な解釈を困難にしている。

---

280) 『形而上学』第1巻第3章984a11 = DK59A43。この「より後」という曖昧な表現が意味するものとして、活動時期、学説の劣後、学説の新しさなどが考えられるが、すでに古代から解釈は分かれている。

281) Cf. Aeschylus, *Eum*. 657-66 ; *Suppl*. 559-61. アテナイにやってきたのは前480年頃のことで（ペルシア軍の徴用兵？）、その後、通算30年間そこで暮らしたとする説もある。彼の年代に関してはマンスフェルト（Mansfeld[4], 264-306）を参照。

パルメニデス以後の自然哲学者にとっての課題は、パルメニデスの根本原則を受け容れながら、多様性や変化を本質とする現象をいかにして説明するかということだった。アナクサゴラスはその著作の冒頭で次のように語っている。

> すべての事物（χρῆμα）は渾然一体としてあり、数量においても小ささにおいても無限であった。なぜなら、小さいということも無限だったから。そしてすべてのものが渾然一体としてあった間は、いかなるものもその小ささによって明瞭ではなかった。なぜなら、すべてのものを空気と上層気（アイテール）が凌駕しており、両者はともに無限なものであったからである。すなわち、これら両者は、あらゆるもののうち、数量においても大きさにおいても最大のものとして含まれていたからである。（断片１前半部）

あたかも、アナクシマンドロスの「無限なるもの」を想起させるようなことばであるが、むろんこれはミレトス派への回帰を宣する宇宙生誕論の緒言ではない。アナクサゴラスは、パルメニデスが「あるもの」について否定した時間性を認めながら、「あるもの」の絶対的な意味での生成と消滅を否定し、変化一般を、その混合と分離へと還元する。

> 生成と消滅ということについて、ギリシア人たちは正しい考え方をしていない。なぜなら、いかなる事物も生成することもなければ、消滅することもないのであり、ある諸事物がもとになって、一つに混合したり分解したりしているからである。したがって、「生成する」というところを「一つに混合する」と言い、「消滅する」というところを「分解する」と言えば、正しい呼び方となるであろう。（断片17）

そしてアナクサゴラスは、この実体上の生成と消滅を否定することに含意されていた本質的変化の否定を、自らの存在論の重要な基点とするのである。われわれがその差異性に着目して識別しているこの世界のさまざまな事物が、より基礎的で単純な何か（例えば、水や火、あるいは熱と冷など）に還元される時、それへと還元されてしまうその当のものは世界についての説明の基盤から除外されることになる。例えば、われわれが「黒い毛髪」と認識するものが、実は火と水と土と空気の混合体にすぎないとすると、黒さも毛髪そのものも実在の世界ではいわば副次的な存在性しか与えられない。しかも混合体の形成により

火や水の固有性は失われ、混合体独自の新たな性質が生まれることになる。しかし、「どうして毛髪ならざるものから毛髪が生じえようか、肉ならざるものから肉が生じえようか」（断片10）。今現に毛髪であるものは、終始一貫して毛髪であり、毛髪ならざるものからは生じえないはずである。なぜなら、「あるもの」が「あらぬもの」から生じえないのであれば、「毛髪であるもの」が「毛髪であらぬもの」から生じることもありえないのである。

では、「あるもの」の本質的不変性を保証しながらも現象的事物の変化と多様化をもたらす混合と分離とは具体的にはどのような事態なのか。後で見るようにエンペドクレスは一定の構成比率に従った四種の構成要素の配列転換によってこれを説明するが、アナクサゴラスは、事物の構成主体に関して彼とはまったく異なった見解を提示した。すなわち、アナクサゴラスによると、それ自体として取り出せる万物の究極の構成要素はありえず、すべては渾然一体としてある。これを彼は、無限分割可能性——それにともなう理論的困難をゼノンが指摘していたのだが——を前提とした「すべてのものがすべてのものの部分（μοῖρα）を分けもっている」という驚くべき原則において端的に表現した。

> 混合体としてあるすべてのものには、多数かつ多種多様なものが含まれている、すなわちすべての事物の種子として、多種多様な形態や色や味わいをもったものが含まれている。人間たちも、また魂をもったその他の動物たちも、やはり結合されてできたものである。…（中略）…これらのものが分離してくるまでは、すべてのものは渾然一体としてあり、色さえ何ひとつとして明瞭ではなかった。すべての事物の混在がそれを妨げていたからである。すなわち湿ったものも、乾いたものも、熱いものも冷たいものも、明るいものも暗いものも混在し、さらには多くの土も、また無限の数量の、しかも互いにあい似たところのない種子も含み込まれていたのである。なぜなら、他の諸事物もまた、いずれもそれぞれ別のものとあい似てはいなかったからである。さて、これらのことがそのとおりであるとすれば、その全体のうちにすべての事物が含み込まれていると考えなければならない。（断片4）

> 大きなものを構成する部分も小さなものを構成する部分も、数量的に等しいからには、すべてのものがすべてのものに含まれている、ということになろう。また、いかなるものも分離独立した形で存在することはありえず、すべ

てのものがすべてのものの部分を分けもっている。これが最小のものというのはありえないからには、いかなるものも分離独立することは不可能であり、単独に当のもの自体となることも不可能であって、原初においてと同じく、今もまたすべてのものは渾然一体としてあるのである。すべてのものに多数のものが含まれており、より大きな事物にもより小さな事物にも、分離してくるものどもの等しい数量のものが含まれている。(断片6)

　世界秩序が形成される以前、「すべてのもの」すなわち「ある事物」は完全な混合状態にあった。現在あるものも、かつてあったものも、これからあるだろうものも、すべては初めからすでにあったのである。全体はすべての「事物」を含み、しかもそれらの「事物」は相互に識別不能な形で渾融していた。それらは――後で触れるように「知性」の働きによって――分離され分出されて閾値を超えてはじめて同定可能となる。アナクサゴラスは、この原初の混合状態の中にすでに含まれている「事物」として、空気、上層気[282]、湿と乾、熱と冷、明と暗、粗と濃密、種子、土、雲、水、石、毛髪と肉などを挙げている[283]。これらは、あくまでも例示であり、つまり「事物」とは、伝統的な対立物や四要素をも含めた自然的事物ということになる。ただ、「すべてのもの」が文字通り「すべてのもの」を意味するわけではないだろう。断片4で言われているように、人間や犬といった有機的組織体としての生物（そしておそらくは太陽や月などの天体や人工物といったもの）は、原初的な事物が合成するものであり、初期の混合状態の中に部分として含まれているものではない（骨や腱ではない「人間の部分」なるものは明らかに不合理である）。

　そして、それぞれの事物が分離して同定されても、依然としてすべてはすべての部分を分けもっている。分離・分出は純化のプロセスではない。例えば毛髪と見えるものには毛髪以外の、そして金塊と呼ばれているものには金以外の、土や石や空気や血液、樹皮などあらゆる他の事物の部分を含んでいるというこ

---

[282]　アリストテレスはアナクサゴラスが「アイテール」と「火」を同じものと主張していると報告しているが（『天について』第3巻第3章 302b4-5 = DK59A43）、真偽のほどは不明である。

[283]　断片1、2、4、10、12、15、16。

となのである。言うまでもなくこの「部分」とは、ただ単に何かの一断片を示すものではなく、部分でありながらもその名が表示する事物の性質を完全に表示しうるものであり、無限に分離分割が進行していってもその結果としての「部分」も同様にその事物の性質を完全に表示しうるのである。アリストテレスによると、アナクサゴラスは肉や骨や髄などの「同質部分体」(τὰ ὁμοιομερῆ)——アリストテレスの定義では、その部分が全体と同じ名前をもつもの——を基本要素とし、また、火、水、土、空気がこの同質部分体の集合だと唱えたとされる[284]。このことばはおそらくアリストテレス独自の術語であろうが、彼以後はアナクサゴラスの素材理論の主要概念と見なされるようになり、古代の注釈家たちはそれがアナクサゴラス自身の専門用語であるかのように報告している。しかし、アリストテレスでは「異質部分体」と対概念となるこの「同質部分体」なるものをアナクサゴラスの学説に見出すことはできないし、またアナクサゴラスがいわゆる四要素を「同質部分体」の集合だと主張したというのも誤りである。いずれにせよ、アリストテレス色に染まった用語をアナクサゴラス解釈に持ち込むのには慎重でなければならないだろう。

では毛髪はそれ以外のすべての部分も含んでいるのになぜ毛髪と同定され、金塊は土や空気などの部分を含んでいるのになぜ金塊と呼ばれるのか。アナクサゴラスはここに、優勢の原則とも呼べるさらなる量的規定を導入してその問いに答える。

> それ［知性］以外のものは、いずれが他のいずれとも同質的ではなく、それらのうちで最も多く含まれているものが、最も目立つものとして、一なる個々のものであり、あったのである。（断片12末尾）

どれほど細かい毛髪一片も、あるいはどれほど微細な一粒の金粉も、他のすべての事物の部分を一定比率で一定量だけ含んでいるが、それぞれ毛髪の部分と金の部分が占める比率が最大であり、他の部分が知覚できないほどに微量であるために、毛髪であり金であると同定されるのである。そして、仮にそれら

---

284)『生成消滅論』第1巻第1章 314a17 以下 = DK59A46、『天について』第3巻第3章 302a28 以下 = DK59A44。

を無限に分割していったとしても、その分割は、最小単位としての純粋な毛髪、純粋な金へと到達することはない。「熱いものが冷たいものから、冷たいものが熱いものから断ち切られることすらない」(断片8後半)ように、それぞれの部分はどのレベルにおいてもけっして単独で取り出すことのできないものなのである。そして、分割によって微小になりながらも、この毛髪であり金粉であるものは、どの段階においても毛髪そして金の他の部分に対する相対的な比率は変わらないために、理論的には依然としてあらゆるものの諸部分の混合体としての一片の毛髪であり、一粒の金粉である。

　かくして、ものの変化は、あらゆるものの諸部分の分離と混合による構成素材の配列変換と構成比率の変化によって説明されることになる。例えば米の中には毛髪や骨、血液、筋肉などの部分が、そしてその他にも樹皮、土、冷の部分など、すべてがさまざまな比率で含まれている。子どもが米飯を食べると、微量微小なために見えない形で含まれていた骨や血液、筋肉、毛髪などの部分が米から分離されると同時に、すでにある骨や血液、筋肉、毛髪とそれらが混合・付加することで子どもの身体は生育し、髪は伸びるのである。他方、同化吸収されずに体外へと分離・排泄されたそれら以外の部分——くどいようだがこの部分も単独で存立しているのでなく、混合されずに残った骨や血液などをはじめとして、他のあらゆるものの部分をわずかであっても含んでいる——は、それぞれがまた別な部分と混合し、例えば、樹皮の部分は水とともに樹木に吸収され、すでにあった樹皮と混合し新たな樹皮を形成するのである。分離・解体と混合・合成は表裏をなす。

　むろん、こうした分離と混合のプロセス、すなわち事物はそれ自体が変容したり配置を換えることで性質を変えるのではなく、すでに内包されていた他の事物の部分が分離して同類のものと混合・終結して同定可能なものとして現れるというプロセスは、生物の組織体形成においてのみならず、宇宙世界のあらゆる領域で常に進行している。実際、「雲が分離してくることで、合体凝固して土ができる。雲から水が、水から土が分離してくる。また土からは、冷たいものの作用によって、合体凝固して石ができるが、石は水よりもさらに遠く離れ去っていく」(断片16)のである。こうして、「すべてのものにすべてのものの部分が」という原則を前提とする結合と分離の理論は、生物のレベルから宇

宙世界のレベルに至るまであらゆる局面での変化を、場合によっては、われわれの経験を越えるような想定外の変化をも説明できる強力な理論となる。

(2) アナクサゴラスの「種子」

　そして、このアナクサゴラスの構成素材の理論に関連してきまって問題になるのが断片 4 で二回登場する「種子」（σπέρμα）の意味である。それはアナロジーなのか、それとも文字通り生物学的種子なのか。アナロジー解釈によれば、「すべての事物の種子」という言い方に見られるように、アナクサゴラスはそれを万物の構成素材であり自然物の形成における基本単位と見なしていることになる。つまり、種子とは原初の混合の中にすでに含まれていた無限数の微細な分子のようなものであり、それぞれの種子がすべての事物の部分を含んでおり、そのうち量的に優勢なものがそのものの性格を決定している。その意味では種子もまた微粒子的ではあるが混合体であり、究極の単純物体ではない。そうした種子が分離し集合するとともに、種子自体の中に含まれている諸部分もまた分離し集合することで、さまざまな変化が生起する。

　これに対して、種子は明らかに、湿と乾、熱と冷といった対立物や土と同じ存在論的資格を与えられているように思われることから、これはあくまでも本来の生物学的種子を意味し、生物の発生を説明するために導入されたものだと見る解釈がある。種子には成体のあらゆる部分がわずかずつ含まれており、外部から栄養分という形で類似の諸部分が付加され混合することで徐々に成体が種子から形成されていくのである。先の「すべての事物の種子」という表現は、種子から成長するすべての生物の種子を意味する。アナクサゴラスが対立物などと並べて種子を原初の混合の中に含めたのは、動植物の組織体がきわめて複雑で、その形成を自然的物質や対立物の相互作用だけで説明するのが困難であり、また生物には独自の形成メカニズムがあると考えたからだということになる[285]。

　いずれの解釈にも一長一短があるが、文字通りの解釈でまず問題となるのは、

---

285) 種子や先の同質部分体をめぐる諸解釈に関してはテオドルソン（Teodorsson）を参照。またカード（Curd[1], 131ff.）、ウォレン（Warren, 122ff.）も参照。

「すべての事物」という表現を一義的に解することができなくなるところである。これに対してアナロジー解釈の弱点は、「種子」と「部分」との境界線がきわめて曖昧になり、部分に加えて種子という一つの単位的まとまりが説明上どうしても必要であるとする理由が見出せないところにある。種子も無限に分割可能で、あらゆるものの部分を含んでいるとすれば、それらの混合や分離は、結局は種子内の諸部分の混合や分離へと還元されることになろう。そこに種子という単位体を立てることにどれほどの意味があるだろうか。種子の中により小さな種子が含まれていると考えても同じことである。

　しかも、これら二つの解釈のいずれを取るにしても、すべてのものにすべての部分が含まれるという原則から、アナクサゴラスに微粒子説的な見解を帰することができないのは確かである。何らかの事物に含まれる諸部分は、いかに微小微細であってもそれぞれ個別に一定の連続体をなして配列されているとは考えられないからである。さもなければ、部分であれ種子であれ、複数のものが相互に境界線を共有していることになり、それは単独で取り出すことの可能性を認めることになるであろう。しかしアナクサゴラスは、いかなるものも分離独立した形で存在することはありえないと述べて、そのような境界線を消去する。「熱いものが冷たいものから、冷たいものが熱いものから断ち切られることすらない」（断片8）のであり、対立物でさえ連続しているのである[286]。ある事物に含まれるすべての事物の諸部分は空間的に直接位置づけたり直接数え上げることはできず、あたかも液体の濃度のようにその事物において一定比率で完全に渾融している。

　ただ、この「すべてのものがすべての部分を」の原則には一つの大きな難点がある。例えばある事物が金塊と呼ばれるのは、それの「金の部分」が比率的に優勢だからだが、では金塊の中の「金の部分」がまさに「金の部分」と呼ばれるのは、その「金の部分」において金の部分が比率的に優勢だからである。ではその「金の部分」における金の部分が金の部分と呼ばれるのは、その「金の部分」における金の部分の中で金の部分が比率において優勢だからである

---

[286] 断片12においても「あるものが別なものから完全に分離すること、分解し合うことはけっしてないが、知性のみは別である」といった言葉が見られる。

……と無限に進行していくことになる。なぜなら、最終単位としての金そのものが存在しえず、その上、無限分割も可能だからである。

　しかし、少なくともアナクサゴラスは純金が現実に存在しているとか分離されうるとは主張していない。この世界ではどこまでいっても純粋なものなどないが、金塊を分割・分析していくために、たとえ現実に物理的に取り出すことができなくても、金それ自体、つまり究極要素としての金というものを論理的に要請することは許されよう。「金」という名を用いている段階で、すでに思弁的・論理的には不純な金から純金を単独で取り出しているとも言える。むろんこれで完全に悪しき遡及を断ち切れるわけではないが……。

(3) 動と知の原理としての知性

　では次に、原初の混合状態に運動を与えたとされる「知性」(νοῦς) について見ておこう。この時代の現存する散文としては最も長いものの一つである断片12において、アナクサゴラスは知性の本性と働きについて詳細に述べている。それによると知性は、「無限にして自律支配的であり、いかなる事物とも混じり合わず、単独にそれ自体として独立自存」しており、全体が「同質一様」で「すべての事物のうちで最も軽微にして最も純粋なものであり、すべてのものについてのすべての知識を掌握し、最大の力を有している」のである。また、大小にかかわらず魂を備えているもののすべてを支配し、宇宙全体の回転運動も支配しており、これに最初に回転を与えたのも知性であった。また、「一緒に混合し合っているものども、分離していくものども、分解していくものどものすべてを知性は掌握」して、「今はもはやないものについては、それがどのようになるはずであったか、事実どのようであったかを、また今現にあるものを、またそれがどのようになるであろうかを、知性は秩序づけた」のである。

　原初的混合状態にある事物は変化の内在的原理をそれ自体としてもたず、宇宙世界の分節化のためにはそれらとは異なる外的な原理を必要とする。宇宙世界の構成素材の一つでありながら事物と明確に区別され、「すべてがすべての部分を」という原則の適用からも除外されるその純粋な原理を、アナクサゴラスは「知性」と呼んだ。なぜミレトス派のように魂と呼ばなかったのかと言え

ば、それが運動の原理であるだけでなく、同時に知の原理でもあるからである。宇宙的知性は万物に通達する知をもち、混合し分離し分解するあらゆるものを「掌握する」（ἔγνω）。知性は、事物の転換と配置全体を、過去、現在、未来にわたって決定し秩序づける。そしてそれが可能なのは、知性がそれぞれの事物の本性を認識し、すべてのプロセスにおいて事物がいかに相互に作用し合うのかということを知っているからである。宇宙的知性だけが素材を純粋な形で認識できる。その意味で、宇宙世界は認識可能な対象でありうる。先の悪しき遡及を回避する鍵はここにあるのかもしれない。少なくとも究極の純粋な要素の存在は、知性において保証されているからである[287]。そして同時にまた、ここに目的論の萌芽を認めることができる。

　知性はこの知識を前提にして原初の混合状態に遠心的な回転運動を与える。しかし、われわれ人間の知性は究極の事物の本性に到達することはできない。「分離してくるものどもの数量は、言論の上でも実際においても知りえない」（断片7）のである。人間の知性にできることは、「明らかならざるものの視覚、それが現れである」（断片21a）と言われている通り、経験的対象を認識し、それをたえず分析することにより、その背後にあって見ることのできない実在に可能な限り接近することである。アナクサゴラスにおいては、現象の多様性は実在の多様性を反映しており、その限りで感覚知覚は無条件に排除されるのではなく、真理に迫る手がかりを与えてくれる。むろん、知性はそれに基づいて推論を行えばよいのである。

　こうして、知性によって渦動運動を与えられた原初的混合体からは分離が起こり、熱く軽く希薄で乾いたもの（空気と上層気）は渦動軸の上方へ昇りつつ周辺部へと遠心的に離散していき、重く濃密なものは渦動軸の底部へ求心的に集合し大地を形成していく。大地から分離された石は回転運動によって引き寄せられて天体となり、また湿った熱い土の性質をもったものからは生命体が形成されていく——。最初の渦動が与えられて以後、現在の世界もその直中にあるこれらのプロセスは機械的なもののように見え、知性の影は感じられない。

---

287)　以上の論点についてはカード（Curd[1], 150ff.）に従う。

ソクラテスがアナクサゴラスに感じた大いなる虚しさと失望もそこにある[288]。

では、先に見たように、全知なる知性が過去から未来までの宇宙世界の全歴史において果たしている積極的な役割と、この機械的因果性によるプロセス（さらには生物の発生プロセス）とはアナクサゴラスにおいてどう調停されるのか。残念ながらそれを教示してくれる著作断片はない。そしてソクラテスの失望は、アナクサゴラスがそもそもその宇宙論においてこの点をほとんど考えていなかったということを示唆している。

アナクサゴラスは、動と知の原理としての知性と、すべての部分を含む部分という独創的な構成素材の二つの原理でもって、パルメニデスの厳格な論理的要請に適合しうる整合的な宇宙論を確立しようとした。その二元論は、時間的存在である事物の空間的運動を無条件で認め、無限分割——もしゼノンの方が年長であれば、彼の影響をそこに読み取ることができる——による実在の非完結性を容れるなど、必ずしもパルメニデスの要請にすべて答えるものとはなっていない。先行自然学に対するパルメニデスの批判の中で最も深刻な批判は生成と消滅に向けられたものであり、アナクサゴラスは何よりもまずこの批判に答えることを念頭に置いていたと思われる。このいわば部分的応答が明らかに次の原子論へのステップとなっているのである。

3 エンペドクレス

(1) エンペドクレスの著作の問題

エンペドクレスは、哲学的な要素と宗教的な要素とが一体となって一つの整合的な体系を形成しているという意味で、それまでのミレトス派やエレア派とは質を異にする特異な存在といえる[289]。彼は、南イタリアのシケリア島南岸、

---

288) プラトン『パイドン』97B-99D = DK59A47。Cf. Furley[2], 62-65.
289) バーンズ（Barnes[2], 305）は、エンペドクレス、アナクサゴラス、ピロラオス、原子論者、アポロニアのディオゲネスを、「新イオニア派」（neo-Ionians）と呼んだが、これはエレア派の論理に応答する形で提出された彼らの自然学説に着目するときにのみ可能な限定的呼称であり、「イオニア」とはもはや地理的概念ではなくなっている。

アイトナ山から遠くない肥沃な土地に囲まれたアクラガスに前492年頃に生まれた。アナクサゴラスより10歳ほど、パルメニデスよりは20歳ほど若く、デモクリトスよりは20歳以上年長であったと思われる。アリストテレスは彼が60歳で生涯を終えたと報告しており、それを信頼すれば没年は前432年頃となる。前6世紀頃にドーリア人によって建設された植民都市アクラガスは、シュラクサイに並ぶ都市として繁栄を誇った。多くの神殿は都市の豊かさとともに、民衆の宗教的敬虔さを如実に物語っている。彼は裕福で高名な貴族階級の家系に属し、同名の祖父は競走馬によりオリュンピア競技会勝利者名簿に名を連ね、父メトンは僭主制を打倒し民主制を樹立するのに中心的な役割を果たしたと言われている。彼自身についても、父の死後、反民主制の動きとして寡頭制的な千人会議が設立されると3年でこれを廃止し、また、市民たちから王位授与の申し出があってもこれを固辞したとの話が伝わっており、弁論術の創始者であるというアリストテレスの証言とあわせて、政治家としてアクラガスの民主制において何らかの重要な役割を演じていたことは確かであろう。

エンペドクレスはまた、卓越した医者、予言者、魔術師、そして「奇跡を起こす人」でもあった。実際、彼は、病と老齢を防ぐための薬の知識や、大地を襲う風を鎮め、長雨を旱魃にし、冥府から亡き人を連れ戻す力が自らに備わっていることを自負し（断片111）、幾千もの市民たちは予言や託宣に与ろうと自分につき従ったと言う（断片112）。この超自然的な知恵と神秘的な能力は神話と化し、そこから、呼吸停止の女性を蘇生させたり、熱風による凶作や疫病を防風装置で予防し、私財による河川工事で水の汚染を改善して疫病から町を救ったといったさまざまな逸話が語られることになった（DK31A1）。

彼の死に関しては、最後の奇跡を見せた後に、神であるという評判を確固たるものとするためにアイトナ山の火口に身を投げ、火口からは青銅の靴が片方投げ返されてきた、という有名な伝説が伝わっているが、実際には、アクラガスを離れたエンペドクレスは、イタリア南端にある建設直後（前443年頃）のトゥリオイを始め南イタリアからギリシア本土を遍歴する間に政敵の子孫から帰国を阻まれ、追放状態のままペロポネソスあたりで生涯を閉じたのであろう。

パルメニデスの影響を強く受け、彼と同様にエンペドクレスもまた韻文で書物を著したが、その詩人としての才能は、パルメニデスとは異なり、アリスト

テレスによって高く評価されている。彼の著作としては、ディオゲネス・ラエルティオスが『自然について』と『カタルモイ（浄め）』の二つの詩（ただし、そのタイトルは後の時代のものであろう）に言及している。150 を超える著作断片（全体で 450 行以上）が伝存しており、量としてはほかのソクラテス以前哲学者の誰よりも多く保存されている。ディールス（そしてクランツ）はこれら二つの詩を別々の作品と見て、著作断片を、弟子パウサニアスに語りかけた断片 1 から始まる自然学的・宇宙論的な内容のもの（断片 1-111）と、アクラガスの市民たちに語りかけた断片 112 から始まる、魂の輪廻や浄めなど宗教的な内容のもの（断片 112-153）とに分けて配列した。確かに、古代の引用者による引用の仕方や、二人称が単数形か複数形かといったことで、いずれかに振り分けるのが容易なものもあるが、しかし確定困難なものも少なくない。

　二つの詩の関係については、とりわけ『カタルモイ』で主題となっているダイモーンの自然学的位置づけの困難さゆえに、両者を内容的に両立不能なまったく無関係のものと捉えようとする解釈と、何らかの形でその困難を克服し、両者を統一的に理解しようとする解釈がせめぎ合っている。また、さらには、ディオゲネス・ラエルティオスが二つの詩に言及しながらも、その行数についてはひとまとめにして 5000 行と述べており、二つの詩が別々のものだとする証言も他に見あたらないという事情から、両者を統一的に理解するのではなく、同じ一つの長大な詩をなすものであり、すべての断片はこの一篇の著作に帰されるという解釈も提出されている。

　この問題を解く一つの手がかりとなりうるのが「ストラスブール・パピュロス（P.Strasb.ge. Inv.1665-66)」と呼ばれている新資料である。1904 年ドイツ人考古学者がエジプトの古物商から購入して以来 95 年の後にようやく解読と校訂を経て公刊されたこのパピュロスは、エンペドクレスの詩が書写されたものだった[290]。このうちまず重要なのは、すでに知られている断片 139（全 2 行で『カタルモイ』に算入されてきた）を含む 15 行から成る細片集合 d である。その前半では、死と輪廻に関するテーマを扱っているが、後半では生物形成という

---

290) Martin et Primavesi. なお、このパピュロスのもつ意義については、内山を参照のこと。

宇宙論的テーマへ移行（あるいは回帰？）しているという点である。つまり、そこでは一人称複数形の「われわれ」を継ぎ手に、宗教と自然学とが複雑に絡み合いながらも一つの線で繋がっているのである。

　また、細片集合 a の復元詩片は 39 行にわたる最も大きなものだが、その判読できる最初の 5 行が、すでに知られている断片 17（全 35 行）の末尾 5 行と重複し、しかも詩片の最終行の余白にその行が 300 行目であることを示す大文字ガンマが記されていたのである。シンプリキオスは断片 17 を、「エンペドクレスは『自然誌』第 1 巻においてこう論じている」（$Phys.$ 157, 25）と前置きして引用していることから、宇宙論の導入部分だと見なされてきたものである。ところが、以上のことから、断片 17 と復元詩片の集合 a は原詩の 232 行目から 300 行目までに相当することになり、その前にすでに 231 行が存在していることになる[291]。したがって、『カタルモイ』の導入とされてきた断片 112 が実は一つの詩全体の導入部分だったとする可能性も出てくるのである[292]。

　以上の事実は、二つの詩が二つの別個の作品ではなく、一つの詩の二つの異なる部分であるという可能性を示唆する。むろん、これで直ちに単一著作説が正しいということにはならない。依然として、宗教と宇宙論という異質の要素を一つの体系の中にいかに整合的に組み込んでいくかという基本的な問題は、残されたままである。そもそもこの問題がまさに問題として意識されるのは、この二つの要素が「異質」であると見なすことに慣れているわれわれ自身の固定的な思考方法に要因があるのかもしれない。われわれが感じるほどの違和感をエンペドクレスも当時の読者も感じてはいなかったのかもしれない。ともかく、まずは宗教と宇宙論のそれぞれがエンペドクレスにおいてどのような内実を与えられているのかを正確に押さえることから始めるしかない。

291）　マルタンとプリマヴェージ（Martin et Primavesi）は断片 17 の 9 行目を削除する立場をとるので、その場合には a は 233 から 300 行まで対応し、断片 17 の前に 232 行がある計算になる。
292）　こうした方向での解釈として例えばトレパニエ（Trépanier）の試みを参照のこと。

(2) エンペドクレスにおける６つの自然学原理

エンペドクレスは、基本的な原理を措定するに際して、まさにパルメニデスを想起させることば遣いでもって生成と消滅を否定し、エレア派の根本原則遵守という基本的な姿勢を鮮明にする。

> げに全くあらぬものから生じてくるとは不可能なこと、
> また、あるものが全く滅んでなくなるとは起こりようもなく聞いたこともない。
> ひとがどこにそれをたえず押しやろうとも、まさにそこのところにいつもあるだろうから。（断片 12）
>
> さらに万有の中にはいささかの空虚も過剰もない。（断片 13）
>
> また何がこの万有を増大させえようか？　そのものはどこから来たというのか？
> さらにいかにして滅びて去りえようか？　何ものもこれらなしにはないというのに。
> いな、あるのはただこれらのみ、（……）常に同質である。（断片 17.32-35）

「あるもの」は不生不滅、不変にして、充実し、常に均一同質である。エンペドクレスはこれを「万物の四つの根」（τέσσαρα πάντων ῥιζώματα）と呼ぶ。

> まずは聞け、万物の四つの根を。——
> 輝けるゼウス、生命育むヘラ、またアイドネウス。
> そして死すべき人の子らのもとなる泉をその涙によってうるおすネスティス。
> （断片 6）

地下の深みにおいて複雑に絡み合いながら本体を支える植物の根は、同時にまた、その植物をさらに成長させていく力を内包している。ちょうどそのように、不生不滅で不変の「万物の根」は、あらゆる事物にとって、究極の存在基盤であるとともに、多様性実現への尽きせぬ潜在力をもつものである。火がゼウス、空気がヘラ、土がアイドネウス、そして水がネスティスと神名で呼ばれているのも、それらの底知れない力と永遠性を象徴している[293]。

なぜこの四つなのか。これらはミレトス派が重視した要素的物質を総合する

もののように思われる。しかし、「輝く太陽と大地と天空と、そして海と——これらすべては引き離されて遠く死すべきものどもの中に宿る限りの自分自身の諸部分と和合しつつ結びつく」(断片22.1-3) と語られているように、彼にとっては、そもそも人間を取り囲む太陽、大地、天空、そして海は、直接的な所与として経験される自然的事象の典型であり、これら四つのカテゴリーで世界を捉えるのは、それ自体まさに自然なことだっただろう。エンペドクレスは、目に見える世界を形成するこれら四つの自然的量塊が、その世界のもとで万有を構成する「四つの根」の表出にほかならないと考えたのではないだろうか。自然的量塊と死すべきものは、火、土、空気、水という要素に継ぎ目なく接続しているという意味で、類縁的であり一体的なのである[294]。

そして、生成消滅や本性的変化の否定を前提としながら現象の多様性を説明するために、彼は、四要素の諸部分——それは微細なものであろうが、それ以上分割できない最小単位ではない——の混合と分離というメカニズムを導入する[295]。「死」や「生誕」は人間たちがこれらにつけた「名目」にすぎず、「あるのはただ混合と混合されたものの分離のみ」(断片8) である。

> これら［四つの根］が混合されて人間の形をとり、アイテールの中へやってくるとき、
> あるいは猛々しい獣の種族、あるいは藪の種族の形をとり、
> あるいは鳥たちの種族となるとき、そのとき人間どもはそれが生まれると言い、
> また互いに分離されるときには今度はこれを不幸な死と呼んでいる。

---

293) ライト (Wright, 23) に一覧表が掲げられているように、エンペドクレスは「四つの根」のそれぞれに対してさまざまな呼称を用いている。術語としての固定化を避けていたのかもしれない。なお、以下の叙述はライトに多くを負っている。

294) 四要素説は、その後18世紀に至るまでほとんどすべての哲学者に受け容れられることとなる。

295) 各要素は、空虚を含まず時空領域に連続して存在するものでありながら、諸部分に分割可能であると考えられているようである。これはまさにゼノンの論駁の格好の標的となりうるものだが、アナクサゴラスと違い、エンペドクレスはゼノンの議論を聞いていなかった公算が大である。

> それは正しい掟の許す呼び名ではないが、ただ習わしに従ってわたし自身も
> これを認める。(断片9)

> まことにこれら［四つの根］のものからかつてあ̇っ̇た̇も̇の̇、今あ̇り̇こ̇れ̇か̇ら̇
> も̇あ̇る̇だ̇ろ̇う̇もののすべては
> 生まれ出たのだから。すなわち木々も、男らも女らも、
> 獣らも鳥たちも水に育まれる魚たちも
> さらには命永く誉れいやまされる神たちも。
> な̇ぜ̇な̇ら̇た̇だ̇これらのみがあるのであって、互いに互いを駆け抜けては
> 別の姿となるのだから。混合はそれだけの変化をもたらす。(断片21. 9-14)

画家たちが「色とりどりの絵の具を手に取って、ある色は多く、ある色は少なく、ほどよき調和をなすように混ぜ合わせて」(断片23.3-4) あらゆるものを描き出すように、四要素の諸部分が特定の混合比率で混合することにより多彩な事物を形成し、その混合を解くことによりその事物は解体する。例えば、土が2、水が2、火が4の比率で混合すると白い骨が形成されるというように (断片96)、四要素の諸部分がどのような比率でどう混合されるかによって、形成される複合体の形態と特性も決定される[296]。生物も無生物もすべては不変で質的に異なる四要素のさまざまな比率における特定の混合体と見なされる。そして、エンペドクレスは語っていないが、空虚がない以上、混合体の分離は、空隙へと移動する運動ではなく同時的相互置換のようなものにならざるをえないだろう[297]。

では、こうした混合とその分離を引き起こす原因は何なのか。エンペドクレスはここでさらに二つの原理を導入する。それが「愛」と「争い」である[298]。

---

[296] われわれは比率の原則を普遍的なものと理解するが、この原則の適用は生物の組織体だけに限定されていると見る研究者もある。しかしその場合、生物以外のものの形成に別の原則が必要となり、理論の一貫性にも欠けることとなるだろう。Cf. Guthrie[2], 211.

[297] 例えばプラトン『ティマイオス』79B以下やアリストテレス『自然学』第4巻第8章 215a15以下を参照のこと。

[298] エンペドクレスは「愛」を、「ピロテース」(Φιλότης)、「ピリエー」(Φιλίη)、「アプロディーテー」(Ἀφροδίτη) など、そして「争い」を、「エリス」(Ἔρις)、「ネイコス」(Νεῖκος)、「コトス」(Κότος) などと、さまざまなギリシア語で表現している。それぞれの語は

四つの根が観察可能な世界から導き出されたのと同様に、これらの原理も、人間の間にあってその行為にきわめて大きな影響をもたらすものとして経験される心理学的な概念から選ばれたのだろう。

> 同じようにまた、およそよく混合しやすいすべてのものは、
> アプロディテ（愛）の力によって互いに似せられて互いに恋しあう。
> だがその生まれと混合されてできる性質と刻印された形において、
> 互いに最も隔たり異なるものは、互いに最も敵対し合い、
> 結ばれ合う慣わしを全くもつことなく、「争い」の意を受けて、
> ひどく不機嫌である。それらの誕生をもたらしたのは「争い」なのだから。
> （断片 22.4-9）

この二つの原理は、四要素の間にあってこれらに作用する、非人格的ないわば牽引力と斥力である。つまり、「愛」は諸部分を混合させて複合体を作り上げ、「争い」は複合体に働きかけて混合していた諸部分を分離させる。まさしく、生成、消滅、変化はあらず、あるのはただ混合と分離のみ。そしてこの場合、当然、異なる要素の分離は類似的要素の混合と、また、異なる要素の混合は類似的要素の分離と平行関係にある。つまり、「愛」は異なるもの同士を混合させると同時に、似ているもの同士を分離し、他方「争い」は異なるもの同士の混合を分離し、似ているもの同士を結びつける[299]。

　エンペドクレスは、「争い」について、「そのあらゆるところで重さの等しい呪われの「争い」」と述べ、また「愛」については「長さも幅も相等しい」ものであり、これを「汝は心で見よ」と語っている（断片 17.19-21）。万有に内在する物質的な延長物であるかのような表現である。しかし、太陽を始めとする自然的量塊と連続している「四つの根」とは異なり、原理としての「愛」と「争い」は、人間においてと同様に視覚による認知が不可能な力であり、ここではそれらの嵩や重量に言及しているのではなく、むしろ斉一性と均衡性を比

使用における固有のコンテクストをもちうるが、そうしたものを捨象し作用そのものに着目しているということであり、これもやはり術語の固定化回避の結果であろう。

[299] この点については、例えばアリストテレス『形而上学』第1巻第4章 985a23 以下を参照。Cf. Guthrie[2], 256 ; Furley[2], 102-104 ; Curd[2], 148.

喩的に表していると見るべきかもしれない[300]。

(3) 宇宙の円環過程

「四つの根」から成る宇宙世界は、エンペドクレスによれば、二つの原理が相互にその勢力を増減させるのに応じて循環的な周期でもって変化していく。つまり、ある時は「愛」によってすべてが一なるものへと成り行き（そのとき「争い」の力は極限まで衰減する）、またある時は、「争い」によって四要素が完全に分離する（そのとき「愛」の力は極限まで衰減する）。そしてそれぞれの中間期は、一方の力の衰減と同時に他方の力の伸張の時期でもある。宇宙世界はこの変化を円環的に繰り返し永遠に存続していく。

> ここにわが語るは二重のこと——すなわち、ある時には多なるものから成長して
> ただ一つのものとなり、ある時には逆に一つのものから多くのものへと分裂した。
> 死すべき者どもには二重の生成と二重の消滅とがある。
> すなわち一方では万物［四元］の結合が、ある種族を生んでまた滅ぼし、
> 他方では別の種族がものみなの再び分離するにつれ、育まれてはまた飛散する。
> そしてこれらは永遠に交替し続けてやむことがない——
> ある時には「愛」の力によりすべては結合して一つとなり、
> ある時には「争い」のもつ憎しみのために逆にそれぞれが離ればなれになりながら。
> このように多なるものから一なるものになるのを慣いとし、
> また逆に一なるものが分かれて多となる限りでは、
> その限りではそれらは生成しつつあるのであって、永続する生をもってはいない。
> しかしそれらが永遠にやむことなく交替し続ける限りでは、
> その限りではそれらは円環をなしつつ常に不動のものとしてある。（断片

---

300) Cf. Wright, 32-34; Inwood, 51.

17.1-13)

　この宇宙周期の解釈をめぐってはこれまで論争が続いてきたが、オーソドックスな解釈は、「愛」による支配と「争い」による支配とが円環をなして交互に繰り返され、「愛」が増進する移行期と「争い」が増進していく移行期のそれぞれにおいて生命体の創造と消滅が相称的に起こるとする解釈であり、これに対して、生命体を創造する力として描写されているのはもっぱら「愛」であり、「争い」についてはそのような個所がまず見られないということを根拠に、生命の創造を「愛」の増進期のみに認める非相称的解釈が提示されている。新資料のストラスブール・パピュロスは相称的解釈を指示しているように思われるので[301]、ここではそれに従って、宇宙周期の各過程を概観しておくことにしよう。

　便宜上、「愛」の完全支配期を起点とすると、「愛」が中心にあって、個々の要素が完全に一つに結合しているとき——それが瞬間的なことであれ、一定の間も持続するものであれ——、それは均質の神的な生ける球体となる。宇宙世界は「あらゆる側において自己自身と等しくまったく限りなく、まるい「球（スパイロス）」としてまわりの孤独を楽しむ」（断片28）のである。これは、パルメニデスの「まん丸い球（スパイレー）のかたまり」（断片8.43）という比喩を想起させ、彼の完結性の規定を万有に適用しているとも言える。このとき「争い」はスパイロスの最外縁部にあって不能状態にある。しかしこの神的スパイロスは万有の一局面であり、一時的なものである。力を増長させはじめた「争い」がスパイロス内に侵入して渦巻き運動を与えると調和が破られる。「神の全肢体は相次いで戦慄いた」（断片31）。「争い」が増進期に入る第二のステージである。

　なぜ一定の時にそれぞれの原理が他方に代わって効力を発動しはじめるのかについての具体的な説明はなく、ただ、「大いなる誓いによって交替に決められてあった時の充つるとともに、権力の座に駆けのぼる」（断片30.2-3）としか言われていない。いずれにしても、「「四つの根」は永遠に交替し続ける限りで

---

301) Martin et Primavesi, 10-82.

円環をなしつつ常に不動のものとしてある」、と彼が語る時、二つの原理が対立と拮抗を通じて万有全体の均衡を保証するものとなっているのは明らかである。アナクシマンドロスでは「時の定め」による対立者の間の正義の実現が説かれ、ヘラクレイトスでは「尺度（メトロン）」に即した万有の変化過程と自己規制が語られていたが、こうした宇宙世界に内在する自律性への信念はエンペドクレスにおいても保持されている。それゆえ、そのダイナミックな「不動性」はパルメニデスよりもむしろヘラクレイトスにより近しいものとなっている。

「争い」が力を伸張させるにつれて、「愛」はその力を徐々に衰減させる。その結果、「四つの根」が互いを駆け抜けるとき、一から多へという形で現在の宇宙世界と生命が形成される。

> 「憎しみ」のもとでは、ふたたび一なるものから分かれて多となる。
> かつてあったもの、現にあるもの、後々あるであろうもののすべてはそれら多なるものからなる。
> すなわち木々もそれらから生え出で、男らも、女らも、
> 獣らも、鳥たちも、水に育まれる魚たちも、
> さらには生命長く、誉れいやまされる神々もしかり。
> しかし「憎しみ」のもとでは、それらはたえず分散しつづけてやむことがない。（ストラスブール・パピュロス a(i)7-a(ⅱ)3）[302]

例えば男女の身体については、まず大地から火と水を等しく分けもつ「全一なる性質の形態」──「肢体の愛らしき姿」を示すこともなく、分節化以前の状態にある──が生み出され、それが分離していくことで身体諸部分が構成される、とされている（断片62）。性別は火と水のいずれが優勢かで決まり、以後、自ら子をなすことも可能となる。むろん、「愛」が依然としてその力を多少なりとも保っている限りで、異なる要素の結合が行われることもあるが、それもまれとなっていく。

そして「争い」が「愛」を完全に凌駕し、その力が最大となる第三ステージ

---

302) 訳文は内山による。

では、異なるものの分離と、類似したものの結合が極限まで進行し、それまでに形成されたものは消滅し、「四つの根」はすべてが完全に分離する。「太陽のはやき肢体も見分けられず、大地の毛深き力も、また海も見分けられない」（断片27）。このときの万有の姿に関するエンペドクレスのことばは残されていないが、土を中心とし、水、空気、火が同心円を描く球層体のようなものを考えていたのかもしれない。いずれにせよ、そこにはいかなる複合体も生命体も存在していない。

　しかしこの状態も持続することなく第四ステージに入る。最外縁部にいた「愛」は渦巻きの中心へと移動しつつその勢力を伸張させていき、他方、「争い」は渦巻きの最も深い奥底まで落ちていきながら減退していく（断片35）。それとともに万有は多から一へと移行する。先に触れたように、この段階においても四要素による生命体の形成が行われる。ただし「争い」の伸張期におけるそれとは逆向きに。その過程における分離と混合作用でまず形成されるのは切り離された身体諸部である。

　　そこには頸のないたくさんの頭が生え出た。
　　腕たちは肩なしにそれだけ裸でさまよい、
　　目は額なしにひとりでうろついていた。（断片57）

そして生み出される生物は、「顔と胸を両面にもったもの」、「人間の顔をもつ牛の子」、「牛の頭をもつ人間の子」、そして、男と女の性質を備えた者といった醜怪な化け物である（断片61）。子をなす能力もないそれらは淘汰され、適者のみが生存していくことになる。もし、先の相称性を徹底するなら、切り離された四肢の諸部分が適切に結合して形成されることになる人間も、さらに混合が進めば、「全一なる性質の形態」へと変化していくことになろう。いずれにせよ、「愛」がその支配力を完全なものとする時、渦動は消滅して、すべては完全に結合され、一なるものとして静止する。そして時を措くこともなく再び「争い」が入り込んで……というふうに、円環変化は繰り返されていく。

(4) エンペドクレスのその他の自然学説

　エンペドクレスの自然学説としては、以上のような宇宙論の他、胎生学、生

物学や知覚論などが残されている。そのうち生物学では、彼は、「髪の毛、木の葉、鳥たちのぎっしり詰まった羽毛、それに強い四肢に生える鱗、これらは同じものである」(断片82)と語り、また、「オリーブの高い木が卵を産む」(断片79)とも述べ、動植物の各部分の機能を根拠に器官の相似性を鋭く感知し、これらの連続性と類縁性を説く。これは、後で触れるダイモーンの輪廻転生の理解を容易にするものである。

　知覚に関しても、一つの原則と二つの概念でもって一貫した理論を立てている。その原則とは、栄養摂取に関連して、「甘いものは甘いものを捉まえ、辛いものは辛いものに向かって進み、酸いものは酸いものへとおもむき、熱いものは熱いものの上に乗る」(断片90)と言われているように、似たものが似たものを牽引するという一般原則であり、これが認識論の文脈でも適用されることになる。

　　なぜならわれわれは土によって土を見、水によって水を、
　　空気によって神的な空気を、火によってものを焼き滅ぼす火を、
　　愛によって愛を、陰鬱な憎しみによって憎しみを見るのだから。(断片109)

そして、この原則に則した二つの説明概念が「通孔」と「流出体」で、これらも、水とワイン、水と油、染料と布地といった物質同士の混合(断片91、93)や磁気作用など、より広い領域まで適用可能な概念となっている。

　エンペドクレスによると、「およそ生じた限りのすべてのものから流出体が出ている」(断片89)。そして、事物の表面には通孔が密集している。感覚対象からの流出体と感覚器官の通孔が適合することにより、感覚知覚が成立する[303]。そして、特定の感覚器官の通孔が、ある流出体にとって大きすぎれば、接触なしに通過してしまうし、小さすぎれば受容されないので、いずれにしても感覚は生じない。そして、流出体を構成する諸要素と感覚器官を構成する諸

---

303) 断片84では眼の構造が詩的な比喩で語られているが、そこでは眼球内の火と眼球を取り巻く水に通孔があり、ちょうどランプの火の光が被いを透過するように、眼の内部の火がこの水を通過していくとしている。この機構が視覚だけでなくすべての感覚器官に当てはまるものかどうか定かではない。

要素との間には相称性が存在している。それによって、各感覚に固有の対象があることが説明されうる。この理論は快楽と苦痛にも適用される。

　思考もやはり、四要素の上での対象と認識主体の適合・調和によって説明される。「なぜなら、これらのものからすべては適合せしめられ形作られたのであり、これらによってこそ彼らはものを考え快楽や苦痛を感じる」(断片107)からである。つまり「偶然の意志によりすべてのものは知力をもつ」ことになった (断片103)。彼の自然学説からすれば、当然、生物も無生物も区別なく、程度の差はあれすべて認知能力をもっているのである。思考の質や量の変容は、外界の変動と内的構造の変化の両方に対応している (断片106、108)。そしてエンペドクレスはさらに、「(心臓は) 反対の方向に流れる血の大海に養われ、そこにこそとりわけ人間たちが思惟と呼ぶものがある。なぜなら人間にとって心臓のまわりの血こそは思惟に他ならぬから」(断片105) と述べ、認識の中枢を心臓と見なした。なぜなら血液は、最善である等しい比率で混合した四要素からなるので、最も受容性に富んでいるからである。血液はあたかも身体各部と心臓とつなぐ神経系統のような機能を果たしている。

　エンペドクレスは、実在認識に関して思惟と感覚を等しなみに重視している。

　　さらばいざ、力の限りをつくして、物それぞれがいかにして明らかになるか
　　　を思いみよ。
　　見ることを聞くことよりもとくに信ずることなく、
　　または鳴り騒ぐ耳の聞こえを舌の明示することの上におくことなく、
　　さらにはいやしくも思惟への道が開かれてあるところ、他の四肢五体のいず
　　　れにも
　　いささかも信を拒むことなく、ただ物それぞれが明らかになる道に従って考
　　　えよ。(断片3.9-13)

　彼が批判するのは、限られた経験だけをもって全体を発見したと傲りたかぶる人間たちであり、固有の経験や慣習に支えられた主観的で狭隘なパースペクティヴのもとでは、万有の真実は「見がたく、聞きがたく、また思惟によって捉えがたい」(断片2.7-8) ものである。日常的な対象である太陽や天空、大地、そして海を漫然と眺めるのではなく、そうした経験的所与を通じて、その背後

にある本質としての「四つの根」を、そしてその間で働く力を思惟で把握しなくてはならない。むろん、この時に感覚も知識の重要な源泉の一つとなりうるのである。もしパルメニデスが思惟のみを実在把握の能力と解し、感覚を無条件に排除したとすると、エンペドクレスは一方においてそのパルメニデスの実在規定を自らの「四つの根」に適用しながら、その規定と一体となっているとされる感覚否定の部分を拒絶したというのはきわめて不自然であろう。

(5)『カタルモイ（浄め）』と輪廻転生

『カタルモイ』は、これまで見てきた『自然について』とは内容も語調も基本的に異なり、ピュタゴラス派の教義を踏まえた、人間の罪とその結果としての苦難に満ちた転生、浄めの儀式、神性の回復などを、宗教的なメッセージとしてアクラガスの人々に語りかけるものである。

> ここに必然の女神の宣告がある。それは神々の決議したまいし太古の掟、
> とこしえの力をもち、大いなる誓いによって封されてあるもの。
> すなわちいわく、過ちを犯して自らの手を殺生の血に汚した者、
> さらにまた争いに従って偽りの誓いを誓った者が、
> 永生のいのちを分け与えられたダイモーンたちの中にあれば、
> それらの者は至福の者たちのもとを追われて一万周期の三倍をさまよわねば
>   ならぬ。
> その間を通じ死すべきものどものありとあらゆる姿に生まれかわり、
> 苦しみ多き生の道を次々ととりかえながら——。
> すなわち空気の力は彼らを大海へと追いやり、
> 大海は彼らを大地の面へと吐き出し、大地は輝く太陽の
> 光の中へ、そして太陽は空気の渦巻きの中へ彼らを投げ込む。
> それぞれのものが彼らを他から受け取り、しかしすべてが彼らを忌みきらう。
> われもまたいまは、かかる者らのひとり、神の御許より追われてさまよえる者、
> ああ狂わしき「争い」を信じたばかりに——。（断片115）

エンペドクレスは、狂わしき「争い」の影響力のもとでダイモーンたちが犯してしまった殺生と偽誓の罪と、三万周期の放逐という報いを物語るが、それは同時に、ひとりのダイモーンとして彼自分が経験した放逐の物語でもある。彼

は言う、「わたしはこれまで、かつて一度は少年であり、少女であった、藪であり、鳥であり、海に浮かび出る物言わぬ魚であった」（断片117）。類縁的であるがゆえに、すべての生命形態の間に、転生に障碍となるような断絶はない。

ダイモーンは、かつて「愛（キュプリス）」のみが支配する幸福な時代を生きていたが、「生き物の命を奪ってそのよき四肢を食らう」（断片128）という罪を犯して堕落し、「肉という見知らぬ着物」（断片126）を取り替えながらさまざまな死すべき者に姿を変えるのである。共同体社会で慣習的に行われていた犠牲獣の肉を食べるという行為は、輪廻転生の観点からすると、人間を、さらには、自分の子どもや父母など親しい身内の者を殺してその肉を食べるという忌まわしく恐ろしい行為なのである（断片137）。最も敬虔であるはずの慣習は実は最も不敬虔なものとなり、それゆえ殺生と肉食が禁忌とされることになる。また、転生は植物にも及ぶが、動物に転生する時はライオンが、植物に転生する時は月桂樹が最もよいとされており（断片127）、そこから、「月桂樹の葉から完全に遠ざかるように」（断片140）とも説かれることになる。血を流すなという宗教的命令は、直接には伝統的な慣習を放棄せよということであるが、その拒絶の背景には、ダイモーンの堕落のきっかけとなった「争い」への信頼——これが怒りや破壊を世界にもたらす——を絶てという勧告が現に存しており、その意味では、これを、道徳の枠組みの拡張というより広い文脈の中に位置づけることができる。

では、先に見てきた自然哲学とこのような宗教的道徳的な生き方の勧奨とを解釈の上でどう調和させていけばよいのだろうか。とりわけ、ダイモーンの運命があの宇宙論の中でどのように位置づけられるのか。資料的な制約もあり、答えるのが困難な問題であるが、エンペドクレスは、人間の生が誕生に始まり死で終わるのではなく（断片15）、「愛」と「争い」の支配に従う「四つの根」の混合と分離という宇宙的規模での変化過程に照応したものとして考えているように思われるのである。

宇宙論においては、現在の複合的世界が形成される以前は、「愛」の完全な支配によって、四要素が完璧に混合し万有は一つに結合していた。宇宙世界の理想的な状態である。しかし、宇宙の理想的な静止状態は永続しない。「大いなる誓い」（断片30）のもと、「争い」の侵入により四要素が分離し始めると、

さまざまな形態の生物が形成される。そして、完全な分離状態へと至り着くが、その後、再び「愛」の力の上昇とともに完全な結合に向かって万有は秩序づけられていく。

　他方、『カタルモイ』では、愛の女神キュプリスのみが支配し、アレス（軍神）もキュドイモス（戦の響き）も存在しない理想的な時代がまず語られていた。この時ダイモーンたちはおそらく、「争い」を除く五つの原理により、対立や差異をそのうちにまったく含まない球のような完全な混合体をなして、至福の生を享受していたであろう[304]。

　しかしこの後、「争い」に信をおいて罪を犯したダイモーンは他のダイモーンたちから分離され、「大いなる誓い」（断片 115）のもと、四要素のそれぞれから駆り立てられながら多様な生命形態──少年、少女、大地に根付いた植物、空を飛ぶ鳥、海を泳ぐ魚──をとることを余儀なくされる。エンペドクレスが「人間エンペドクレス」として生きつつその運命を嘆いているのは、まさに「争い」の伸張期である今のこの時代である。

　そして、堕ちたダイモーンは、エンペドクレスの語る真実の物語を「善き意志と純一なる心づかい」（断片 110）で胸深く刻み、禁忌を守って清浄な生を送るならば、転生のさまざまな段階を経て、「予言者となり、讃歌のつくり手となり、医者となり、君主となり、さらにそこから身を高めて、誉れいやまされる神に」なりうる（断片 146）。これはすなわち、「他の不死なるものたちとともに住み、竈を分け合い、食卓をともにし、人間たちの苦しみに与ることなく、不滅の身となる」（断片 147）ことであり、「愛」による他の神々との至福にして完璧な混合状態を形成することであろう。かくして、宇宙の円環的変化とそれを規制する原理が、ダイモーンの転生と円環的運命をも支配している。宇宙とダイモーンがたどるそれぞれの円環は密接に関連しているのである。そしてダイモーンの運命の理解は、宇宙万有についての自然学的知識を前提とする。

　ダイモーンは他のあらゆるものと同様に「四つの根」の複合体であり、長い

---

304) 断片 122, 123 は、「争い」が支配する世界の多様性を、争いと調和、美と醜、速と遅、成長と衰退、睡眠と覚醒、運動と休止など、対立物のペアで表現している。なおダイモーンの運命に関しては、インウッド（Inwood, 59ff.）を参照のこと。

命を与えられてはいるが不死ではない。本当の意味で不死なるものは六つの原理のみである。ダイモーンは、宇宙論的球体が神と呼ばれたように、他のものたちと完全に混合一体化している時には「不死なるもの」すなわち神と呼ばれる。しかしそれは文字通り不死不滅ということではない。「争い」が介入してくる時、宇宙論的球体が、複合体であるがゆえに分離へと向かい始め、同時に神であることをやめるように、ダイモーンの完全な混合体も分離（堕落による放逐）が生起すると同時に神であることをやめるのである。

　ではダイモーンとしてのエンペドクレスが、転生の中でもそのアイデンティティーを常に保持しているのはどういう根拠によるのだろうか。もはや明確な説明はない。しかし、アイデンティティーが保持されているからこそ、エンペドクレスは、死すべきものとして継続して生きることの悲惨さとその原因となった道徳的な腐敗の恐怖を予言者として説得的に語ることができたのだということもまた真実である。

　エンペドクレスは現象説明のために、いわゆる基体としての基本要素と、対立的な物理的力を創案した。これによって複合体の生成が矛盾なく認められ、また、複合体の性質が構成要素の性質と配列とに還元されることになった。この還元主義では、すべてが「愛」と「争い」と「四つの根」の言語で表現され、結局は「生成」「消滅」だけでなく現象のすべてが慣習的な名目にすぎないということになってしまう。その点で、彼の自然哲学理論もまた、原子論への重要なステップとなっている。そして何よりも興味深いのは、彼が、生命も含めて宇宙万有の背後に隠された意味を理解しようとする時、自然学と宗教という、今では一般に両立しがたいと思われるものが同一の見解を共有しうると洞察した点である。現象を救うべくエンペドクレスは多元論を展開することになったが、その思索の独自性と革新性はその後の原子論者やプラトン、アリストテレスにも重大な影響を与えることとなる。

4　原子論

(1) 自然学原理 (1) ──「あるもの」としての原子

　ミレトス派以来の自然哲学の一つの頂点がレウキッポスとデモクリトスによ

る原子論である。レウキッポスはアリストテレスによって原子論の創始者と認定されているにもかかわらず、その生涯についてはほとんど何も知られていない。出身地についてもミレトス、エレア、そしてアブデラとさまざまに伝えられているが、これはその自然哲学がミレトス派自然学の系統にあると同時にエレア派への応答でもあり、また弟子のデモクリトスがアブデラの出身であるという事情を反映したものにすぎないだろう。著作としては『大宇宙体系』と『知性について』（これは前者の一部分かもしれない）の二篇が彼に帰されているが、後者からの引用が一文伝えられているのみである。彼は、弟子であり後継者であるデモクリトスのためにすでに古代から影の薄い存在であり、後の原子論者エピクロス（前341-前270）でさえレウキッポスという哲学者の存在を否定したとされる[305]。

　デモクリトスについては多少のことが知られている。ギリシア本土の北部地方トラキアのアブデラに生まれ、その地で活動をし、一説では100歳の長寿を全うしたという。彼自身の著作『小宇宙体系』では、アナクサゴラスより40歳年下だったと述べており、それに従えば彼の生年は前460年頃ということになる。マゴス僧やカルダイア人神官から教育を受け、長じてはエジプト、ペルシア、バビュロニア、さらにはインド、エティオピアなどを広く旅した。アテナイも訪れたが、彼の言によると「誰ひとりわたしのことを知らなかった」（断片116）。

　ディオゲネス・ラエルティオスが伝えるデモクリトスの著作は『小宇宙体系』『自然について』『明朗闊達さについて』『幾何学について』『暦法』『律動と調和について』『ホメロスについて』など70篇に上り、その対象は、自然哲学、倫理学、数学、音楽、機械学、文学など多岐にわたり、まさに百科全書的とも言える著述家であったが、そのどれひとつとして残っていない。他のソクラテス以前の哲学者に関しては重要な著作断片を数多く引用しているシンプリキオスが、デモクリトスに関してはまったくと言ってよいほど原文引用をしていないことから、すでに6世紀頃にはデモクリトスの著作を読むことは困難

---

305)　ディオゲネス・ラエルティオス『ギリシア哲学者列伝』X13 = DK67A2。

だったのかもしれない。そして、後代の証言資料はその大部分が彼らの原子論に関するものであるのに対して、残されている著作断片は、自然学的なものはわずかで、ほとんどが倫理学的な見解に関わるもの——しかも摘要の過程で縮約や釈義が加えられている——である。

　原子論の情報の多くは、これに敵対する古代の著述家の引用や間接資料によるものであるが、特にこの自然学説に（同意はしないものの）大いに関心を示し『デモクリトスについて』という著作も著したアリストテレスおよびその注釈家たちは重要な情報源となっている。興味深いことに、原子論を知っていたはずのプラトンは自らの対話篇において一度としてデモクリトスの名に言及していない。アリストテレスは原子論の基本的な原理をレウキッポスとデモクリトスの二人に帰しており、どの部分がいずれの寄与によるものかを判定することは困難である。レウキッポスが自然哲学の枠組みにおいて創始した理論を、デモクリトスと共同で整備し、さらにそれをデモクリトスが拡張して魂の構造や認識の仕組み、そして文化史なども含むような一般的理論へと仕上げたのであろう。

　レウキッポスとデモクリトスもやはり、エレア派の論理と現象の世界を調停し、経験世界について整合的な説明を与えようと努めた。彼らが実在の生成と消滅を否定しつつ何よりも守ろうとした現象の本質的特徴は多数性と運動であった。そしてそのために彼らが要請した自然学的原理は二つ、すなわち真に「あるもの」としての「分割できないもの（原子）」と「空虚」だけである。

　　甘さは約定上のものとしてあり、苦さは約定上のものとしてあり、熱さは約定上のものとしてあり、冷たさは約定上のものとしてあり、色は約定上のものとしてある、しかるに諸々の分割できないものと空虚は真実にある。（断片9）

　　レウキッポスは、感覚にも一致同意する事柄を語るものでありながら、生成も消滅も、また運動やあるものの多数性をも退けることのないような論法の用意があると考えた。[略] こうした実在は一つだけではなく、数的に無限であり、しかもその量塊が小さいために目に見えない、と言う。これらが虚空間を動き回り（空虚はあるのだから）、寄り集まると生成をなし、分裂をすると

消滅をなすのである。（アリストテレス『生成消滅論』第 1 巻第 8 章 325a23-33 = DK67A7）

それぞれの原理の本性に関して原子論者が明確に語っている著作断片はほとんどないが、間接資料を通じてできるだけその自然学の素描につとめてみよう。まずは「原子」である。原子論者は、アナクサゴラスとは異なりパルメニデスによる実在の本性規定である連続・不可分割性を受け容れて、これを、まずもって「分割できないもの」(ἄτομα) とする[306]。原子は、空虚に与ることのない均質で不可分の堅緻な充実体であり単一体であり、それ自体は不生不滅のものとして集合と離散の主体となる。アリストテレスの解説に従えば、その根拠は次のようになる。もし実在が無限に分割可能で、何かが分割しつくされずにあることがないとすれば、そのものは、いかなる大きさもなくなるであろうし、それでもなお分割が行われるなら、そのものは大きさをもたない点からなるものであるか、あるいはまったくあらぬものからなるということになる。しかし、いずれにしても大きさをもたないものから大きさをもつものが形成されているという不合理が生ずる結果となる。したがって分割不可能な物体および大きさが必ずやなければならないのである[307]。この議論は（もしそれが原子論者の主張を反映したものであるなら）パルメニデスというよりもむしろゼノンに対する彼らの回答ということになる。

原子は、アリストテレスが「あらゆる様相あらゆる形態のものがあり、その大きさもまちまちである」と述べているように[308]、形態と大きさを属性としてもっている。原子論者は、現象が相対立し無限に多様であるから、という理由と、「いかなるものも、このようである以上にあのようであることはない」

---

[306] 現存の著作断片（9 と 125）では「アトマ」という言葉しか現れていないが、諸資料では他に「充実体」(πλῆρες)、「剛体」(στερεόν)、「形態」(ἰδέα; εἶδος; σχῆμα)、「自然」(φύσις)、「堅緻なもの」(ναστόν) などさまざまな表現の使用が示唆されており、原子論者が概念表記の固定化を考えていなかった可能性もある。慣用に従ってここでは「原子」と呼ぶことにする。

[307] アリストテレス『生成消滅論』第 1 巻第 2 章 316a13ff. = DK68A48b を参照のこと。

[308] アリストテレス『デモクリトスについて』fr.208Rose = DK68A37。

といういわゆる充足理由律から形態の数が無限であると主張した[309]。そして、原子の結合体である事物の多様な可感的性質は、形態を異にする個々の原子が結合するときの配列と向きの相違に還元される。

> レウキッポスとデモクリトスもまた、基本要素のもつ多様な差異がそれ以外のものの原因であると言っている。もっとも、そうした差異は三種類あり、形状と配列と向きがそれである、と彼らは主張している。彼らの言い方をすれば、「リュスモスとディアティゲーとトロペーによって」のみ多様な差異は生ずるのであって、それらのうちリュスモスとは形状のことであり、ディアティゲーは配列、トロペーは向きのことである。すなわち、AとNの場合が形状による差異、ANとNAの場合が配列による差異、ⅢとHの場合が向きによる差異である。(アリストテレス『形而上学』第1巻第4章 985b13ff. = DK67A6)

アリストテレスは他の個所で、「向きには上方と下方、前方と後方の違いがあり、形状には角と直と曲がある」とも注釈している[310]。例えば、比較的鋭くとがった小さめの粒子のものが同じような向きに並んだ場合には、熱くて火の性をもった物体となり、それらと反対の性状の原子からなる場合には冷たくて湿った性の物体となるし、また丸く適度な大きさの原子からは甘いものが、大きく粗く角の多い原子からは酸っぱいものが形成されるというように[311]、数的にも形態においても無限な原子が、このように配列や向きを変えて結合することで、あらゆる事物の可感的性質の多様性や変化の説明に対応可能となる。あたかも「同じアルファベットから喜劇も悲劇も成り立っている」[312]ように、すべての可感的性質や事象は、可感的性質をもたない永遠不変の原子の相対的な位置変化に還元されるのである。

---

309) アリストテレス『生成消滅論』第1巻第1章 315b6ff. = DK67A9、シンプリキオス『アリストテレス「自然学」注解』28,15 = DK68A38。
310) アリストテレス『自然学』第1巻第5章 188a22 = DK68A45。
311) シンプリキオス『アリストテレス「自然学」注解』925,10 = DK68A14、テオプラストス『植物の諸原理について』VI 1,6 = DK68A129を参照のこと。
312) アリストテレス『生成消滅論』第1巻第1章 315b14-15 = DK67A9。

ただ、例えばＡとＬの形態上の違いを説明するのにその部分的差異に言及せざるをえないように、彼らの主張する原子が、実際に三次元的な物体であり、形態において角と直と曲の点での差異をもっているのであれば、まさに原子はその差異化可能な部分をもつ複合体ということになり、物理的には空虚を含まず不可分であるはずが、少なくとも理論的・幾何学的には更なる分割を許してしまうという矛盾を抱えることになる。物理的な分割可能性を否定しながら、理論的なそれを肯定すれば、その限りで分割の無限進行というゼノンの陥穽から逃れることはできないだろう。部分というものを、全体を構成する一部分と見るのでなく、いわば輪郭のように全体を包含している外端ないし限界と見て、この矛盾を回避しようとする試みもあるが[313]、原子論者が部分をそのような意味で考えていたとする確たる証拠もない。おそらく彼らは、こうした分割可能性の明確な区別を立てず、原子の分割可能性に関して厳密な規定を行ってはいなかったのではなかろうか。

　また、原子の大きさに関しては、先に引いたアリストテレスは「その大きさもまちまちである」と述べていたが、アエティオスによるとデモクリトスは「宇宙世界の大きさの原子」――それ自体不合理である――の可能性を認めていた[314]。しかし、アリストテレスはこれに先立つ個所で、原子は「感覚に捉えられないほど微小である」と語っており、また、原子の無限の組み合わせが可能である以上、デモクリトスは、あらゆる大きさの多様性ではなく、感覚の閾値を超えない範囲での多様性を考えていたと見るのが妥当であろう。

　そして、これもいまだに論争の的となっているが、彼らは原子の属性として形態と大きさ以外に重さを認めていたのかという問題がある。アリストテレスなどはデモクリトスが重さと大きさの比例関係を認めていたとするが、アエティオスはそもそもデモクリトスが原子に形態と大きさしか帰していないとする。この資料上の齟齬を解消するために、原子論における重さとは、宇宙形成時の渦動において小さい原子が上方の周縁部に、大きな原子が下方の中心部に

---

313) Furley[2], 128ff.
314) デモクリトスは、原子に重さがなく、宇宙世界の大きさの原子がありうるとした、と報告しているのはアエティオスである（『学説誌』I 12,6 = DK68A47）。

それぞれ動かされる時に原子が獲得する派生的な性質であり、原子はそれ以前あるいは渦動外でそうした意味での重さをもつことはない、とする解釈がある[315]。しかし、シンプリキオスの「すべての原子は同質の本性のもので、重さをもっている」という報告は、重さをもつことが時間的あるいは空間的限定を受けるという解釈を容れないように思われる[316]。資料的には、アリストテレスなどの報告が信頼できるであろうが、ではもし重さが原子の属性であるなら、それを原子論者はどのように理解していたのか。この点は、後で原子の運動について見るときに改めて考えることとする。

(2) 自然学原理 (2)――「あるもの」としての空虚

先に触れたように不可分で充実体である原子はいかなる空虚（κενόν）も含んでいない。空虚を含めばそこからさらなる分割を許すことになるからである。ということは逆に、二つ以上の異なる原子は、その間に空虚（間隙）をもつがゆえに、その空虚に沿って分離されうるということである。結合とは混合や融合ではないのであり、原子相互の間には必ずそれぞれの個体性・単一性を保証する接触個所としての空隙、言い換えれば原子の多数性を保証する間隙が、なくてはならない[317]。どれほど硬いダイヤモンドも、結合してこれを構成する諸原子間の空隙に沿って分離されうる。

加えてまた、諸原子が結合・解体するということは、それらが運動するということにほかならないが、運動していくためには何ものにも占められていない場が必要となる。エレア派のメリッソスは、空虚を運動の必要条件とし、その空虚があらぬがものである以上、運動は不可能であると論じていたが、原子論者は、原子と原子を隔てる間隙と原子の運動の場を確保するために、メリッソスのこの主張の前提部分をそのまま自分たちの前提として受け容れた上で、空

---

315) Burnet, 344.
316) シンプリキオス『アリストテレス「天について」注解』569,5 = DK68A61。
317) エレアのゼノンは、多数性論駁で、任意の二つの「あるもの」の間には常に第三の「あるもの」があり、これは無限に続いて行き、結局、多なるものは数的に無限であると論じているが、原子論者は二つのものの間に接触個所としての空虚を想定することで、この意味での無限進行を排除する。

虚があるがゆえに運動は可能であると主張する。

> 以前の時代のある人たち［エレア派］の見解によれば、あるものは必然的に一にして不動であるとされた。なぜなら、空虚はあらぬものであるが、ものを離れて空虚が存在しなければ、運動ということは不可能であり、さらにはものを遮断するものがなければ多が存在することはありえないからである。［略］レウキッポスは、一なるものを設定して空虚がなければ運動はありえないと考える人たちに対しては、空虚はあらぬものであるとともに、あるものに比していささかもあらぬものならず、と述べている。(アリストテレス『生成消滅論』第1巻第8章325a3ff. = DK67A7)

原子論者は、エンペドクレスとアナクサゴラスが素材の混合と分離を論じる際にまともに取り組むことのなかった運動の問題に真正面から向き合い、パルメニデスが想いを遠ざけよと命じていた「あらぬものはある」という矛盾の道に躊躇なく足を踏み入れる。原子の多数性と運動のためには空虚が必要欠くべからざるものなのである。

デモクリトスは充足理由律に訴えて、「もの（δέν）はあらぬもの（μηδέν）より以上にあることはない」(断片156)と語った。引用者プルタルコスの解説では、「もの」とは原子のことであり、「あらぬもの」は空虚のことを名づけているのであり、空虚もまた何らかの本性と固有の実在性をもっているという意味である、とされている。「デン」とは「メーデン（あらぬもの）」から否定部分（「メー（あらぬ）」）を取った語形であるが、この奇妙なことば遊びに、空虚の原子に対する関係を読み取ることができるかもしれない。空虚も存在性を有する以上、否定辞「メー」はもはやその存在を否定するものではない。「…がある」を否定しないのであれば「…である」を否定するものということにならないか。つまり空虚は、存在しながらも、それを規定するいかなる属性ももたないがゆえに、原子と同じ資格で存在する物体ではなく、それとは質的に明確に区別される。そして物体ではない以上、諸原子をその中に含みつつも、その非規定性ゆえに、いずれの原子とも同定されることなく、それらの原子の差異性を（つまりはそれぞれの自己同一性を）保証している。結合している諸原子は原子間の空虚において接触し、またその空虚において分裂する。むろん、ここで

の「接触」はピロポノス（後6世紀）が報告しているように、本来的な意味においてのものではなく、「原子同士が接近してあまり離れていないということ」である[318]。諸原子が本来的な意味で接触しているなら、連続体としてそれらはもはや多ではなく一となってしまうだろうからである。

　結局、「いかなるものでもあらぬもの」として空虚は、原子の集合体が事物として多様な「である」（属性）を表出するためのいわば枠組みであり根拠となっている。逆説的だが、空虚の固有の特質とは、何ものでもあらぬという非規定性であり、その非規定性が個別の具体的事物の規定性を支えている。アリストテレスは、彼らが空虚を「無限なるもの」の名で呼んだとも報告しているが[319]、その無限性も非規定性の一環として理解すべきであろう。

(3) 空虚における原子の運動と原因としての必然と偶然

　では、原子論者は空虚における原子の運動とその原因をどう説明しているのだろうか。アリストテレスは「デモクリトスは、目的となるものを論ずることをせずに、自然が関わっているすべての事柄を必然に帰している」とし、「レウキッポスやデモクリトスが第一次的物体は無限なる空虚の中をたえず動いていると言うのであれば、それらがどのような運動を行っているのか、また自然本性に即したそれらの運動とは何であるのかを彼らは語らなければならない」と注文をつけている[320]。

　アリストテレスにとっては、例えば火や空気は上方直線運動、水や土は下方直線運動というように、構成要素には必ず自然本性的な運動があり、原子も、たとえ強制的に動かされることがあっても、自然本性的運動をもっているはずだが、原子論者はそれを示していない、という批判である。つまり言い換えると、原子論者はアリストテレスが期待するような自然本性的運動を原子に想定

---

318) ピロポノス『アリストテレス「生成消滅論」注解』158,26 = DK67A7。また、シンプリキオス『アリストテレス「天について」注解』294,33 = DK68A37 も参照のこと。
319) アリストテレス『デモクリトスについて』fr.208Rose = DK68A37。
320) アリストテレス『動物発生論』第5巻第8章 789b2 = DK68A66、『天について』第3巻第2章 300b8 = DK67A16。

してはいなかったということである。実際、シンプリキオスはデモクリトスが「原子は本性的には不動のものであると語り、衝突によって運動すると言っている」と証言している。原子は、「無限なる空虚の中を強制力によってたえず運動している」のであり、常に他の原子によって動かされるとともに他の原子を動かし、しかもその運動は本性に即した一定の方向へのものではなく、その時々に応じた任意の方向への運動なのである[321]。

したがって、重さに関して言えば、原子論者は下方あるいは中心といった一定方向へと向かう自然本性的傾向性としてこれを認めていたとは考えられない。そもそも原子の運動の場としての無限の空虚では上下左右、中心、周縁といった区別は意味をもたない。では原子にはやはり重さはないということなのか。原子は、アリストテレスによると、「その形態と大きさにおける差異性によって、空虚の中を反撥し合って運動する」のであり、またシンプリキオスによれば「その内にある重さによって、抵抗を示すことなく場所を譲る空虚の中を場所的に運動する」とされる[322]。つまり、重さとは特定方向への運動ではなく、むしろ、原子同士が衝突する時の、原子の多様な形態と大きさによる衝撃力として捉えられているということになろう。

方向性を伴わない衝撃力としての重さをもつ原子は、空虚の中を永遠に運動し、相互に衝突し、作用し合う。その時、原子の向きと配列と形状において互いに適合すればそのまま絡み合って集塊をなすが、そうでない場合には衝突と同時に反撥し合って離れていく。しかし、原子は永遠にその集塊を維持するわけではなく、外部から別の原子が衝突すると、その原子の配列、形状、向き、そして衝突の衝撃と速さなどに応じて、結合体の原子は部分的あるいは全体的に離散したり、衝突してきた原子と新たな結合をもつ。そうしてその結合体は変容または解体していく。

原子同士の適合は、その形態と大きさにおける類似性による。形態と大きさ

---

321) シンプリキオス『アリストテレス「自然学」注解』42, 10 = DK68A47、『アリストテレス「天について」注解』583, 20 = DK67A16 を参照。
322) アリストテレス『デモクリトスについて』fr. 208Rose = DK68A37、シンプリキオス『アリストテレス「自然学」注解』1318, 33 = DK68A58。

が類似していると機械的に集塊を形成することについては、デモクリトスの巧みな比喩が伝えられている（断片164）。これによると、生物、無生物を問わず、あたかも事物の内における類似性が事物を集める力をもっているかのように、類を等しくするものは寄り集まるのであり、ちょうど篩にかけられた種子は篩の渦巻きに従って豆同士、大麦同士、そして小麦同士で集まり、砂浜の小石も、波の動きに従って細長い小石同士、丸い小石同士で集められるのと同様である。

　原子の運動に関するこうした説明はその適用対象を選ばない。デモクリトスは、人間と宇宙世界を類比的に捉え——これはすでにミレトス派において見られる理解である——、この文脈においておそらくはじめて人間を「小さな宇宙」（μικρὸς κόσμος: 断片34）と呼び、原子論の基本原理を宇宙世界のみならず人間や生物にも等しく適用することで、その徹底化を図った。したがって魂や生死という現象も原子とその振る舞いへと還元される。デモクリトスによれば、一種の火である魂は、すべてのものの中に侵入しやすく他のものを動かしやすい形態である球状の原子で、自ら動きながら身体を動かす。生とは、身体から魂の原子を排出させようとする外気の圧力に抗して、外気にも含まれる魂の原子を吸入することで身体からの魂の原子の排出を阻むことであり、死とはしたがって、外気の圧力に抵抗できず魂の原子が排出されることである[323]。また、人間に善悪をなす神々ですら原子の複合体であり、他のすべての複合体と同様、宇宙世界の一部分として、形成され解体していく（断片166）。そこでは伝統的な「死すべき者（人間）」と「不死なる者（神々）」という対立項は消失している。

　原子論による宇宙形成論については、ディオゲネス・ラエルティオス（IX 30ff. = DK67A1）がかなり詳細に紹介しており、それによると無数の宇宙世界は次のように形成される。つまり、無限の空虚からそれまで離散していた多数の多様な原子が巨大な空虚の一領域へと向かって集合すると一つの渦動を引き起こす。その渦動の中で衝突し回転する原子は、類似したもの同士へと選り分けられ、微細なものは外側の空虚へ移動し、残った原子が被膜体のような球形

323）　アリストテレス『魂について』第1巻第2章404a1ff. = DK67A28。

の集積体を形成する。これがさらに渦動運動を行い、中心部に運ばれた原子が一つにまとまると大地が形成され、他方、外殻部分は肥厚化し、部分的な原子の集積が起こり、それがさらに回転すると、当初は湿り泥状だったこの集積体がやがて乾燥して燃え上がり太陽をはじめとする諸天体ができあがる。

　そして、空虚は無限であり原子も無数に存在するがゆえに、世界形成は、空虚全体の至るところで行われる。つまり、宇宙世界も無数に存在しうるのである。事物が原子の結合によって形成され、変容し解体していくように、時間の経過の中で多くの世界が形成され解体されていく。無数の世界の存在はアナクサゴラス（断片4）でも曖昧な形で示唆されていたが、原子論ではそれが明確に主張されている。

　アルファベットで悲劇も喜劇もできあがるように無数の原子であらゆるものが形成される時、さらにそこに欠けているものがあるとすれば、それは物語のプロットを案出する書き手に相当するものということになろう。この複雑で秩序ある構造をもった世界が可能となるのはいかなる原因によってなのか。しかし、原子論においてはそのような問いはそもそも立てられない。そこにはプロットや企図といった目的論的思考はなく、エンペドクレスやアナクサゴラスのように、構成素材に運動を与える原理も想定されてはいない。神々ですら原子の複合体である以上、世界を創造し組織することはありえない。世界が形成されるのに、無限の空虚と運動する原子、そして永遠の時間以外には何も必要とされない。レウキッポスは「いかなるものも何気なく生ずることはなく、すべてのものは理路（ロゴス）に基づき、必然によっているのである」（断片2）と述べており、アリストテレスも「デモクリトスは、目的となるものを論ずることをせずに、自然が関わっているすべての事柄を必然に帰している」と報告しているように[324]、原子のそれぞれの運動はいかなる目的の産物でもなく、ただ先行する原子の運動によって因果的・機械的に決定されている。

　しかしその一方でアリストテレスは、原子論者について言及していると見える他の個所で、「彼らは、偶発的に渦巻きと運動が生じて、それによる分離の

---

324)　アリストテレス『動物発生論』第5巻第8章 789b2 = DK68A66。

働きによって万有は現にあるような秩序付けを与えられたとしている」と述べており[325]、原子論者が宇宙世界形成の端緒である渦動の原因を偶然に求めていることになる。この「矛盾」を解消するために、宇宙世界の形成とそこでのすべての事象は確かに因果的に決定されているが、その世界の形成の端緒となる渦動そのものの原因は、人間の思考によっては理解することのできないものとして、これを偶然に帰していると解することもできよう。それは、事象が原因をもつことの否定ではなく、むしろそれについての無知の表白と見るのである。またこれとは別に、事象の継起が機械的に生起する限りでは、それは必然的であるが、目的因によらない限りではそれは偶発的なのであり、このように理解すれば、そこに矛盾はないことになる[326]。いずれにしても、宇宙世界は閉じた世界ではなく、その内部の因果連鎖は「外部」の連鎖と複雑に交差しているのであり、その連鎖の交差が認識可能か否かにかかわらず、因果の関係に支配されない運動はありえないのである。

(4) 原子論における認識論

先に触れたように、人間の魂も原子であるからには、その機能としての感覚や思考もまた原子構造の相互作用の結果である。流出物に関するエンペドクレスの見解を承けて原子論者は、感覚知覚も思考も、外部の対象から流出している薄膜のような射影像（εἴδωλα エイドーラ）の衝突により感覚器官および魂において生じる状態変化であると考えた。例えば視覚についてレウキッポスは、知覚対象が流出して視覚器官に入り込み、身体中に浸透している魂の原子へと伝達されることで視覚が成立すると考えた。これをさらに詳細に仕上げたデモクリトスの説明では、対象と視覚器官の間の圧縮された空気が対象からの流出物で刻印されると、その刻印された空気が目に入り、目に繋がった通管がその空気と似通った形状をとって魂の原子へと伝達されることで感覚が成立する[327]。聴覚

---

325) アリストテレス『自然学』第2巻第4章 196a24-27 = DK68A69。
326) アリストテレス『自然学』第2巻第4章 197b5 = DK68A70。Cf. KRS, 418-420 ; Taylor, 188ff.
327) アレクサンドロス『アリストテレス「感覚と感覚されるものについて」注解』24, 14 =

も、空気が圧縮され耳の空虚な空間に入り身体内に分散されることで生じるとされる。射影像理論がどこまで適用されているのか判然とはしない。デモクリトスの感覚説を批判的に報告しているテオプラストスは、彼の視覚と聴覚の説明に独自性を認めていた。射影像理論は遠隔対象を知覚する感覚に適用され、味覚や触覚といった、対象と直接接触することで成立する感覚には適用されなかったのかもしれない。

いずれにしても感覚は対象と主体の原子的相互作用であるがゆえに、感覚的性質は「慣習の上でのもの」(断片9) とされることになる。感覚主体の側の原子の結合配列状況が異なるのに応じて、同一対象についての感覚印象も異なりうる。蜜が、健康なときには甘く、病気の時には苦く感じられ、摂氏40度のお湯をぬるいと感じる人もあれば熱いと感じる人もある。蜜もお湯も原子構造が同一であっても、刺激を受容する時の受容器の原子構造がそのつど異なっていれば成立する知覚も異なる。同時代のソフィストのプロタゴラスは、「人間はすべてのものの尺度である——あ̇るものについてはあ̇るということの、あ̇ら̇ぬものについてはあ̇ら̇ぬということの」(断片1) と語り、客観性を放棄して現れに等しい価値を認めた。お湯がぬるくあ̇る̇のも、熱くあ̇る̇のも真である。しかしデモクリトスにおいては、感覚的性質は実在的性質ではなく、したがって感覚は実在の本性を表示することができないことになる。確かに、原子は感覚によっては捉えられない実在であった。

かくしてデモクリトスは、「当該基準の助けにより、人は自分が真実から隔てられていることを認識しなければならない」(断片6) とか、「しかしながら、各々のものが真実にはどのようなものなのかを認識するのは困難なことである」(断片8)、「われわれは真実には何ひとつ確実なことを理解してはいない」(断片9末尾)、そして「真実にはわれわれは何も知らない。というのも、真理は奥底にあるから」(断片117) といったように、懐疑主義的な言説を残すことになる[328]。

DK67A29、テオプラストス『感覚論』49ff. = DK68A135。
328) これらの懐疑的言説は、引用者が、「デモクリトスが特に攻撃対象とするのは諸感覚のみである」と述べているように、強い意味での懐疑主義、あるいは不可知論を示すものと

では、感覚知覚が信頼性に欠けるとすれば、何によって実在の知識は得られるのだろうか。また、知覚経験は本当に何の価値もないものとして排除されているのか。デモクリトスは次のように認識の二形態を区別している。

> 認識には二つの形態、つまり真正な認識と暗い認識とがある。そして暗い認識には以下のものがすべて属している。すなわち、視覚、聴覚、嗅覚、味覚、触覚。これに対してもう一方のものは、真正な認識であり、暗い認識から隔絶している。暗い認識が、もはや小さなものへと眼差しを向けることも、聞くことも、臭いをかぐことも、味わうことも、接触して知覚することもできず、しかし、より微細なものへの探究は遂行されなければならない場合、より微細なものを認識する手段をもっている真正な認識がそれに取って代わるのである。(断片 11)

暗い認識とは感覚であり、真正な認識とは、この断片の引用報告者であるセクストスによれば「思惟を通じた認識」である。原子と空虚からなる実在の世界は思惟によってのみ認識される。パルメニデスではいまだ方向性を暗示するにとどまっていた感覚と思惟との区別が、はじめて自覚的になされたのはピロラオス (断片 13) においてであろうが、デモクリトスも彼と同様に感覚の信頼性を疑い、知性を高く評価している。彼の言によれば、「個々の人間のすべてにとって、その思わくは (諸々のアトムあるいは知覚像の) 流れ込みである」(断片 7) とされ、アトムで構成されているものの現れをわれわれに告げる知覚経験は「思わく」($δόξις$) であり、慣習的に真であると信じられているにすぎず、実在の本来的なあり方を直接的に表示するものではない。しかし、思わくが表現する現象は、認識対象を構成する原子の作用を受けた感覚器官の状態変化によって生み出されるものであり、その限りで、現象は対象といわば因果的関係にある。知覚できないほどに微細な原子の現れとしての知覚表象は、そのもとにある客観的世界の現れである以上、そのようなものの存在や特性、振る舞いを説明する起点となる。

アリストテレスは原子論者たちが目に見える現れの内に真実はあると考えた

は解さない。Taylor, 216ff. および三浦[3]、468-471 も参照。

と伝えており、デモクリトス派のディオティモス（前4世紀）は、デモクリトスに従い三つの判断基準を挙げ、その第一番目に「不分明なものを把握する基準は現れである」と述べているが[329]、もしそうであれば、デモクリトスにおいては、知性が実在を把握するのは、直知によるではなく、感覚情報を媒介とするということである。白い色は滑らかな原子に、黒い色は不等辺的で均一でない原子に対応し、基本的実在のもつ性質ではないが、慣習的にそれぞれを区別してそう呼ぶことは、それらを構成する原子の性質と配列の区別を反映しているのである。パルメニデスがすでに示したように、「思わく」は通念であり過ちうるものであると同時に、慣習的判断としての相対的普遍性をもつ[330]。こうした知覚経験をそのまま虚偽として排除するのではなく、それらを素材に知性が推論することにより奥底にある実在へと到達できるのである。

　エレア派の論理的要請に応えるために試みられた原子論は、イオニア的伝統の自然哲学を一つの極限まで推し進めたが、多くの問題をはらみながら、プラトン（特に『ティマイオス』での宇宙論）、アリストテレスに影響を与え、エピクロスに引き継がれていった。

5　アポロニアのディオゲネスの一元論

　テオプラストスが、自然学的な事柄の研究に取り組んだ人々のうちでほぼ一番新しい年代の人と語っていたように（『自然学説誌』断片2 = DK64A5）、自然万有に関する探究としての「ソクラテス以前哲学」を締めくくるのが、アポロニアのディオゲネスである。テオプラストスの上記のことばからすると、アナクサゴラスよりは年少だったと考えられる。喜劇作家アリストパネスが『雲』

---

329) アリストテレス『生成消滅論』第1巻第1章 315b6ff. = DK67A9、セクストス・エンペイリコス『学者たちへの論駁』VII 146 = DK68A111。
330) デモクリトスは感覚に、「哀れな心よ、おまえはわれわれから信念を得てわれわれをひっくり返すのか。ひっくり返すことはおまえにとっての転倒なのだ」（断片125後半部）と語らせている。実在の探究において、相対的な「真実性」しかもたない知覚経験の関与を許容することは、知性の無謬性といった規定を導入しない限り、依然としてその探究の結果の確実性を脅かすものとなりうる。もしデモクリトスがこの問題に気づいていたとしても、どう対処したのかはわからない。

（前423年上演）において彼の自然学説を戯画化して見せており、おそくとも前430年代までには書物を著していたと思われる。おそらく黒海沿岸のアポロニアに生まれ、その後アテナイに移り、その地で著名となったと思われる。

　彼は、『自然について』のほかに、『気象論』、『人間の自然本性について』、そして自然学者たちに反論したものを著したとされている。しかし、実際には『自然について』のみが彼の著作で、他のものは、『自然について』の諸論題へのディオゲネス自身の言及が書名と取り違えられたとする解釈もある。彼の著作からは十あまりの断片が伝えられているにすぎず、その大半は自然学的な内容のものである。

　ディオゲネスは、『自然について』の本論を、すべての存在する事物が根本的には同一のものであるとする形而上学的な議論から開始する。彼はその基本命題、「すべて存在するものは、同一のものから異化されるのであり、同一のものである」を、背理法によって論証する（断片2）。つまり、現在この宇宙世界のうちに存するものは、四要素も含めて、固有の本性において異なっており、また、同一のものでありながら多様に変化し異化されるのでないとするならば、けっして相互に混合することもありえないし、あるものから別のものに利益や害悪が生じることも不可能だっただろうし、また、植物や動物などの生成も不可能だっただろう。しかし、すべては同一のものから異化されることにより別々の時に別様のものとなり、同一のものへと帰るのである。

　存在するものとしてのＡがＢへと異化し変化するとき、それはＡの消滅とＢの生成を意味するものであってはならない。パルメニデスの根本原則からすれば、存在するものは、不生不滅で本性的に連続不可分だからである。とすれば、ＡもＢも存在論的に同一のものでなければならない。アナクサゴラスも変化に関わる同じ問題を認めていたが、彼は、「あらゆるもののうちにあらゆるものの部分が存している」と主張し、多元論をいわば極限まで推し進めることでこの問題に対処しようとしたが、これに対してディオゲネスは、その対極にあるより単純で明快な一元論的理論に訴える。すなわち、変化、変容、発生といった現象は、多種の存在するものが本性的に異化するということではなく、そうした現象のもとに、不生不滅の基本的な要素が、同一のものとして常に存しており、その要素が様態変化することで異化が生じているのである。その要

素は単一でなければならない。四要素も含めて世界に存在する事物は、すべてこの単一の要素から構成されている。ここには明らかにエンペドクレスの多元論が、現象を救うどころか、むしろそれを不可能にしているとする批判が込められている。

　そして、その要素をディオゲネスは「空気」とする。空気が原理とされる根拠は、人間やその他の動物が息を吸い、空気によって生きているという経験的事実に求められる（断片4前半部）。この空気自体は永続的で不死なる物体であり、それが多様な姿形を取ることで、あるものは生成し、あるものは消滅する（断片7）。ディオゲネスの原理である空気自体は、アナクシメネスのそれを継承するものであろう。ただ、後者における空気が、生成消滅や変化が非有の有を含意するというパルメニデスの批判を容易に受けうるものであったのに対して、ディオゲネスにおける空気は、少なくともこの点での批判をふまえた唯一の実体なのである。

　シンプリキオスによればテオプラストスは、ディオゲネスの見解に関して、様態上の変化（変異）と並べて濃密化と希薄化に言及しているが[331]、ディオゲネスの現存著作断片では、「空気は多様に姿を変えるのであって、熱くもなれば冷たくもなり、乾きもするが湿りもし、静かにもなればいっそう迅速に動きもするし、他にも多くの変異の仕方が内在していて、味についても色についても無限だからである。しかしまたすべての動物の魂は同一、すなわちわれわれがその中に存在するところの外気よりも熱く、だが太陽のかたわらの大気よりもはるかに冷たくあるところの空気である」（断片5）と言われ、密度に関する言及は皆無で、むしろ空気の温度が、個々の事物の特性を決定するものとされているように見える。しかし異化の原因としての温度の高低すなわち熱と冷は、それ自体二次的な変化であるはずだが、その変化の原因については何も語られていない。

　基本的要素としての空気がもつこうした能動性は何に由来するのか。ディオゲネスは、他の自然哲学者たちと同じく、この宇宙世界が一つの秩序体である

331）　シンプリキオス『アリストテレス「自然学」注解』25, 1 = DK64A5。

ことを疑わない。冬夏、昼夜、天候の好荒など、すべて森羅万象には「適度」（μέτρα）というものがあるが、それは「思惟」（νόησις）なしには不可能だっただろうと主張する（断片3）。そうして彼は、この思惟を要素的物質である空気に内在させるのである。

> わたしの考えでは、思惟をもつのは人々によって空気と呼ばれているところのものであって、これが万物の舵取りを行い、万物を支配している。（断片5冒頭）

彼にとっては、この空気こそが神であり、すべてに行きわたって万物を配置し、あらゆるものに内在しており、これを分けもたないものは何ひとつない。空気は生命原理であるだけでなく、認識の原理でもあり、空気の喪失は生命にとって死であると同時に知る働きの消失でもある。

宇宙世界の秩序づけの原因として思惟（知性）を要請する点で、ディオゲネスはアナクサゴラスと軌を一にする。しかし、彼の主張する思惟は、アナクサゴラスの言う知性とはその存在様態も機能も大きく異なる。ディオゲネスでは、思惟は、独立自存する実体ではなく、思惟作用そのものであり、いわば空気の属性であって[332]、しかも、アナクサゴラスでは、知性の働きは、最初の回転運動に作用するとその後の分離は機械的要因によって生起していくという点で限定的であるが、ディオゲネスにおける思惟は、あらゆる事象に直接的に関与するものである。こうしてディオゲネスは、より経済的で単純な一元論を措定することで、アナクサゴラスにおける知性の存在論的資格や、構成的事物と知性との相互作用に関わる問題を回避するとともに、アナクサゴラスにおいていまだ萌芽状態にあった目的論的宇宙形成論をはじめて明確に表明した。

ディオゲネスの宇宙形成論については、空気の合目的的な異化作用により残余のものが生じるとする基本線以外ははっきりしない。ディオゲネス・ラエル

---

[332] したがって、ディオゲネスでは「始源である空気が（……）多くのことを知っている」（断片8）という言い方が可能になる。アナクサゴラスは「知性（ヌース）」という語を用いたが、それは認識の主体となる実体的なものを表すのに対して、ディオゲネスの「思惟（ノエーシス）」は、知性の作用・働きそのものを表す抽象名詞である。

ティオスと擬プルタルコスによると[333]、彼は、無数の宇宙世界の存在を唱え——この主張を彼に帰することができるなら、その点に原子論者のレウキッポスの影響を認めることもできよう——、また宇宙世界の形成については、濃密なものが渦動の中で凝集して大地を作り、希薄なものは上方に位置を占めて太陽を作ったと考えた、とされる。しかしこれも、先に見たように彼が密度の変化によって事物の変化を説明したという推定に基づくものにすぎない[334]。

彼の自然学説には、宇宙形成論以外に生理学も含まれている。アリストテレスは、人間の血液経路に関するディオゲネスの詳細な見解を長々と引用している（断片6）。ここでは大きく分けて二つの経路が考えられている。一つは、背骨を境に身体の左右それぞれにおいて、中心（それは特定の器官に限定されていない）から身体の末端へと分岐しながら向かう経路で、それぞれは頭部で交差して終わっている。もうひとつの経路は、やはり左右それぞれの身体部分において対称的に広がっているが、今度はその起点が頭部であり、しかも比較的身体の深部を通って、男女とも生殖器で終わっている。明らかに解剖学に裏打ちされたこの血管網に関する医学的記述は、単なる形態論にとどまるものではない。血液の循環は、そこに含まれる空気の循環と密接な関係にあり、したがって、人間の思考や感覚、眠りや覚醒、そして生と死と密接な関係にあるからである[335]。

テオプラストスによると[336]、ディオゲネスは、感覚知覚が、感覚器官内部の空気と外部の空気との相互作用によって生じる、と考えた。例えば、嗅覚は、頭部の空気が匂いと適度に混合することで生じ、聴覚は、耳の中の空気が外部

---

333) ディオゲネス・ラエルティオス『ギリシア哲学者列伝』IX57 = DK64A1、擬プルタルコス『雑録集』12 = DK64A6.
334) 仮に空気の濃密化と希薄化というメカニズムをディオゲネスが想定していたとしたら、当然、空虚の問題は避けて通れなかったであろう。性質変化をすべて密度という空気の量的変化に還元したのであれば、彼もレウキッポスと同様に、エレア派に抗して、運動の一種である変化の条件として空虚の存在を認めていたことになろう。ただし、彼の著作断片に空虚に対する言及は皆無であり、学説誌的にも、ディオゲネス・ラエルティオスの「（彼の学説では）空虚は無限である」という報告（DK64A1）が一件あるのみである。
335) ディオゲネスの学説全般についてはLaksおよびWarren（177-179）を参照。
336) テオプラストス『感覚論』39以下 = DK64A19。

の空気に動かされて、脳まで広がると生じる。また視覚も、事物が瞳に反映するとき、その瞳が目の中の空気と合体して生起する、とされる。感覚受容器と知覚の主体（中枢）との区別は、注目に値する。そして、血管も空気も、微細なものがより鋭敏な感覚をもたらすとされる。また、思考も、純粋で乾いた空気がその本性ゆえに血管を通じて身体中に広がり、頭へともたらされ、そこの空気と混じり合うことで生み出される。反対に、空気が湿り気を帯びると（眠り、泥酔、満腹状態の場合や幼児の場合）、全身に行きわたることができず、胸部に分泌されるときは、その思考力は奪われる。同じ理屈で、大地に近い湿った空気を呼吸し、湿った食物を摂取する動物たち、清浄な空気を呼吸しても硬い肉のために身体中にそれを行きわたらせることができない鳥類、そもそも空気を取り込めない植物、これらは全面的に思考能力をもたない。彼は、頭部、すなわち脳を感覚と思考の中枢器官と見なす点で、心臓のまわりの血液に思考の座を考えるエンペドクレスではなく、アルクマイオンやアナクサゴラスに従っている。ただ、空気という単一の原理による一貫的説明を、人間的自然にも例外なく適用するがゆえに、感覚と知性の本来的な区別に注目するようになってきたそれまでの哲学者たちとは異なり、両者は連続的に捉えられている。

　テオプラストスは、ディオゲネスが、大部分は折衷的に寄せ集めるような仕方で著述したのであって、あるところはアナクサゴラスに基づいて、あるところはレウキッポスに基づいて語っている、と評している[337]。かつて19世紀初めにシュライエルマッヘルは、学説誌に抗して、ディオゲネスがアナクシメネスの直弟子で、アナクサゴラスはディオゲネスのすぐ後に続くと考え、そのラインで思索の継承発展を捉えた。そこでは、ディオゲネスは一定の独創的自然哲学者の資格を与えられていた。しかし、その後の学説誌への回帰によって、彼は哲学的な価値を有しない単なる折衷主義者と見なされることになった。そしてその解釈は現在では大勢を占めるにいたっている。しかし、ディオゲネスの一元論は単なるアナクシメネスの一元論の追認ではなかったし、秩序原理としての知性もアナクサゴラスにおけるそれと比べて遙かに体系的であり、その

337）　シンプリキオス『アリストテレス「自然学」注解』25, 1 = DK64A5。

意味で、ディオゲネスの思想は再評価に値するものと言えよう。

おわりに

　先に確認したように、パルメニデスによれば、先行する自然哲学者たちは、その思考の基盤から無を排除しようとしながらも、同時にそこに生成消滅や変化を加えることで「思わく」を形成している。つまり「思わく」においては、「生成する」「消滅する」「変化する」ということが「ある」ということと同じ資格で並び、同一の対象が生成し、あり、消滅するとされる。例えば、始源としての空気が濃密化というメカニズムによって水に変化し、希薄化により火に変化するということは、当の空気が、その変化以前にはなかったはずの水あるいは火の生成と同時にあらぬものとなるということである。そこでは「あるもの」と「あらぬもの」の相互転換が自明のこととして語られ、また、始源の存在の根拠そのものが問われることもない。彼らの自然哲学における本来的な論理的欠陥としてのこの「ある」と「あらぬ」の混同は、言うまでもなく「ある」ということの本性の無理解に起因する。「ある」のであれば完全な意味で「ある」のでなければならず、「あった」も「あるだろう」も許容されえない。「あるもの」とは、不生不滅、連続不可分割であり、また、不動にして完結しているものなのである。探究の対象として何を措定するにしても、まず、この実在の本性規定を満たすものでなければならない。

　それまでの自然哲学が実現してきたすべてに脅威を及ぼし、自然哲学の根本的な転換を促すパルメニデスの論理的要請――それは宇宙論自体を不可能にしかねない――に対して、どのように応答すべきか。エレア派以後の世代の哲学者たちが提示した対応策はさまざまであり、きわめて個性的であるが、それにもかかわらず基本線において共通する部分をもっている。つまり、彼らは、パルメニデスによる生成と消滅の排除に同意したが、他方、変化についてはこれを端的に排除するのでなく、実在の生成消滅に関わりをもたないような変化の可能性を追求し、同様にして、運動ということも、これが現象の本質であるように思われる限りで、エレア派の実在規定に反して認めた。そして、運動や変化に関してエレア派の論理に対抗しうるものとしてさらに精緻な理論化が求められる中で、ミレトス派では等閑に付されていた原因の問題にも敏感に反応し、

整合的な説明に努めたのである。このように見てくると、パルメニデス以後の自然哲学は、一元論に向かうものであれ多元論に向かうものであれ、パルメニデスと対立関係にあるものというよりも、エレア派の思考の枠組みの中で整合的な理論構築を目指したものであって、あえて言うならば、その自然学説は、エレア主義を母胎としたものなのである。そして、本書の射程を超えてはいるが、さらに付言するなら、パルメニデスの思考の方向性を原子論者とは異なる形で見て取り、いまだ十分には深化・整備されていなかった彼の認識論を、きわめてはっきりと批判的に展開したのが、パルメニデスを父と呼んだプラトンである。彼が知識と無知、その中間の思わく、そしてそれぞれの認知状態に対応する対象としての「あるもの」「あらぬもの」そして「ありかつあらぬもの」を語るとき、それは明らかにパルメニデスの詩における表現を踏まえている。少なくともその中期対話篇におけるプラトンは最後のソクラテス以前哲学者であるというカードの認定は、パルメニデスの遺産を受け継いでいるという意味では的外れなものではないだろう[338]。

---

338) Curd[1], 229.

結　語

　若者は、まずは遙かな「道」を通って女神の館にたどり着くが、そこでの「道」ということばの使用は、女神による、真理のこころや死すべき者たちの思わくの開示の場が、困難な旅路の果てにあって、人間の生の場から隔絶したものであるということ（そしておそらくは、哲学的探究を続けてきたパルメニデスその人が遍歴の末に立ち返ることとなった場の遠隔性を示すものでもあるということ）を表現している。しかし、この道行きの到達点が、若者にとっての最終目的地でないことがすぐに明らかとなる。「昼（光）の道」は「女神の館」を最終目的とするものではなかった。「館」は、いわば中継地点であり、さらに新たな探究の道がそこに接続している。

　女神は、そこで改めて二つの探究の「道」を提示する。つまり、真理の探究はここにおいてようやく端緒につく。この「女神の館」において若者に宣明されるのは、「真理」の全体ではなく、あくまでもその「こころ」であり核心であった。断片1での到達点は同時に真理探究への出発点ともなっている。そして、探究の道としてとるべき道は「ある」の道のみであり、それが探究の方向性を決定づけることになる。そして、この道は主語をもたない。これまでに主語を補う試みがさまざまになされてきているが、「あるもの」であれ、「何か」であれ、「それ」であれ、「真理」であれ、「思惟され語られうるもの」であれ、とにかく何を補うにしても、そのとき「ある」のもつ衝撃の大きさは主語存在へと吸収されてしまう。ただ文法的に文章の完結性を高めるために主語を求めるのでなく、具体性・現実性つまりは内実を伴ったものとしての主語存在を求めるのであれば、それよりも先に女神による「ある」そのものの意味の規定に耳を傾ける必要があるのである。それがあって初めて、「あるもの」とは何か、「思惟され語られうるもの」とは何であるかという問いが可能になるのである。

真理とはこの問いに対する答えを得たときに完結するものにほかならない。

ただしかし、パルメニデス自身は、その詩においてこの次の作業としての具体的な主語存在の提出を行ってはいなかった。与えられていない具体的な主語をここであえて求めることはパルメニデスが「道」ということばに託した意味を見失うことにもなる。「道」とは、それ自体が目的となるものではなく、むしろその先に最終的に目指されるものがある。このように見ていくと、真理全体ではなく、あくまでも真理探究の道に関することばを聞いて受けいれよと女神に語らせた時点で、あるいはそれよりも前にいくつかの異なることばを併用しながら「道」に触れている時点で[339]、パルメニデスの詩のあり方が決定されていると言ってもよい。それは彼の詩自体が道としてあるというあり方である。彼の哲学の主眼は、あくまでも、真理探究の方法の確立にあり、それ以上のものではなかったとも言える。

ラインハルトはかつて、パルメニデスがきわめて強い知識に対する欲求と世界を説明することへの渇望によって、結果として、何よりもまず展開の可能性がないかに思われるようなあまりに狭い真理概念に到達したが、もはやそこから引き返すことはできなかった、と述べた[340]。確かに、「ある」の道の「しるし」とその論証を見るとき、パルメニデスの構想する「あるもの」が具体的にどのようなものであるかを実際にイメージするには多大な困難が伴う。そしてその困難を最も痛感していたのは「革命家」(Revolutionär) たるパルメニデス本人かもしれない。真理の核心としての「ある」の提示、「ある」ということの本性規定、そして「思わく」のありのままの提示――パルメニデスの詩のことばはそこまでを直接の目標に定めており、その後に展開されるべき真理の探究（言い換えれば本当の意味での「あるもの」の探究）は、この詩の内部において実践されることはなく、それを聴取した者に委ねられる。このような彼の詩の「開放性」は、おそらく彼が最終的に目指していたであろう「宇宙世界ないしは実在界についての理論」を与えるという自身の目標を達成しえなかったということの裏返しかもしれない。

---

339) E.g. fr.1.2 ὁδός; 1.5 ὁδός ;1.11 κέλευθος ; 1.21 ἀμαξιτός ; 1.27 ὁδός , πάτος .
340) Reinhardt, 80.

結　語

　彼の説を信奉するエレア派のゼノンやメリッソスも、結局は彼の設定した根源的な「ある」の次元から始まる真理の探究に乗り出すことはなく、もっぱら師の学説を擁護するために部分的な展開や補完を行うにとどまり、実際にパルメニデスの要請に応答しながら自然哲学の再興に着手したのは新イオニア派とも呼ばれるエンペドクレス、アナクサゴラス、そして原子論者レウキッポス、デモクリトスなどの多元論者たちであった。そして、プラトンもまた、こうした自然学的多元論者とは異なった道を採りながらもパルメニデスに応答しようとしたひとりである。彼らはパルメニデスの「ある」の規定を最大限に満たすものを原理として独自に措定し、論理の世界にのみ安住することなく、この変化に満ちた世界を整合的に説明しようと努めた。その説明の仕方は、初期のミレトス派に比べれば遙かに合理的で洗練されており、措定される原理の数の点でも経済的になっていく。パルメニデスに対する直接の応答の多くが多元論の形を取っていたということは、パルメニデスの「有」論が、（彼の意識にかかわらず）歴史的に見て多元論でなければ十分に展開できなかったという意味で、多元論への方向性を必然的に内包していたということでもあろう。

　感覚と思惟の峻別、無時間性概念の確立といった点で、パルメニデスはその哲学詩の中で自覚的に完全に新たな次元に到達したとはいまだ言いがたく、むしろ、その移行可能性の直中にあると言った方が適切であるように思われる。しかしながら彼が「あること」の本性規定と「思わく」の提示を通じて示した哲学的探究の要請は、けっしてそれ以上展開不能な不毛のものではなく、実際にはきわめて豊かな内実をもつ思索をもたらすことにつながったのであり、その意味で、やはり彼は古代ギリシア哲学の歴史における偉大なる分水嶺であったと言える。

補遺　パルメニデス著作断片全訳

断片 1（セクストス・エンペイリコス『学者たちへの論駁』第 7 巻 111（1-30 行）；シンプリキオス『アリストテレス「天について」注解』557, 25 以下（28-32 行））

　わたしを運ぶ牝馬たちは、わたしの熱情が到達しうる限り遠くまで
　送り届けた、わたしを導いてダイモーン（神霊）の名高い道に就かせると。
　この道はすべての街々を越えて知者となる人を運び行く。
　その道をわたしは運ばれて行った。なぜなら、その道を、知恵ある牝馬たちが馬車を
5　曳きながらわたしを運んで行ったのであり、また乙女たちがその道を先導したからである。
　そしてこしきの中の車軸は灼熱の炎を放ちつつ角笛のごとき音を発した。
　それというのも、車軸は二つのぐるぐると回転する車輪によって
　両側から駆り立てられていたからである、
　太陽の娘たる乙女たちが、夜の館を後にして、
10　手で頭からヴェールを押しやって、光を目指してわたしを送り届けようと急いだときに。
　そこには「夜」と「昼」の道の門があり、
　まぐさと石の敷居がこの門を囲い込んでいる。
　門自体はアイテール（上層気）の性を備え、大きな扉でふさがれており、
　仮借なき復讐の女神ディケー（正義）が門に合った鍵をもっている。
15　彼女を乙女たちは優しいことばで喜ばせて
　閂棒を門から即座にはずすようにと巧みに説得した。
　そして門が、合わせ釘と鋲でしっかりと固定された

249

青銅装の支軸を軸受けの中で交互に回転させながら大きく開くと、
扉の枠の中にぽっかりと隙間ができた。
20 その門を真っ直ぐに通り抜けると、
乙女たちは馬と馬車を大道へと進めていった。
そして女神がわたしを懇篤に迎えると、わたしの右手をその手にとって
わたしに次のようなことばで語りかけた。
「若者よ、不死なる馭者たちとあなたを運ぶ牝馬たちとを
25 侶伴としてわれらの館に到着した者よ、
よくぞ来た。というのも、けっして悪しき運命がこの道を旅するようにとあなたを
送り出したのはではなく——なぜなら、この道は人間たちの歩む道からはるかに離れたところに
あるがゆえ——むしろ掟と正義がそうしたのだから。そしてあなたはすべてのことを学ばねばならない、
説得力のある*1 真理の揺るぎなきこころも
30 死すべき者たちの思わくも——そこに真の信頼性はない。
しかしそれにもかかわらずあなたはこのことをも学ぶだろう、どうして思わくされることが
すべてに完全に行きわたりつつ*2 真実にあらねばならなかったかを。」

　　　＊1　εὐπειθέος　　＊2　περῶντα

断片 2（プロクロス『プラトン「ティマイオス」注解』I, 345, 18；シンプリキオス『アリストテレス「自然学」注解』116, 28 (3-8行)）

さあ、わたしはあなたに語ろう。そしてあなたは、わたしの話を聞き終えたら、それを携えて行かなくてはならない。
いかなる探究の道が考えるべき唯一のものであるか。
一つは、「ある」、そして「あらぬはあらぬ」、という道。
これは説得の道である（なぜならそれは真理に従うがゆえに）。

5 もう一方は、「あらぬ」、そして「あらぬことが必然」、という道、
　この道はまったくもって探し求めることのできない道であるとわたしはあなたに言明する。
　というのも、あなたはあらぬということを知ることはできないであろうし
　（それはなされえないゆえ）
　またそれを指し示すこともできないであろうから。

断片 3（クレメンス『雑録集』第 6 巻第 23 章；プロティノス『エンネアデス』第 5 巻第 1 章）

　なぜならば、思惟することとあることとは同じであるから。

断片 4（クレメンス『雑録集』第 5 巻第 15 章）

　現前していないものも現前しているものも思惟により同じように[*1]しっかりと見なさい。
　なぜなら、あなたは、あるものがあるものと繋がっているのを自分で切り離すことはないだろうから。
　それが世界のあらゆるところにあらゆる仕方で散在しているにせよ、
　一つにまとまっているにせよ。

　　　＊1　ὁμῶς

断片 5（プロクロス『プラトン「パルメニデス」注解』I、p.708, 16 Cousin）

　……わたしが開始するのは共通の地点である。
　なぜなら、そこへとわたしは再三再四もどるであろうから。

断片6（シンプリキオス『アリストテレス「自然学」注解』86, 27-28; 117, 4-13）

　　「ある」はある、と語りかつ考え*¹ねばならない。なぜなら、「ある」はあ
　　　るが、
　　「あらぬ」はあらぬから。わたしはあなたにそれをよくよく考えるよう命じ
　　　る。
　　というのも、これは、わたしがあなたをそこに進まないよう遠ざける最初
　　　の探究の道であり、
　　しかしその次にわたしは、死すべき者たちが何も知らないで双頭のまま
5　拵えあげた道からもあなたを遠ざけるからである。なぜならば、彼らの胸
　　　の中で、
　　困惑がとりとめもなくさまようこころを導くからである。そして彼らは引
　　　き立てられる、
　　耳も聞こえなければ目も見えず、呆然として、判別する力のない群衆と
　　　なって。
　　彼らによって「ある」と「あらぬ」は同じであり、かつ同じでないと
　　見なされている。彼らすべてがたどる道は反対方向に向いている。
　　　　　＊1　τὸ νοεῖν

断片7（プラトン『ソピステス』237A, 258D（1-2行）；セクストス・エンペイリコス
　　　『学者たちへの論駁』第7巻114節（2-6行））

　　なぜなら、あらぬものどもがあるというこのことが馴らされることはけっ
　　　してないだろうから。
　　むしろあなたは、探究のこの道からあなたの考えを遠ざけなさい。
　　また、多くの経験から生まれた習慣が、あなたを強制してこの道を行かせ、
　　目当てをもたない目と雑音に満ちた耳と舌とを働かせることがあってはな
　　　らない。
5　そうではなく、理によって判定しなさい、

252

わたしから語られた、多くの異論を引き起こす吟味批判を。

断片8（シンプリキオス『アリストテレス「自然学」注解』145, 1ff. ; 38, 30ff.）

なお残っているのは、「ある」とする道についての
ただ一つの説明である。この道には
非常に多くのしるしがある。すなわち、あるものは生成しえず消滅もしえないで、
全体としてあり、ただ一つの種類[*1]で、揺らぐことなく、また無窮[*2]である。
5 それはけっしてあったことなく、あるだろうこともない。なぜなら、一挙に全体として、
一つで連続したものとして、今あるのだから。なぜなら、あなたはそれについてどのような生まれを探究するというのか？
どうして、またどこからそれは成長したのか？ あらぬものから、とあなたが言うことも考えることもわたしは許さないだろう。
なぜなら、あらぬということは、語られえず考えられえないから。
そして、どのような必要がそれを駆り立てて、
10 より後にあるいはより前にあらぬものから出て成長するようにしたというのか？
このように、まったくあるかまったくあらぬかのいずれかでなければならない。
また、確証の力が、あらぬものよりほかの何かがあらぬものから生成することを
けっして許しはしないだろう。したがって、正義の女神がその足枷をゆるめてそれが
生成したり消滅したりするのを許したことは一度もなかったのであり、
15 むしろそれをしっかりとつかんでいるのである。そしてこれらに関する判定は、

あるかそれともあらぬか、というこのことにある。ところで実際に、必然のこととして、

一方の道は考えられず名を呼ぶこともできないものとして棄ておき（なぜならそれは真の

道ではないから）、もう一方の道は、あり、真正のものであるということがすでに決せられていたのである。

また、あるものがどうして後になってありえようか*³。またどうしてそれが生成しえただろうか。

20 というのも、もし生成したのであれば、それはあらぬし、いつかあることになるとしても、あるのではないから。

かくして、「生成」は消去され、「消滅」はその消息が聞かれることもない。

またそれは分割可能なものでもない。それは全体として一様なものであるから。

それは、あるものが繋がり合うのを妨げることになるような、ここでより一層あったり

より劣ってあったりということもなく、むしろそれは全体としてあるもので充ちている。

25 だからそれは全体として連続的である。なぜなら、あるものはあるものに密接しているから。

しかし、それは大いなる縛めの限界の中で不動のものとして、

始まることも終わることもなしにある。生成と消滅は

はるか遠くへとさまよい行き、真なる信頼性がそれらを追放したからである。

それは同じものとして同じ場所にとどまりながら、それ自身で横たわり、

30 そしてそのようにまさにその場に確固としてとどまる。なぜなら力強き必然の女神が

限界の縛めの中でそれを保持し、この限界がそれをあらゆる側から閉じこめているから。

したがって、あるものが不完結であるのは正当なことではない。

なぜなら、それは欠けてはいないから。もし欠けているなら*⁴、それはす

べてを欠いていることになろう。
思惟することと、思考がそのゆえにあるところのものとは同じである。
35 なぜなら、思惟がそこにおいて表現を得るところのあるものがなければ
あなたは思惟することを見出さないだろうから。というのも、あるものに
並んで何か他のものが
現にあることもこれからあるだろうこともないからである。運命の女神
（モイラ）が、全体としてあり
不動であるようにそれに足かせをつけたためである。したがって、
死すべき者たちが真であると信じて立てたすべてのもの
40 ――つまり、生成することと消滅すること、あることとあらぬこと、
場所を変えることと明るい色をとりかえるということ――は名目にすぎな
いだろう。
しかし最も外の限界があるので、それは完結している。
ちょうど、あらゆる方向においてまん丸い球のかたまりのようなもので、
中心からあらゆる方向に均等に釣り合っている。なぜなら、
45 ここあるいはかしこで、幾分なりともより大きくまたより小さくあっては
ならないから。
なぜなら、あるものが自らと同じものに至り着くのを妨げてしまうような
あらぬものはなく、
またあるものは、ここではそれがより多くあり、そこではより少なくある
というような仕方で
あることもないからである。なぜならそれは全体として侵されることのな
いものだから。
というのも、それはあらゆる方向においてそれ自身と等しく、限界の中で
同一のあり方をするからである。
50 ここでわたしは真理に関する信頼できる言説と考えを
終わりにする。これからは、死すべき者たちの思わくを学びなさい、
わたしのことばの欺瞞に満ちた構成を聞きながら。
すなわち彼らは、自分の判断において、名づけるために二つの形態を立て
た。

そのうち一つだけでも立てられるべきではなく、そこにおいて彼らは踏み
迷ってしまっているのである。
55 しかし、彼らは形姿において反対のものとなるこれら二つの形態を区別し、
互いに別々のしるしを与えた。すなわち一方においては天空の焔の火を彼
らは措いた。
それはおだやかで、きわめて軽く、あらゆる方向において自分自身と同じ
であるが、
他方のものとは同じでない。しかし他方、かのもう一つのものもそれ自体
において
反対のものとして彼らは措いた。それは暗い夜であり、形姿において濃密
で重い。
60 このわたしは、あらゆる点において真実らしく見えるこの世界の構造をあ
なたに語ろう。
死すべき者たちのいかなる考えもあなたを追い越すことがないように。
　　＊1　μουνογενές　＊2　ἠδ'ἀτέλεστον　＊3　ἔπειτα πέλοι τὸ ἐόν
　　＊4　[μὴ] ἐόν

断片9（シンプリキオス『アリストテレス「自然学」注解』180, 9）

しかし、すべてのものが光と夜と名づけられ、
またそれらの力に応じたものが名前としてこのものやかのものに割り当て
られたので、
すべては同時に光と暗い夜とで充ち、
どちらも等しい。なぜなら、いずれもあらぬということを分けもつことは
ないから。

断片10（クレメンス『雑録集』第5巻138）

そしてあなたはアイテール（上層天）の生まれとその中のすべての
　　しるしと、輝く太陽の清澄な
　　松明の破壊的な働きと、そしてそれらがどこから生じたのかを知るだろう。
　　そしてあなたは丸い目をした月の周転的な働きとその生まれを学ぶだろう。
5　さらにまたあなたは、周囲を取り巻く天空と、
　　それがどこから生まれてきて、どのようにして必然の女神（アナンケー）が
　　星々の限界を保持するために天空を導きつつ束縛したのかも、知るであろう。

断片11（シンプリキオス『アリストテレス「天について」注解』559, 22）

　　どのようにして大地と太陽と月とが、
　　また共有されたアイテール（上層気）と天の川と涯の
　　オリュンポスと星々の熱い力が
　　衝き動かされて生じてきたか。

断片12（シンプリキオス『アリストテレス「自然学」注解』39, 14ff.; 31, 13ff.）

　　というのも、より狭い円環は混じり気のない火で充たされており[*1]、
　　それらに続く円環は夜で充たされており、そしてそのあとに炎の分け前が
　　　　突き進んでいく。
　　そしてそれらの真ん中にすべてのものの舵をとる女神がいる。
　　なぜなら彼女は、すべてのもの[*2]の憎むべき誕生と交わりを支配するから
　　　　である。
5　女を送って男と交わらせ、そして今度は逆に男を送って
　　女と交わらせながら。

　　　　　　＊1　πλῆνται　＊2　πάντων

断片 13（アリストテレス『形而上学』第 1 巻第 4 章 984b26;プルタルコス『愛をめぐる対話』13,756F；シンプリキオス『アリストテレス「自然学」注解』39,18）

すべての神々の中でなによりもまずエロース（愛）を案出した。

断片 14（プルタルコス『コロテス論駁』1116A）

大地の周りをさまよい歩き、夜に輝く、借りものの光。

断片 15（プルタルコス『月面に見える顔について』16,6,929A）

いつも太陽の光へと目を向けて。

断片 15a（バシレイオス『創造の六日間についての講話』Ⅰ8への古注25Pasquali）

［大地は］水中に根ざしたもの。

断片 16（アリストテレス『形而上学』第 4 巻第 5 章 1009b22）

なぜなら、さまよい動く四肢の混合が、そのつど*¹、あるのに応じて、
そのように思惟も人間たちに現前しているから*²。というのも、
思惟するその当のものは、人間の各々においてもそのすべてにおいても同
　一のもの、
すなわち彼らの四肢の本質だからである。なぜなら、より優勢なものが思
　考となるのだから。

　　　＊1　ἑκάστοτ'　＊2　παρέστηκεν

補遺　パルメニデス著作断片全訳

断片 17（ガレノス『ヒッポクラテス「流行病」注解』VI, 48）

　右側には男の子たち、左側には女の子たち……

断片 18（カエリウス・アウレリアヌス『慢性疾患について』IV9, 116）

　女と男が脈管からの愛の種子をいっしょに混合する時、
　形成する力が、もし適度を守れば、さまざまに異なった血から、
　適切に形作られた身体を作り出す。
　なぜなら、もしも種子が混合した時に、それらのもつ力が衝突して、
5　混合から生まれる身体において、ただ一つの力を形成することがないなら、
　　冷酷にも
　それらの力は、二重の種子によって、生まれんとする胎児の性を激しい動
　　揺を与えるだろうから。

断片 19（シンプリキオス『アリストテレス「天について」注解』558, 9）

　このようにして、思わくによれば、これらのものは生成し、そして今あり、
　この後、将来において成長した上で終滅に至るであろう。
　そしてそれらに対して人間たちはそれぞれに固有のしるしとしての名前を
　　つけたのである。

文献一覧

Allen, R.E., Furley, D.J. (eds.) *Studies in Presocratic Philosophy*, Vol.II, London, 1975.

Aubenque, P. (dir.) *Étude sur Parménide*, 2 Tomes, Paris, 1987.

Aubenque, P. "Syntaxe et sémantique de l'être dans le Poème de Parménide," in Aubenque(1987), Tome II, 102-134.

Austin, S. *Parmenides. Being, Bonds and Logic*, New Haven/London, 1986.

Bailey, C. *The Greek Atomists and Epicurus*, Oxford, 1928.

Bailly, A. *Dictionnaire grec-français*, Paris, 1963(26^e Éd. revue par Séchan, L. et Chantraine, P.)

Ballew, L. "Straight and Circular in Parmenides and the "Timaeus"," *Phronesis*, 19, 1974, 189-209.

Barnes, J.[1] "Parmenides and the Eleatic One," *Archiv für Geschichte der Philosophie*, 1979, 1-21.

Barnes, J.[2] *The Presocratic Philosophers*, London, 1982 (revised ed.).

Bicknell, P.J. "Parmenides' Refutation of Motion and an Implication," *Phronesis*, 12, 1967, 1-5.

Bollack, J. "Sur deux fragments de Parménide," *Revue des Études Grecques*, 70, 1957, 56-71.

Bormann, K. *Parmenides. Untersuchungen zu den Fragmenten*, Hamburg, 1971.

Bowra, C.M. *Problems in Greek Poetry*, Oxford, 1953.

Brague, R. "La vraisemblence du faux (Parménide, FR.1,31-32)," in Aubenque(1987), Tome II, 44-68.

Burnet, J. *Early Greek Philosophy*, London, 1930 (4).

Calvo, T. "Truth and Doxa in Parmenides," *Archiv für Geschichte der Philosophie*, 59, 1977, 245-260.

Cassin, B. *Parménide. Sur la nature ou sur l'étant*, Paris, 1998.

Caston, V., Graham, D.W. (eds.) *Presocratic Philosophy : Essays in Honour of Alexander Mourelatos*, Aldershot, 2002.

Caveing, M. *Zénon d'Élée : prolégomènes aux doctrines du continu*, Paris, 1982.

Chalmers, W.R. "Parmenides and the Beliefs of Mortals," *Phronesis*, 5, 1960, 5-22.

Chantraine, P. *Dictionnaire étymologique de la langue grecque*, 2 Tomes, Paris, 1983-84 《Nouveau tirage》.

Cherniss, H. "The Characteristics and Effects of Presocratic Philosophy," *Journal of the History of Ideas*, 12, 1951, 319-345.

Clark, R.J. " Parmenides and Sense-Perception," *Revue des Études Grecques*, 82, 1969, 14-32.

Claus, D.B. *Toward the Soul. An Inquiry into the Meaning of* ψυχή *before Plato*, New Haven/London, 1981.

Collobert, C. *L'être de Parménide ou le refus du temps*, Paris, 1993.

Conche, M. [1] *Héraclite; Fragments*, Paris, 1986.

Conche, M.[2] *Parménide. Le Poème : Fragments*, Paris, 1996.

Cordero, N.-L. *Les deux chemins de Parménide*, Paris/Bruxelles, 1984.

Cornford, F.M. [1] "Parmenides' Two Ways," *Classical Quarterly*, 27, 1933, 97-111.

Cornford, F.M.[2] *Plato and Parmenides*, London, 1939.

Couloubaritsis, L. [1] *Mythe et philosophie chez Parménide*, Bruxelles, 1986.

Couloubaritsis, L. [2] "Les multiples chemins de Parménide," in Aubenque (1987), Tome II, 25-43.

Coxon, A.H. *The Fragments of Parmenides*, Assen/Maastricht, 1986.

Curd, P. [1] *The Legacy of Parmenides, Eleatic Monism and Later Presocratic Thought*, Princeton, 1998

Curd, P. [2] "The Metaphysics of Physics : Mixture and Separation in

Empedocles and Anaxagoras," in Caston and Graham (eds).

De Rijk, L.M. "Did Parmenides Reject the Sensible World?," in Gerson, L.P. (ed.) *Graceful Reason: Essays in Ancient and Medieval Philosophy Presented to Joseph Owens, CSSR*, Toronto, 1983, 29-53.

Diels, H. *Parmenides. Lehrgedicht*, Berlin, 1897, 25-26.

Diels, H., Kranz, W. *Die Fragmente der Vorsokratiker*, Berlin, 1951-52(6).

Dorion, L.-A. "La subversion de l' 《elenchos》 juridique dans l' 《Apologie de Socrate》," *La Revue philosophique de Louvain*, 88, 1990, 311-343.

Engelhard, H.P. *Die Sicherung der Erkenntnis bei Parmenides*, Stuttgart, 1996.

Finkelberg, A. [1] "Parmenides: Between Material and Logical Monism," *Archiv für Geschichte der Philosophie*, 70, 1988, 1-14.

Finkelberg, A. [2] "Parmenides' Foundation of the Way of Truth," *Oxford Studies in Ancient Philosophy*, 6, 1988, 39-67.

Finkelberg, A. [3] "Being, Truth and Opinion in Parmenides," *Archiv für Geschichte der Philosophie*, 81, 1999, 233-248.

Fränkel, H. [1] *Dichtung und Philosophie des frühen Griechentums*, München, 1962(2).

Fränkel, H. [2] *Wege und Formen frühgriechischen Denkens*, München, 1968(3).

Fränkel, H., "Xenophanes' Empiricism and his Critique of Knowledge (B34)", in Mourelatos(ed.) *The Pre-Socratics*.

Furley, D. [1] "Notes on Parmenides," *Phronesis*, Suppl. Vol.I, 1973, 1-15.

Furley, D. [2] *The Greek Cosmologists*, Vol.1, Cambridge, 1987.

Furth, M. "Elements of Eleatic Ontology," *Journal of the History of Philosophy*, 7, 1968, 111-132.

Gallop, D. *Parmenides of Elea*, Toronto, 1984.

Goodwin, W.W. *Greek Grammar*, Boston, 1903 (revised ed.).

Graham, D.W.[1] "Empedocles and Anaxagoras: Responses to Parmenides", in A.A.Long(1999), 159-180.

Graham, D.W. [2] *Explaining the Cosmos : The Ionian Tradition of Scientific Philosophy*, Princeton, 2006.

Granger, H. "The Cosmology of Mortals," in Caston, V. and Graham, D.W. (eds.): *Presocratic Philosophy. Essays in Honour of Alexander Mourelatos*, Hants/Burlington, 2002, 101-116.

Groningen, B.A.Van, *Theognis, Le premier livre*, Amsterdam, 1966.

Guthrie, W.K.C. [1] *A History of Greek Philosophy*, Vol.I, Cambridge,1962.

Guthrie, W.K.C. [2] *A History of Greek Philosophy*, Vol. II , Cambridge,1965.

Heitsch, E. *Parmenides.Die Anfänge der Ontologie, Logik und Naturwissenschaft*, München, 1974.

Hölscher, U. [1] "Grammatisches zu Parmenides," *Hermes*, 84, 1957, 385-397.

Hölscher, U.[2] *Parmenides. Vom Wesen des Seienden*, Frankfurt am Main, 1969.

Humbert, J. *Syntaxe Grecque*, Paris, 1982(3).

Hussey, E.[1] "The Beginnings of Epistemology: from Homer to Philolaus," in S.Everson (ed.) *Companions to Ancient Thought 1 : Epistemology*, Cambridge, 1990, 11-38.

Hussey, E. [2] "Pythagoreans and Eleatics," in C.C.W.Taylor (1997) , 128-174.

Inwood, B. *The Poem of Empedocles*, Toronto/London, 2001(2).

Jaeger, W. *The Theology of Early Greek Philosophers*, Oxford, 1947.

Jones, B. "Parmenides' "The Way of Truth", " *Journal of the History of Philosophy*, 11, 1973, 287-298.

Kahn, C.H. [1] *Anaximander and the Origins of Greek Cosmology*, New York and London, 1960.

Kahn, C.H.[2] "Parmenides by L.Tarán," *Gnomon*, 40, 1968, 123-133.

Kahn, C.H. [3] "More on Parmenides," *Review of Metqaphysics*, 22, 1968/69, 333-340.

Kahn, C.H. [4] "The Thesis of Parmenides," *Review of Metqaphysics*, 23, 1969/70, 700-724

Kahn, C.H. [5] "Being in Parmenides and Plato," *La Palora del Passato*, 43, 1988, 237-261.

Kirk, G.S., *Heraclitus, The Cosmic Fragments*, Cambridge, 1948.

Kirk, G.S., Raven, J.E., *The Presocratic Philosophers*, Cambridge, 1960.

Kirk, G.S., Raven, J.E., Schofield, M. [KRS] *The Presocratic Philosophers*, Cambridge, 1982(2). [内山勝利他訳『ソクラテス以前の哲学者たち』京都大学学術出版会、2006年]

Kranz, W. *Vorsokratische Denker*, Berlin, 1974(4).

Laks, A. *Diogène d'Appolonie : La dernière cosmologie présocratique*, Lille/Paris, 1983

Lee, H.D.P. *Zeno of Elea*, Cambridge, 1936.

Lesher, J.H. [1] "Heraclitus' Epistemological Vocaburary," *Hermes*, 111, 1983, 155-170.

Lesher, J.H. [2] "Parmenides' Critique of Thinking. The poluderis elenchos of Fragment 7", *Oxford Studies in Ancient Philosophy*, 2, 1984, 1-30.

Lesher, J.H. [3] "The Emergence of Philosophical Interest in Cognition," *Oxford Studies in Ancient Philosophy*, 12, 1994, 1-34.

Lesher, J.H. [4], *Xenophanes of Colophon*, Toronto, 1992.

Lesher, J.H. [5], "Early interest in knowledge," in A.A.Long (ed.), *The Cambridge Companion to Early Greek Philosophy*, Cambridge, 1999.

Liddell, H.G., Scott, R., Jones, H.S. [LSJ] *A Greek-English Lexicon*, Oxford, 1940 (New Supplement added 1996).

Loenen, J.H.M.M. *Parmenides, Melissus, Gorgias*, Assen, 1959.

Long, A.A. [1] "The Principles of Parmenides' Cosmogony," 1963 ; repr. in Allen and Furley(1975), 82-101.

Long, A.A. [2] "Parmenides on Thinking Being," *Proceedings of Boston*

Area Colloquium in Ancient Philosophy, 12, 1996, 125-151.
Long, A.A. (ed.) The Cambridge Companion to Early Greek Philosophy, Cambridge, 1999.
Mackenzie, M.M. "Parmenides'Dilemma," Phronesis, 27, 1982, 1-12.
Madvig, J.N. Syntaxe de la langue grecque, Paris, 1884.
Makin, S. Indifference Arguments, Oxford, 1993.
Mansfeld, J. [1] Die Offenbarung des Parmenides und die menschliche Welt, Assen, 1964.
Mansfeld, J. [2] "Parmenides, Fr.B2.1," Rheinisches Museum für Philologie, 109, 1966, 95-96.
Mansfeld, J. [3] Die Vorsokratiker, Stuttgart, 1987.
Mansfeld, J. [4] Studies in the Historiography of Greek Philosophy, Assen-Maastricht, 1990.
Mansfeld, J. [5] "Parménide et Héraclite avaient-ils une théorie de la perception?, " Phronesis, 44, 1999, 326-346.
Martin, A., Primavesi, O. L'Empédocle de Strasbourg : (P. Strasb. gr. Inv. 1665-1666), Berlin/Strasbourg, 1999.
McKirahan, Jr., R.D. Philosophy before Socrates, Indianapolis/Cambridge, 1994.
Minar, Jr., E.L. "The Logos of Heraclitus," Classical Philology, 34, 1939, 323-341.
Mourelatos, A.P.D. [1] "The Real, Appearances and Human Error in Early Greek Philosophy," The Review of Metaphysics, 19, 1965, 346-365.
Mourelatos, A.P.D. [2] The Route of Parmenides, New Haven/London, 1970.
Mourelatos, A.P.D. [3] "Heraclitus, Parmenides, and the New Metaphysics of Things," in Lee, E.N. et alii (eds.) Exegesis and Argument. Studies in Greek Philosophy presented to Gregory Vlastos, New York, 1973, 16-48.
Mourelatos, A.P.D. [4] "Comments on "The Thesis of Parmenides"," The Review of Metaphysics, 22, 1968/69, 753-744.

Mourelatos, A.P.D. (ed.) *The Pre-Socratics : A Collection of Critical Essays*, New York, 1974.

Nehamas, A. "On Parmenides' Three Ways of Inquiry," *Deucalion*, 33/34, 1981, 97-111.

Nussbaum, M.C. "Eleatic Conventionalism and Philolaus on the Conditions of Thought," *Harvard Studies in Classical Philology*, 83, 1979, 63-108.

O'Brien, D., Frère, J. "Le Poème de Parménide. Texte et Traduction," in Aubenque(1987), Tome I, 1-134.

O'Brien, D.[1] "L'être et l'éternité", in Aubenque(1987), Tome II, 135-162.

O'Brien, D.[2] "Essai critique", in Aubenque(1987), Tome I, 135-302.

O'Brien, D.[3] "Problèmes d'etablissement du texte," in Aubenque(1987), Tome II, 314-350.

Owen, G.E.R. [1] "Eleatic Questions," *Classical Quarterly*, 10, 1960, 84-102.

Owen, G.E.R. [2] "Plato and Parmenides on the Timeless Present", *The Monist*, 50, 1966, 317-340.

Palmer, J.A. *Plato's Reception of Parmenides*, Oxford, 1999.

Pasqua, H. "L'unité de l'être parménidien," *La Revue philosophique de Louvain*, 86, 1992, 143-155.

Phillips, E.D. "Parmenides on Thought and Being," *The Philosophical Review*, 64, 1955, 546-560.

Redard, G. "Du grec δέκομαι 《je reçois》 au sanskrit *átka-* 《manteau》: Sens de la racine **dek-*," in *Sprachgeschichte und Wortbedeutung : Festschrift Albert Debrunner*, Berne, 1954, 351-362.

Reinhardt, K. *Parmenides und die Geschichte der griechischen Philosophie*, Bonn, 1916.

Robin, L. *La pensée grecque et les origines de l'esprit scientifique*, Paris, 1963^2.

Ruggiu, L. "Commentario filosofico al Poema di Parmenide 《Sulla natura》," in Reale, J., Ruggiu, L. *Parmenide. Poema sulla natura*, Molano, 2003.

Schmitz, H. *Der Ursprung des Gegenstandes*, Bonn, 1988.

Schofield,M., "The Ionians" in C.C.W.Taylor (ed.), *From the Beginning to Plato* (Routledge History of Philosophy, Vol.1), Ch.2, London, 1997.

Schwabl, H. "Sein und Doxa bei Parmenides," Wiener Studien, 66, 1953, 50-75.

Sedley, D. "Parmenides and Melissus," in A.A.Long(1999), 113-133.

Smyth, H.W. *Greek Grammar*, Cambridge (Mass.), 1956.

Solmsen, F. "The "Eleatic One" in Melissus," *Mededelingen der Koninklijke Nederlandse Akademie van Wetenschappen, Afd. Letterkunde*, Nieuwe Reeks 32/8, 1969, 221-223 (repr. in id. *Kleine Schriften*, III, Hildesheim, 1982, 137-149).

Sorabji, R. *Time, Creation, and the Continuum*, Ithaca, 1983.

Sprague, R.K. "Parmenides : A suggested rearrangement of fragments in the "Way of Truth"," *Classical Philology*, 50, 1955, 124-126.

Stevens, A. *Postérité de l'être. Simplicius interprète de Parménide*, Bruxelles, 1990.

Stokes, M.C. *One and Many in Presocratic Philosophy*, Cambridge(Mass.), 1971.

Stough, C.L. "Parmenides'Way of Truth, B8.12-13," *Phronesis*, 13, 1968, 91-107.

Sullivan, S.D. *Psychological and Ethical Ideas : What Early Greeks Say*, Leiden, 1995.

Tarán, L. [1] *Parmenides. A Text with Translation, Commentary and Critical Essays*, Princeton, 1965.

Tarán, L. [2] "Perpetual Duration and Atemporal Eternity in Parmenides and Plato," *The Monist*, 62, 1979, 43-53.

Taylor, C.C.W. (ed.) *From the Beginning to Plato* (Routledge History of Philosophy, Vol.I), London, 1997.

Taylor, C.C.W. *The Atomists : Leucippus and Democritus : Fragments*, Toronto, 1999.

Teodorsson, S.-T. *Anaxagoras' Theory of Matter*, Göteborg, 1982.

Trépanier, S. *Empedocles : An Interpretation*, New York / London, 2004.

Verdenius, W.J. *Parmenides. Some Comments on His Poem*, Groningen, 1942.

Vlastos, G. "Parmenides' Theory of Knowledge," *Transactions of the American Philological Association*, 77, 1946, 66-77.

Von Fritz, K. "Νοῦς, Νοεῖν, and Their Derivatives in Pre-Socratic Philosophy (Excluding Anaxagoras)," in A.P.D. Mourelatos (1974), 23-85.

Warren, J. *Presocratics : Natural Philosophers before Socrates*, Berkeley, 2007.

Woodbury, L. "Parmenides on Names," *Harvard Studies in Classical Philology*, 63, 1958, 145-160.

Wright, M.R. *Empedocles : the Extant Fragments*, New Haven / London, 1981.

Zafiropulo, J. *L'école éléate*, Paris, 1950.

井上　忠、『パルメニデス』、青土社、1996年。

内山勝利編、『ソクラテス以前哲学者断片集』第Ⅱ分冊、岩波書店、1997年。

内山勝利、「解体する自然のさ中なる生——エンペドクレスの「新断片」発見によせて」、『現代思想』(青土社)27-9、1999年、100-107頁。

鈴木照雄、『パルメニデス哲学研究』東海大学出版会、1999年。

B．スネル、『精神の発見』(新井靖一訳)創文社、1974年。

波多野精一、『時と永遠』(改版)岩波書店、1972年[初版1943年]。

廣川洋一 [1]、「ギリシアにおける「無」——パルメニデスの非有を中心に」、『理想』621、1985年、76-88頁。

廣川洋一 [2]、『ソクラテス以前の哲学者』、講談社学術文庫、1997年。

藤澤令夫、「Eleatica」、『藤澤令夫著作集Ⅰ』、岩波書店、2000年、369-386頁 (初出：『西洋古典学研究』12、1964年)。

三浦　要 [1]、「メリッソスの断片8について」、『古代哲学研究』20号、1988年、3-15頁。

三浦　要 [2]、「(書評)井上忠『パルメニデス』、鈴木照雄『パルメニデス哲学

研究」、『西洋古典学研究』(日本西洋古典学会編、岩波書店)第50号、2002年、123-126頁。

三浦　要［3］、「人はどこまで真実に迫れるのか──ソクラテス以前に見る認識論の史的展開──」、『西洋哲学史再構築試論』(渡邊二郎監修)昭和堂、2007年、439-480頁。

三浦　要［4］、「エレア学派と多元論者たち」、『哲学の歴史1［古代1］』(内山勝利責任編集)中央公論新社、2008年、135-238頁。

あとがき

　本書は、学位論文『真理の「こころ」と探究の道——パルメニデスにおける哲学的探究をめぐって——』（京都大学、2005 年）に、新たに序、第 8 章と補遺を加えたものである。各章のほとんどはこれまでさまざまの機会に発表してきた論文がもとになっている。ただし、それらは時に原形をとどめないほどに大幅な加筆と修正が施されており、各章は既発表の論考と正確に対応しない部分を含んでいる。以下におおよその対応を示し、初出一覧に代える。

第 1 章
「すべてを聞いて学ぶがよい——パルメニデスにおける真理の「啓示」と「探究」」　　　『現代思想』（青土社）27-8、1999 年

第 2 章
「禁じられた道——パルメニデスにおける探究の行方」（第 3 章）
　　　　　　　『哲学研究』（京都哲学会編、創文社）第 567 号、1999 年

第 3 章
「パルメニデスの断片 7 に於ける「ロゴス」の意味について」
　　　　　　　『西洋古典学研究』（日本西洋古典学会編、岩波書店）第 41 号、1993 年

第 4 章
「禁じられた道——パルメニデスにおける探究の行方」（第 3 章以外）
　　　　　　　『哲学研究』（京都哲学会編、創文社）第 567 号、1999 年

第 5 章
「パルメニデスにおける生成と時間——シンプリキオス『自然学註解』を手がかりとして」
　　　　　　　『カルキディウスとその時代』（西洋古代末期思想研究会編）
　　　　　　　慶應義塾大学言語文化研究所、2001 年

第 6 章
「パルメニデスは一元論者か？」
　　　　　『古代哲学研究』（古代哲学会編）第 35 号、2003 年
第 7 章
「「思わく」の虚構と真実——パルメニデスにおけるコスモロジーの可能性について」
　　　　　『イリソスのほとり——藤澤令夫先生献呈論文集』（内山勝利、中畑正志編）世界思想社、2005 年
第 8 章
「エレア派と多元論者たち」（一部）
　　　　　『哲学の歴史 1（古代 1）』（内山勝利責任編集）中央公論新社、2008 年

　学位論文審査委員の労をとっていただいた内山勝利先生、伊藤邦武先生、そして中畑正志先生からは多くの有益にして貴重な助言や示唆を受けた。わたしの力不足でそのすべてを本書に反映させることはできなかったかもしれないが、あらためて三先生に感謝の意を表したい。

　　　　　　　　　　　　　　　＊

　郷里を同じくする詩人はかつてこう歌った——「あゝ　おまへはなにをして来たのだと……吹き来る風が私に云ふ」（中原中也「帰郷」より）。他郷にいるわたしは、折に触れてこのことばを捉え直しつつ自らに問いかける。本書はこの問いに十分に答えうるものだろうか。
　パルメニデスの哲学詩に初めて触れたのはいったいいつのことだっただろう。知恵を愛しもとめる営みという「哲学」の原義にそくしたときに、その祖型がそこにはあるように思われた。彼の「ある！」という「驚き」は名辞以前であり認識以前のことがらである。他のいかなるものにも根拠づけられることのない「ある」を原理として直観し、これを「神秘」のヴェールの向こうに追いやるのでなく、ひたむきに「論理」の言語でもって解き明かそうとするパルメニ

あとがき

デス——。気がつけば引き込まれ、修士論文、そしてついには学位論文まで書くことになっていた。

　大学院で指導いただいた藤澤令夫先生は、かつてわたしの「パルメニデス」を異端と（温顔を湛えつつ）評された。確かにわたしの解釈は「正統的」なパルメニデス理解に対して異議申し立てをするものであり、先生ご自身の解釈からも隔たったものだった。しかし、先生はわたしの着想を言下に否定されることはけっしてなく、わたしが自分の思うとおりに格闘することを見守ってくださった。もちろん、わたしの「パルメニデス」が先生を説き伏せることは最後までできなかったが、この「異端」という先生のことばは、少なくとも、そうしたわたしのパルメニデスとの格闘を戯れ事としてではなくまさに真摯な取り組みとして先生が認めてくださっていたことを示すものだと——自惚れかもしれないが——確信しているし、誇りとしている。正統あってこその異端とつくづく思う。感佩の念はやみがたい。そしてこのことは内山勝利先生についても同様である。「弟子」と呼ばせていただくのもおこがましいこのわたしであるが、まがりなりにも研究を続けられ、このような書物を上梓することができたのは、学位論文をまとめるように言ってくださった内山先生のお蔭である。そもそもソクラテス以前哲学を自分の研究のフィールドにしようと決心したことについては、内山先生がおられたことが決定的であったと思う。

＊

　藤澤、内山両先生のほかにも、これまでに本当に多くの方々にお世話になった。学部時代を過ごした金沢では、学生も少なく、田中加夫先生、土屋純一先生、尼ヶ崎徳一先生、そして澄田宏先生からきわめて濃密でしかも懇切なご指導を賜った。京都の西洋哲学史研究室の等輩・先輩諸兄には文字どおり「クセノス」だったわたしを暖かく受け容れていただいた。懶惰なわたしを機会あるたびに電話の向こうから叱咤してくださるのは岩波書店編集部におられた田中博明氏である。また、先輩であり京都大学学術出版会編集部員でもある國方栄二氏には本書がなるにあたり多くのご配慮をいただいた。

　様々な方から受けた学恩に報いるには本書はあまりにもささやかでしかも遅

すぎた書物——藤澤先生、尼ヶ崎先生、田中先生はすでに鬼籍の人となられた——であるが、ここであらためて深甚の謝意を表したい。

再三私事にわたり恐縮だが、両親亡き後、わたしをまさに物心両面から支えてくれた兄、史夫と以夫、そして妻の紀子には、この場を借りて鳴謝します。

2011年 1月　　　　　　　　　　　　　　　　　　　三浦　要

本書は独立行政法人日本学術振興会平成22年度科学研究費補助金（研究成果公開促進費）の助成により出版されたものである。

固有名および出典索引

* 数字はページ数、n.の後の数字は注番号を示す。

(A) 固有名(現代)

ア　行

アンベール(Humbert, J.)　107(n.157)
イエーガー(Jaeger, W.)　18(n.17), 71(n.101)
井上忠　18(n.17)
インウッド(Inwood, B.)　212(n.300), 220(n.304)
ヴェルデニアス(Verdenius, W.J.)　18(n.17), 38(n.47), 55(n.66), 61(n.79), 62(n.83), 71(n. 102), 159(n.233), 167(n.248), 172(n.259)
ヴォルフ(Wolff, C.) 128
ウォレン(Warren, J.)　200(n.285), 240(n.335)
内山勝利　2(n.5), 81(n.115), 214(n.302)
ウッドベリー(Woodbury, L.)　39(n.47), 156, 156(n.229), 157, 158(n.232)
ヴラストス(Vlastos, G.) 66. 66(n.91), 166(n.244), 167
エンゲルハルト(Engelhard, H.P.)　21(n.24), 130(n.191), 163(n.240), 167
オーウェン(Owen, G.E.R.)　1(n.2), 12(n.10), 23(n.26), 25(n.29), 36, 36(n.41), 37-38, 103, 103(n.149), 106(n.155), 114(n.172), 115, 115(n.173)(n.174), 116, 116(n.175), 133(n. 197), (n.198), 136, 138(n.204), 151, 151(n.219)
オースティン(Austin, S.)　21(n.24), 103(n.149), 138(n.204), 166(n.246), 168(n.249), 175(n.262), 176(n.263)
オーバンク(Aubenque, P.)　65(n.88), 116(n.175), 130(n. 191)
オブライエン／フレール(O'Brien, D., Frère, J.)　21(n.24), 25(n.28), 25(n.29), 49(n.61), 54(n.64), 55(n.67), 56(n.70), 65(n.87), 94(n.138), 96(n.140), (n.141), 103, 110(n.161), 123(n.184), 165(n.244), 176(n.263)
オブライエン(O'Brien, D.)　33(n.35), 35(n.38), 37(n.42), 40(n.50), 66, 87(n.127), 88(n. 129), 89(n.132), 96, 103-104(n.149), 105, 106(n.153), 111, 111(n.163), 112, 112(n.166)

カ　行

カヴァン(Caveing, M.)　185(n.272)
カーク／レイヴン／スコフィールド(Kirk, G.S., Raven, J.E., Schofield,M. [KRS])　3(n.6), 33(n.35), 54(n.64), 55(n.67), 94(n.138), 106(n.155), 107(n.158), 156(n.229), 167, 175(n. 262), 182(n.269), 185(n.270), 191(n.276), 233(n.326)
カーク／レイヴン(Kirk, G.S., Raven, J.E.[KR])　110(n.162), 155, 155(n.227), 167, 175(n. 262)
ガスリー(Guthrie, W.K.C.)　33(n.35), 54, 54(n.64), 58(n.75), 60(n.78), 67(n.92), 80(n.

113), 81, 81 (n.115), 110 (n.162), 114 (n.172), 128 (n.188), 133 (n.197), 138 (n.204), 141 (n. 209), 145 (n.213), 166 (n.244), 167 (n.247), 168 (n.249), 170 (n.256), 173 (n.260), 176, 176 (n.264), 191 (n.278), 210 (n.296), 211 (n.299)

カッサン (Cassin, B.) 17 (n.14), 21 (n.24), 61 (n.80), 65 (n.87), 69 (n.97), 111 (n.162), 166 (n.244), 167 (n.247)

カード (Curd, P.) 12 (n.11), 13, 21 (n.24), 27 (n.32), 33 (n.35), 40 (n.52), 69 (n.98), 86 (n. 126), 96 (n.141), 108 (n.159), 130 (n.191), 133 (n.197), 138 (n.204), 140 (n.207), 143 (n. 210), 147 (n.217), 153 (n.225), 155 (n.226), 156 (n.229), 160 (n.235), 166 (n.246), 176 (n. 263), 182 (n.269), 185 (n.272), 200 (n.285), 203 (n.287), 211 (n.299), 243 (n.338)

カルヴォ (Calvo, T.) 61 (n.82)

カルステン (Karsten, S.) 81, 103, 103 (n.149), 167

カーン (Kahn, C.H.) 33 (n.35), 34, 34 (n.37), 39, 39 (n.49), 40, 66 (n.90), (n.91), 74 (n.109), 84, 84 (n.121), 132 (n.196)

ギャロップ (Gallop, D.) 21 (n.24), 33 (n.56), 39 (n.48), 55 (n.67), 61 (n.81), 103, 103 (n.149), 128 (n.188), 133 (n.197), 140 (n.207), 144 (n.212), 152 (n.220), 156 (n.229), 166 (n.246), 175 (n.262)

キングズリー (Kingsley, P.) 13, 13 (n.12)

グッドウィン (Goodwin, W.W.) 45 (n.57)

クラウス (Claus, D.B.) 31 (n.33)

クラーク (Clark, R.J.) 25 (n.29), 26 (n.31), 100 (n.146), 159 (n.233)

グラハム (Graham, D.W.) 12 (n.11), 127 (n.186)

クランツ (Kranz, W.) 61 (n.78), 81, 81 (n.115), 167

クルバリツィス (Couloubaritsis, L.) 36 (n.39), 91, 92 (n.134), 94 (n.138), 96 (n.141)

グレンジャー (Granger, H.) 152 (n.220), 153 (n.222)

コクソン (Coxon, A.H.) 31 (n.33), 33, (n.35), 54 (n.64), 57 (n.74), 59 (n.77), 61 (n.79), 72, 72 (n.103), 73 (n.105), 111 (n.162), 128 (n.188), 135 (n.201), 141, 141 (n.209), 160 (n.235), 166 (n.244), 167, 168 (n.252), 175 (n.262)

コルデロ (Cordero, N.-L.) 33 (n.35), 55 (n.67), 59 (n.7), 62 (n.83), 67 (n.92), 81 (n.116), 86, 86 (n.126), 87, 87 (n.128), 88 (n.129), 94 (n.138), 96 (n.140), 100 (n.146)

コロベール (Collobert, C.) 49 (n.61), 94 (n.138), 96 (n.140)

コンシュ (Conche, M.) 17, 17 (n.14), 20 (n.23), 21 (n.24), 25 (n.28), 33 (n.35), 36 (n.40), 38 (n.46), 49 (n.61), 61 (n.79), 61 (n.82), 62 (n.83), 69 (n.97), 82, 82 (n.118), 83, 93 (n.137), 94 (n.138), 96 (n.141), 103 (n.149), 106 (n.154), (n.155), 133 (n.197), 143 (n.210), 144 (n.212), 160 (n.235), 166 (n.246), 170 (n.254), 171 (n.258), 172 (n.259), 173 (n.260), 174 (n.261), 175 (n.262), 176 (n.263)

コーンフォード (Cornford, F.M.) 44, 44 (n.56), 59 (n.77), 78, 79 (n.111), 128, 128 (n.187), 140 (n.206), 145 (n.213)

サ 行

サリヴァン (Sullivan, S.D.) 31 (n.33), 69 (n.96), 160 (n.234)

シャントレーヌ(Chantraine, P.)　27(n.32), 57(n.73), 171(n.258), 174(n.261)
シュヴァブル(Schwabl, H.)　167, 175(n.262)
シュタイン(Stein, H.)　84
シュミッツ(Schmitz, H.)　130(n.191)
ジョーンズ(Jones, B.)　130(n.191)
スコフィールド(Schofield, M.)　152(n.221), 184
鈴木照雄　33(n.35), 42(n.55), 47(n.59), 57(n.74), 61(n.79), 61(n.82), 65(n.87), 67(n.93), 68, 69(n.97), 111(n.163), 112(n.168), 114(n.171), 131(n.194), 131(n.193), 132(n.195), 138(n.204), 141(n.207), 144(n.212), 145(n.213), 146(n.214), 176(n.263)
スティーブンズ(Stevens, A.)　96(n.140), 153(n.225), 170(n.254)
ストウ(Stough, C.L.)　110(n.161), 112(n.167), 113(n.170)
ストークス(Stokes, M.C.)　38(n.44), 83(n.120), 94(n.138), 103, 103(n.149), 133(n.197), 138(n.204), 157(n.230), 167, 167(n.247), 168(n.249)
スプレイグ(Sprague, R.K.)　83, 83(n.119)
スマイス(Smyth, H.W.)　73(n.107), 96(n.142)
セドレー(Sedley, D.)　128(n.188), 191(n.278)
ソラブジ(Sorabji, R.)　114, 114(n.171), 118(n.179)
ゾルムセン(Solmsen, F.)　130(n.191)

タ　行

タラン(Tarán, L.)　19(n.19), 23(n.26), 25(n.28), 33(n.35), 38(n.46), 54(n.64), 55(n.66), 59(n.77), 61(n.79), 62, 62(n.84), 65(n.87), 71(n.100), 84, 84(n.123), 85, 85(n.124), 91-92, 92(n.134), 93, 93(n.136), 103, 103(n.149), 105, 106(n.153), 111(n.164), 116(n.175), 117, 117(n.177), (n.178), 119(n.180), 128(n.188), 132(n.195), 138(n.204), 140(n.207), 142, 143(n.210), 152(n.220), (n.222), 153(n.223), 160(n.236), 167, 167(n.247), 169-170, 170(n.254), (n.256), 172(n.259), 176, 176(n.264)
チャーニス(Cherniss, H.)　71(n.101)
チャーマーズ(Chalmers, W.R.)　54(n.64), 156, 156(n.230), 158, 167
ツァフィロピュロ(Zafiropulo, J.)　25(n.29), 79(n.112), 167
テイラー(Taylor, C.C.W.)　233(n.326), 235(n.328)
ディールス／クランツ(Diels, H., Kranz, W.[DK])　2(n.5), 60(n.79), 96(n.140), 140(n.207)
ディールス(Diels, H.)　2(n.3), 18(n.15), 80, 80(n.114), 84, 86, 86(n.125), (n.126), 140(n.207), 144(n.212), 166(n.244), 176(n.263)
テオドルソン(Teodorsson, S.-T.)　200(n.285)
デ・ライク(De Rijk, L.M.)　160(n.236), 175(n.262)
トレパニエ(Trépanier, S.)　207(n.292)
ドリオン(Dorion, L.-A.)　57(n.72)

ナ 行

ニハーマス (Nehamas, A.)　13, 86 (n.126), 156 (n.220)
ヌスバウム (Nussbaum, M.C.)　54 (n.64), 55 (n.67), 96 (n.140)

ハ 行

バイイ (Bailly, A.)　67 (n.92), 161 (n.237), 166 (n.244)
ハイッチュ (Heitsch, E.)　21 (n.24), 33 (n.35), 55 (n.65), 140 (n.206), 141 (n.208), 165 (n.244), 167, 169 (n.253)
バウラ (Bowra, C.M.)　18 (n.15), 19 (n.20), (n.21)
パスカ (Pasqua, H.)　147 (n.216)
ハッセイ (Hussey, E.)　61 (n.82), 128 (n.188), 138, 138 (n.203), (n.204), 141, 141 (n.209)
波多野精一　114 (n.172)
バーネット (Burnet, J.)　127, 127 (n.186), 140 (n.206), 145 (n.213), 167, 227 (n.315)
パーマー (Parmer, J.A.)　193 (n.279)
バルー (Ballew, L.)　96 (n.140)
バーンズ (Barnes, J.)　12, 12 (n.10), 20 (n.22), 23 (n.26), 33 (n.35), 38, 38 (n.46), 61 (n.79), (n.82), 65, 65 (n.89), 96 (n.141), 97 (n.143), 103 (n.149), 127 (n.186), 130 (n.191), 135 (n.201), 138 (n.204), 153 (n.225), 176 (n.263), 204 (n.289)
ビックネル (Bicknell, P.J.)　143 (n.210)
廣川洋一　81 (n.115), 100 (n.146)
ファース (Furth, M.)　41 (n.54), 56 (n.69)
ファーリー (Furley, D.J.)　19 (n.20), 25 (n.28), 54 (n.64), 55 (n.67), 156 (n.229), 166, 166 (n.246), 167, 170 (n.256), 175 (n.262), 204 (n.288), 211 (n.299), 226 (n.313)
フィリップス (Phillips, E.D.)　66 (n.91)
フィンケルバーグ (Finkelberg, A.)　55 (n.67), 61 (n.82), 72 (n.103), 73 (n.105), 157 (n.231), 158, 165 (n.244), 167, 171 (n.257)
フォン・フリッツ (Von Fritz, K.)　63, 64 (n.86), 69 (n.96), 71 (n.102)
藤澤令夫　68 (n.94), 81 (n.115)
ブラグ (Brague, R.)　25 (n.29)
ブランディス (Brandis, C.A.)　103 (n.149)
フレンケル (Fränkel, H.)　21 (n.24), 69 (n.96), 110 (n.162), 117, 117 (n.178), 166 (n.244), 168 (n.249)
ベイリー (Bailey, C.)　127, 127 (n.186)
ベルク (Bergk, T.)　81
ヘルシャー (Hölscher, U.)　55 (n.65), 60 (n.78), 68, 68 (n.95), 110 (n.162), 156 (n.229), 176 (n.263)
ボラク (Bollack, J.)　176, 176 (n.263), (n.264), 178 (n.266)
ボルマン (Bormann, K.)　58 (n.76)

マ　行

マイナー（Minar, Jr., E.L.）　58（n.75）
マッキラハン（McKirahan, Jr., R.D.）　23（n.26）, 128（n.188）, 133（n.197）, 138（n.204）, 139, 139（n.205）
マッケンジー（Mackenzie, M.M.）　151（n.219）, 160（n.236）
マドヴィック（Madvig, J.N.）　45（n.57）
マルタン／プリマヴェージ（Martin, A., Primavesi, O.）　206（n.290）, 207（n.291）, 213（n.301）
マンスフェルト（Mansfeld, J.）　20（n.22）, 21（n.24）, 55, 55（n.65）, 61（n.79）, 61（n.82）, 62（n.83）, 68（n.95）, 96（n.140）, 166（n.246）, 167, 174（n.261）, 175（n.262）, 176（n.263）, 194（n.281）
三浦要　18（n.17）, 42（n.55）, 59（n.77）, 179（n.267）, 193（n.279）, 235（n.328）
ムラッハ（Mullach, F.W.A.）　81
ムーレラトス（Mourelatos, A.P.D.）　1（n.2）, 13, 15（n.13）, 18, 18（n.16）, 20（n.22）, （n.24）, 22（n.25）, 25（n.29）, 26（n.30）, 33（n.35）, 40, 40（n.50）, （n.52）, 41（n.53）, 56（n.70）, 61（n.79）, 61（n.81）, 68, 68（n.95）, 69（n.98）, 70（n.99）, 71（n.102）, 82, 82（n.117）, 96（n.141）, 97（n.143）, 103（n.149）, 108（n.160）, 111（n.164）, 112（n.165）, （n.168）, 116（n.176）, 119（n.180）, 130（n.191）, 132（n.196）, 133（n.197）, 140（n.207）, 143（n.210）, 144（n.212）, 151（n.219）, 153（n.225）, 156（n.229）, 161（n.237）, 162（n.238）, 163（n.240）, 166（n.246）, 167, 170（n.255）, 171（n.257）, 174（n.261）, 175（n.262）
メイキン（Makin, S.）　136（n.202）

ラ　行

ライト（Wright, M.R.）　209（n.293）, 212（n.300）
ラインハルト（Reinhardt, K.）　84, 94, 94（n.139）, 99（n.145）, 103, 103（n.149）, 246, 246（n.340）
ラクス（Laks, A.）　240（n.335）
リー（Lee, H.D.P.）　182（n.269）
リシャー（Lesher, J.H.）　56（n.71）, 57（n.72）, （n.74）, 58（n.75）, 61（n.79）, 64（n.86）, 66（n.90）, 73（n.106）
リデル／スコット／ジョーンズ（Liddell, H.G., Scott, R., Jones, H.S.[LSJ]）　27（n.32）, 63（n.85）, 96（n.140）, 160（n.236）, 166（n.244）
ルダール（Redard, G.）　69（n.98）, 160, 160（n.237）
ルッジウ（Ruggiu, L.）　174（n.261）
レーネン（Loenen, J.H.M.M.）　44, 44（n.56）, 66（n.90）, 167
ロバン（Robin, L.）　84（n.122）, 91, 92（n.134）
ロング（Long, A.A.）　12（n.10）, 31（n.33）, 152（n.220）, 156（n.229）, 166（n.246）, 167（n.247）, 168（n.250）, （n.251）, 191（n/278）

(B) 固有名および出典(古代)

* 古代の固有名の片かな表記においては、母音の長音と短音、子音の無声閉鎖音と無声帯気音は区別しない。
* ソクラテス以前哲学者の断片および資料番号は Diels, H., Kranz, W.[DK]に準拠する。なお、略号も慣例に従う(例えば、DK12A1 は DK12 章アナクシマンドロスの資料 1、DK28B19 は DK28 章パルメニデスの断片 19 を示す)。

ア 行
アイスキュロス(Aischylos) 194
『エウメニデス』*Eumenides*[*Eum.*] 657-666 : 194(n.281)
『ヒケティデス』*Supplices*[*Suppl.*] 559-561 : 194(n.281)

アエティオス(Aetios) 9
『学説誌』*De placita philosophorum*
　　I 7, 27(DK30A13) : 191(n.277)
　　I 12, 6(DK68A47) : 226(n.316)

アクラガス(Acragas) 205, 218

アテナイ(Athenai) 180, 186, 194, 194(n.281), 222, 237

アブデラ(Abdera) 222

アナクサゴラス(Anaxagoras)[DK59 章] 2 (n.4), 11-13, 15, 179, 185(n.272), 186, 193-204, 197(n.282), 204(n.289), 205, 209(n.295), 222, 224, 228, 232, 236-237, 239, 239(n.332), 241-242, 247
　「断片」1 : 195, 197(n.283)
　「断片」2 : 197(n.283)
　「断片」4 : 196-197, 197(n.283), 200, 232
　「断片」6 : 196-197
　「断片」7 : 203
　「断片」8 : 199, 201
　「断片」10 : 196, 197(n.283)
　「断片」12 : 197(n.283), 198, 201(n.286), 202
　「断片」15 : 197(n.283)
　「断片」16 : 197(n.283), 199
　「断片」17 : 195
　「断片」21a : 203

固有名および出典索引

アナクシマンドロス (Anaximandros) [DK12章]　5-10, 43, 195, 214
　「断片」1：7, 214
　「断片」3：7

アナクシメネス (Anaximenes) [DK13章]　5-6, 8-10, 43, 168, 238, 241
　「断片」2：9

アリストテレス (Aristoteles)　2 (n.4), 5ff., 10-11, 105, 128, 143 (n.210), 155, 167, 181, 186-187, 194, 198, 205-206, 221ff., 235-236, 240
　『自然学』*Physica*
　　　第1巻第5章 188a20 (DK28B8)：172 (n.259)
　　　第1巻第5章 188a22 (DK68A45)：225
　　　第1巻第8章 191a28-31：104
　　　第2巻第4章 196a24-27 (DK68A69)：232-233
　　　第2巻第4章 197b5 (DK68A70)：233
　　　第3巻第4章 203b4-15 (DK12A15)：7
　　　第3巻第4章 203b11-12 (DK12A15)：8 (n.8)
　　　第3巻第4章 203b13-14 (DK12B3)：7
　　　第3巻第7章 207b35 (DK59A50)：7
　　　第4巻第8章 215a15ff.：210 (n.297)
　『天について』*De caelo*
　　　第3巻第2章 300b8 (DK67A16)：229
　　　第3巻第3章 302a28ff. (DK59A44)：198
　　　第3巻第3章 302b4-5 (DK59A43)：197 (n.282)
　『生成消滅論』*De generatione et corruptione*
　　　第1巻第1章 314a17ff. (DK59A46)：198
　　　第1巻第1章 315b6ff. (DK67A9)：224-225, 235-236
　　　第1巻第1章 315b14-15 (DK67A9)：225
　　　第1巻第2章 316a13ff. (DK68A48b)：224
　　　第1巻第8章 325a3ff. (DK67A7)：228
　　　第1巻第8章 325a23-33 (DK67A7)：223-224
　『魂について』*De anima*
　　　第1巻第2章 404a1ff. (DK67A28)：231
　『動物発生論』*De generatione animalium*
　　　第5巻第8章 789b2 (DK68A66)：229, 232
　(擬)『メリッソス、クセノパネス、ゴルギアスについて』*De Melisso, Xenophane, Gorgia*
　　　974a12-14 (DK30A5)：187 (n.274)
　『形而上学』*Metaphysica* [*Metaph.*]

281

第 1 巻第 3 章 983b6-14 (DK11A12)：5
第 1 巻第 3 章 984a11 (DK59A43)：194
第 1 巻第 4 章 984b26 (DK28B13)：258
第 1 巻第 4 章 985a23ff. (DK31A37)：211 (n.299)
第 1 巻第 4 章 985b13ff. (DK67A6)：225
第 1 巻第 5 章 986b10-19 (DK28A24)：128 (n.188)
第 1 巻第 5 章 986b25-28 (DK30A7)：187
第 1 巻第 5 章 986b31-34 (DK28A24)：162 (n.239)
第 3 巻第 4 章 1000a19-20：4
第 4 巻第 5 章 1009b22-25 (DK28B16)：258
『デモクリトスについて』 *Peri Democritou* 223
  fr.208Rose (DK68A37)：224, 229-230

アリストパネス (Aristophanes) 236
『女だけの祭り』 *Thesmophoriazusae*
  549：170 (n.256)

アルクマイオン (Alcmaion) 241

アレクサンドロス (アプロディシアスの) (Alexandros) 172 (n.259)
『アリストテレス「感覚と感覚されるものについて」注解』 *In librum de Sensu commentarium* (ed. Wendland 1901)
  24, 14 (DK67A29)：233
『アリストテレス「形而上学」注解』 *In Aristotelis Metaphysica commentaria* (ed. Hayduck 1891)
  31, 7 (DK28A7)：84 (n.121)

イオニア (Ionia) 2 (n.4), 4, 9, 168, 186, 194, 204 (n.289), 236, 247

エウデモス (Eudemos) 129

エピカルモス (Epicharmos) [DK23 章]
  「断片」 12：164 (n.242)

エピクロス (Epicuros) 222

エレア (Elea) 1, 2 (n.4), 5 (n.7), 10-13, 127, 147, 180, 186, 193, 204, 204 (n.289), 208, 222-223, 227, 227 (n.317), 228, 236, 240 (n.334), 242-243, 247

エンペドクレス (Empedocles) [DK31 章] 2 (n.4), 11-12, 15, 60, 60 (n.79), 180, 185 (n.272),

186, 193, 196, 204(n.289), 204-221, 228, 232-233, 238, 241, 247
「断片」2.7-8 : 217
「断片」3.1 : 61(n.79)
「断片」3.9-13 : 60(n.79), 217
「断片」6 : 208
「断片」8 : 209
「断片」9 : 209-210
「断片」12 : 208
「断片」13 : 208
「断片」15 : 219
「断片」17 : 207
「断片」17.1-13 : 212
「断片」17.19-21 : 211
「断片」17.32-35 : 208
「断片」21.9-10 : 120(n.181)
「断片」21. 9-14 : 210
「断片」22.1-3 : 209
「断片」22.4-9 : 211
「断片」23.3-4 : 210
「断片」27 : 215
「断片」28 : 213
「断片」30 : 219
「断片」30.2-3 : 213
「断片」31 : 213
「断片」35 : 215
「断片」39 : 61(n.79)
「断片」57 : 215
「断片」61 : 215
「断片」62 : 214
「断片」79 : 216
「断片」82 : 215-216
「断片」84 : 216(n.303)
「断片」89 : 216
「断片」90 : 216
「断片」91 : 216
「断片」93 : 216
「断片」96 : 210
「断片」103 : 217
「断片」105 : 217
「断片」106 : 217

283

「断片」107：217
「断片」108：217
「断片」109：216
「断片」110：220
「断片」111：205
「断片」112：205, 207
「断片」115：218, 220
「断片」117：219
「断片」122：220(n.304)
「断片」123：220(n.304)
「断片」126：219
「断片」127：219
「断片」128：219
「断片」137：219
「断片」139：206
「断片」140：219
「断片」146：220
「断片」147：220

カ　行
カエリウス・アウレリアヌス(Caelius Aurelianus)
『慢性疾患について』 *De morbis chronicis*
　　　IV 9, 116(DK28B18)：259

ガレノス(Galenos)
『ヒッポクラテス「流行病」第6巻注解』 *In Hippocratis epidemiarum librum VI*
　　　XVII A1002K.[VI.48](DK28B17)：259

クセノパネス(Xenophanes)[DK21章]　5-6
　　「断片」12：10(n.9), 191
　　「断片」14：10(n.9), 191
　　「断片」27：6

クラゾメナイ(Clazomenai) 194

クレメンス(アレクサンドリアの)(Clemens)　20(n.24), 66, 176
　『雑録集』 *Stromateis*
　　　5, 15(DK28B4)：251
　　　5, 138(DK28B10)：256-257
　　　6, 23(DK28B3)：251

固有名および出典索引

サ 行

サモス(Samos) 179, 186

シュラクサイ(Syracousai) 205

シンプリキオス(Simplicios) 2, 2(n.4), 20(n.24), 25(n.29), 67(n.92), 80, 82-86, 102-105, 104(n.149), 107, 110, 111(n.164), 111(n.164), 112, 118-119, 122, 129, 132(n.195), 135(n.200), 166, 173, 180-181, 183, 186, 207, 222, 230

『アリストテレス「自然学」注解』 In Aristotelis Physica commentaria [Phys.] (ed.Diels 1882-95)

  24, 13(DK12A9) : 7
  25, 1(DK64A5) : 238
  25, 16(DK28A34) : 172(n.259)
  28, 15(DK68A38) : 225
  30, 23[DEF^2] : 166(n.245)
  30, 1-3 : 118
  30, 2 : 119(n.180)
  31, 3-4 : 173
  31, 8 : 170(n.254)
  31, 13-17(DK28B12) : 257
  31, 21-22 : 172(n.259)
  38, 22-24 : 172(n.259)
  38, 30-39, 9(DK28B8) : 255-256
  39, 1[Ald] : 166(n.245)
  39, 1[DEE^{a}F] : 166(n.245)
  39, 10-12 : 155(n.228)
  39, 14-16(DK28B12) : 257
  39, 18(DK28B13) : 258
  42, 10(DK68A47) : 230
  78, 6 : 86(n.125)
  78, 13 : 119(n.180)
  78, 24-29 : 102-103
  78, 26-27 : 107(n.156)
  78, 29-79, 4 : 125(n.185)
  86, 27-28(DK28B6) : 252
  86, 31 : 117(n.177)
  103, 13-23 : 105(n.152), 188
  109, 32 : 189(n.275)
  115, 11ff. (DK28A28) : 129
  116, 28(DK28B2) : 250-251

117, 4-13(DK28B6)：252
　　　117, 6：80(n.114)
　　　117, 4-13：83
　　　120, 23：119(n.180)
　　　139, 18-19：183
　　　143, 31-144,1：83
　　　144, 25-28(DK28A21)：2
　　　145, 1-146, 25(DK28B8)：253-255
　　　145, 4：119(n.180)
　　　146, 9：117(n.177)
　　　157, 25：207
　　　162, 11-14：103(n.148)
　　　162, 11-17：105
　　　162, 15-17：107
　　　179, 31-33：172(n.259)
　　　180, 1[DEF²]：166(n.245)
　　　180, 1[F¹, Ald.]：166(n.245)
　　　180, 9-12(DK28B9)：256
　　　235, 29-236, 1：104
　　　244, 1-2：83
　　　925, 10(DK68A14)：225
　　　1318, 33(DK68A58)：230
『アリストテレス「天について」注解』*In Aristotelis De caelo commentaria*(ed.Heiberg 1894)
　　　294, 33(DK68A37)：229(n.318)
　　　557, 25ff.(DK28B1)：250
　　　558, 9-11(DK28B19)：259
　　　559, 22-25(DK28B11)：257
　　　569, 5(DK68A61)：227
　　　583, 20(DK67A16)：230

『スーダ』(Suda)　180

ストラスブール・パピュロス(*P.Strasb.gr.* Inv.1665-1666)　206-207, 213
　　　a(i)7-a(ii)3：214

セクストス・エンペイリコス(Sextos Empeiricos)　19, 20(n.24)
『学者たちへの論駁』*Adversus mathematicos*
　　　VII 111(DK28B1)：249
　　　VII 114(DK28B7)：59, 252

固有名および出典索引

VII 146 (DK68A111 : 236

ゼノン (エレアの) (Zenon) [DK29章] 2 (n.4), 180-186, 192-193, 196, 204, 209 (n.295),
224, 226, 227 (n.317)
「断片」1 : 184
「断片」2 : 184
「断片」3 : 182-183

ソクラテス (Socrates) 56, 180, 185, 194, 204

ソポクレス (Sophocles)
『オイディプス王』*Oedipus rex*
369-371 : 164 (n.242)

タ 行
タレス (Thales) 4-7, 6 (n.7), 43, 168, 171

ディオゲネス (アポロニアの) Diogenes [DK64章] 179, 204 (n.289), 236-242
「断片」2 : 237
「断片」3 : 239
「断片」4 : 238
「断片」5 : 238-239
「断片」6 : 240
「断片」7 : 238
「断片」8 : 239 (n.332)

ディオゲネス・ラエルティオス (Diogenes Laertios) 20 (n.24), 206, 222, 231, 239-240,
240 (n.334)
『ギリシア哲学者列伝』*De vitis et placitis philosophorum*
IX23 (DK28A1) : 162 (n.239)
IX30ff. (DK67A1) : 251-252
IX57 (DK64A1) : 239-240
X13 (DK67A2) : 222 (n.305)

ティモン (Timon) 162 (n.239)

ディオティモス (Diotimos) 236

テオプラストス (Theophrastos) 7, 84 (n.121), 128-130, 234, 238, 240-241
『植物の諸原理について』*De causis plantarum*

287

　　　　VI 1, 6（DK68A129）: 225（n.311）
『感覚論』 *De sensu*
　　　　1ff.（DK28A46）: 164
　　　　39ff.（DK64A19）: 240
　　　　49ff.（DK68A135）: 234（n.327）
『自然学説誌』 *Physicorum opiniones*
　　「断片」2（DK64A5）: 236

デモクリトス（Democritos）［DK68章］　11, 41, 186, 205, 221-236, 247
　　「断片」6 : 234
　　「断片」7 : 235
　　「断片」8 : 234
　　「断片」9 : 223, 224（n.306）, 234
　　「断片」11 : 235
　　「断片」34 : 231
　　「断片」116 : 222
　　「断片」117 : 232
　　「断片」125 : 224（n.306）, 236（n.330）
　　「断片」156 : 228
　　「断片」164 : 231
　　「断片」166 : 231

　　ハ　行
「バシレイオス『創造の六日間についての講話』18への古注」 *Schol. Basilii*（ed.Pasquali）
　　　　25, 201, 2（DK28B15a）: 258

パルメニデス（Parmenides）［DK28章］
　　「断片」1［序歌］: 3, 13-14, 17ff., 29, 149, 241
　　　　1.2 : 61（n.80）, 246（n.339）
　　　　1.3 : 20
　　　　1.3 : 70, 93
　　　　1.4 : 61（n.80）
　　　　1.5 : 246（n.339）
　　　　1.11 : 246（n.339）
　　　　1.14 : 57
　　　　1.15 : 53（n.63）, 61（n.80）
　　　　1.21 : 246（n.339）
　　　　1.23 : 61（n.80）
　　　　1.24-28a : 17

1.27 : 48, 93, 124, 246 (n.339)
1.28a : 57
1.28b-32 : 20ff., 98
1.28b : 27, 63
1.29 : 50, 79, 143
1.30 : 50, 79, 150, 161
1.31 : 27, 161
1.31b-32 : 95

「断片」2 : 11, 32ff., 37, 44, 55, 66 (n.90), 72-74, 78-80, 86, 96-98, 175
 2.1 : 20 (n.22), 50 (n.62), 61, 63
 2.2 : 33-34, 99
 2.2-8 : 77ff.
 2.3 : 34-35, 50, 89
 2.4 : 48, 50
 2.5 : 34, 35, 46
 2.6 : 61 (n.80)
 2.7 : 34, 48, 165
 2.7-8 : 37, 46
 2.8 : 61 (n.80)
「断片」3 : 11, 40 (n.51), 45 (n.58), 48 (n.60), 55, 64-68
「断片」4 : 175-178
 4.1 : 22, 63
「断片」6 : 2, 14, 37, 54-55, 75, 86, 90-92, 96-98, 100, 160
 6.1 : 61 (n.80), 69, 89
 6.1-5a : 78ff.
 6.1b-2a : 89-90
 6.2 : 39
 6.3 : 96, 98
 6.3-5a : 97
 6.4-5 : 98
 6.4-9 : 79
 6.5 : 71, 97 (n.140)
 6.5b-9a : 59-60
 6.6 : 38 (n.43), 58
 6.7 : 34, 71
 6.8 : 62, 86, 94, 113 (n.169)
 6.8-9a : 72
 6.9 : 93

「断片」7 : 14, 53ff., 61 (n.82), 74, 92, 97-98, 100, 160
  7.1 : 26, 90, 94-95, 176 (n.265)
  7.1-2 : 78ff.
  7.2 : 37, 58, 70
  7.3 : 62
  7.3-6 : 60
  7.5 : 53, 56, 56 (n.70), 61 (n.80)
  7.5-6 : 22, 97, 154
  7.6 : 61 (n.80)
「断片」8 : 2, 11, 15, 38-39, 41, 44, 99, 101, 131 (n.194), 139, 172 (n.259)
  8.1 : 55
  8.1-14 : 125 (n.185)
  8.1b-3 : 78ff.
  8.2bff. : 44-45
  8.2b-6a : 130-131
  8.4:118-120, 123, 173
  8.5 : 120
  8.5-6a : 101, 113-118, 121, 153 (n.224), 188-189
  8.6 : 182, 189
  8.6-10 : 45-46
  8.6-21 : 131, 133, 153
  8.6b-18 : 101ff., 134-135
  8.6b-10 : 105
  8.6b-13a : 105-110
  8.7 : 110 (n.161)
  8.7-10 : 103
  8.8 : 61 (n.80)
  8.8-9a : 46, 106
  8.9b-10 : 106
  8.10 : 35
  8.11 : 35, 47, 133 (n.197), 134, 136, 151
  8.12 : 111 (n.161)
  8.12-13a : 103, 105, 106
  8.13 : 134 (n.199)
  8.13-15 : 19 (n.18)
  8.14 : 57
  8.15-16 : 55, 133 (n.197), 154
  8.15-18 : 72, 78ff.
  8.16 : 35, 47, 57, 104, 136
  8.16-18 : 74, 74 (n.108)

8.17-18 : 39
8.17 : 48, 55, 61 (n.80)
8.18 : 48, 49, 154
8.19 : 135 (n.200)
8.19-20 : 120
8.19-21 : 110-113, 134-135
8.22 : 39, 173
8.22-25 : 116, 131, 132-134, 133 (n.197), 137-140, 153, 177
8.23-24 : 136
8.24 : 162
8.26-31 : 131, 140-144, 153
8.28 : 50
8.29-31 : 19 (n.18), 173
8.29-33 : 118-119
8.30 : 116
8.30-31 : 161-162
8.31 : 123
8.32 : 119, 123
8.32-33 : 131, 140-144, 145, 153
8.33 : 39, 140 (n.207)
8.34-36a : 40 (n.51), 64-68
8.34-37 : 64
8.34 : 45 (n.58)
8.34 : 70 (n.99)
8.35 : 61 (n.80)
8.36-37 : 50
8.36b : 117 (n.177)
8.36b-38a : 108
8.38 : 61 (n.80), 62
8.38b : 156
8.38b-41 : 43, 91
8.39 : 50
8.39 : 62, 166
8.40-41 : 49, 92, 95
8.42 : 119, 123
8.42-49 : 119, 144-147, 153
8.43 : 158, 213
8.48 : 134 (n.198)
8.49 : 161
8.50 : 53 (n.63), 61 (n.80), 87, 94

8.50-54 : 150
　　　8.51 : 23, 161
　　　8.51-52 : 28
　　　8.52 : 27, 163
　　　8.53-54 : 25, 147(n.217)
　　　8.53-59 : 165-172
　　　8.53 : 61(n.80), 171
　　　8.54 : 154, 164
　　　8.55 : 171
　　　8.55-56a : 154
　　　8.57 : 161
　　　8.60 : 56, 94, 151, 162
　　　8.60-61 : 72, 150
　　　8.61 : 98, 161
　「断片」9 : 2, 172(n.259), 173-5
　　　9.1 : 61(n.80), 171
　　　9.3 : 162
　　　9.4 : 88, 95, 168
　「断片」10 : 24, 28, 162
　　　10.3 : 61(n.80)
　　　10.4 : 27
　　　10.6-7 : 161
　「断片」11 : 2, 24, 162
　「断片」12 : 2, 172(n.259)
　「断片」13
　「断片」14 : 25, 172(n.259)
　「断片」15
　「断片」16 : 7(n.102)
　「断片」19 : 2, 162, 175
　　　19.1 : 124, 161, 163
　　　19.1-2 : 121
　　　19.1b-2 : 95
　　　19.3 : 161, 166

ヒッポリュトス(Hippolytos)
『全異端派論駁』*Refutatio omnium haeresium*
　　　I 7, 6 : 8, 9

ヒッポン(Hippon)　179

固有名および出典索引

ピュタゴラス(Pythagoras)　12, 91, 128, 169, 179(n.267), 185(n.272), 218

ピロポノス(Philoponos)
『アリストテレス「自然学」注解』 *In Aristotelis Physica commentaria* (ed. Vitelli 1887-88)
　　　42, 18-21 : 180-181
『アリストテレス「生成消滅論」注解』 *In Aristotelis libros de Generatione et Corruptione commentaria* (ed.Vitelli 1897)
　　　158, 26(DK67A7) : 229

ピロラオス(Philolaos)[DK44章]　204(n.289)
　「断片」2 : 179(n.267)
　「断片」13 : 235

プラトン(Platon)　1, 12, 83, 114, 128, 180-182, 185, 186, 194, 221, 223, 236, 243, 247
『クリトン』 *Crito*
　　　54D4 : 63(n.85)
『パイドン』 *Phaedo*
　　　97B-99D(DK59A47) : 204(n.288)
『テアイテトス』 *Theaetetus*
　　　183E6(DK28A5) : 1
『ソピステス』 *Sophista* [*Sph.*]
　　　237A8-9(DK28B7) : 252
　　　242B-243A : 5(n.7)
　　　242D4-6(DK22A10) : 128(n.188)
　　　258D2-3(DK28B7) : 252
『パルメニデス』 *Parmenides* [*Prm.*]　185
　　　127A(DK28A5) : 180
　　　127E : 182
　　　128B-E(DK29A12) : 180
　　　128B3 : 128(n.188)
『ティマイオス』 *Timaeus*　125(n.185), 236
　　　79B : 210(n.297)

プルタルコス(Ploutarchos)　20(n.24), 228
『愛をめぐる対話』 *Amatorius*
　　　13, 756F(DK28B13) : 258
『月面に見える顔について』 *De facie quae in orbe lunae apparet*
　　　16, 6, 929A(DK28B15) : 258
『コロテス論駁』 *Adversus Colotem*

            1114B：23
            1116A（DK28B14）：258
（擬）『雑録集』 *Stromateis*
            12（DK64A6）：240

プロクロス（Proclos）　67（n.92）
『プラトン「パルメニデス」注解』 *In Platonis Parmenidem commentaria*（ed.Cousin 1827）
            I, 708, 16（DK28B5）：251
『プラトン「ティマイオス」注解』 *In Platonis Timaeum commentaria*（ed.Diehl 1903）
            I, 345, 18（DK28B2）：250-251

プロタゴラス（Protagoras）[DK80章]　186, 194
    「断片」1：234

プロティノス（Plotinos）　103（n.149）
『エンネアデス』 *Enneades*
            5, 1（DK28B3）：251

ヘシオドス（Hesiodos）　13, 18, 20, 43, 57, 171
『神統記』 *Theogonia*
            38：120（n.181）
            116：4
            105-106：10

ヘシュキオス（Hesychios）　180

ヘラクレイトス（Heracleitos）[DK22章]　5, 9, 10, 43, 91, 93, 101, 168, 214
    「断片」30：43,101（n.147）
    「断片」31：10
    「断片」49a：93
    「断片」76：10

ペリクレス（Pericles）　180, 186, 194

ホメロス（Homeros）　9, 13, 18, 20, 63, 143, 160
『イリアス』 *Ilias*
            第1歌70：120（n.181）
            第5歌250：31（n.34）
            第15歌252：31（n.34）
『オデュッセイア』 *Odysseia*

第 4 歌 703：31(n.34)
第 23 歌 205：31(n.34)

マ 行

ミレトス(Miletos)　3, 5-6, 6(n.7), 8, 9, 12-13, 128, 193, 194, 195, 202, 204, 208, 221-222, 231, 242, 247

メリッソス(Melissos)[DK30 章]　2(n.4), 11, 41, 105, 105(n.152), 119, 142, 193(n.279), 227, 247
　「断片」1：187
　「断片」2：119, 187
　「断片」3：189
　「断片」4：142, 187
　「断片」5：142, 187
　「断片」6：187
　「断片」7：187-188
　「断片」8：191-192
　「断片」9：188
　「断片」10：188

ラ 行

レウキッポス(Leucippos)[DK67 章]　11, 186, 221-236, 240, 240(n.334), 241, 247
　「断片」2：232

著者紹介

三浦　要

金沢大学人間社会学域人文学類教授
1958年山口市生まれ。1982年金沢大学法文学部卒業、1983年フランス・ナンシー第二大学哲学科修士課程修了（文部省学生国際交流制度派遣留学生）、1990年京都大学大学院文学研究科博士課程研究指導認定満期退学、2005年京都大学博士（文学）。2009年、十文字学園女子大学助教授、金沢大学助教授、准教授を経て現職。

主な著訳書に、『西洋哲学史の再構築に向けて』（共著、昭和堂）、『イリソスのほとり──藤澤令夫先生献呈論文集』（共著、世界思想社）、『西洋哲学史再構築試論』（共著、昭和堂）、『哲学の歴史』1（古代1）（共著、中央公論新社）、『ソクラテス以前哲学者断片集』第I, II, IV分冊（共訳、岩波書店）、プルタルコス『モラリア』11（京都大学学術出版会）、G.S.カークほか『ソクラテス以前の哲学者たち』（共訳、京都大学学術出版会）などがある。

パルメニデスにおける真理の探究　　　© Kaname Miura 2011
2011年2月28日　初版第一刷発行

著　者　三浦　要
発行人　檜山爲次郎
発行所　京都大学学術出版会
　　　　京都市左京区吉田近衛町69
　　　　京都大学吉田南構内（〒606-8315）
　　　　電話　(075)761-6182
　　　　FAX　(075)761-6190
　　　　URL　http://www.kyoto-up.or.jp
　　　　振替　01000-8-64677

ISBN978-4-87698-984-3
Printed in Japan

印刷・製本　㈱亜細亜印刷
定価はカバーに表示してあります